**리더의
측정법**

리더의 측정법

개정판 1쇄 2025년 10월 17일

지은이 | 한영수
펴낸이 | 허연
편집장 | 유승현

편집부 | 정혜재 김민보 고병찬 이예슬 장현송
마케팅 | 한동우 박소라 임성아
경영지원 | 김정희 오나리
디자인 | 엔드디자인

펴낸곳 | 매경출판㈜
등 록 | 2003년 4월 24일(No. 2-3759)
주 소 | (04557) 서울시 중구 충무로 2(필동1가) 매일경제 별관 2층 매경출판㈜
홈페이지 | mkbook.mk.co.kr   홈페이지 | mkbook.mk.co.kr
페이스북 | @maekyungpublishing   인스타그램 | @mkpublishing
전 화 | 02)2000-2630(기획편집) 02)2000-2645(마케팅) 02)2000-2606(구입 문의)
팩 스 | 02)2000-2609   이메일 | publish@mkpublish.co.kr
인쇄·제본 | ㈜M-print 031)8071-0961
ISBN | 979-11-6484-816-4 03320

ⓒ 한영수 2025

● 책값은 뒤표지에 있습니다.
● 파본은 구입하신 서점에서 교환해 드립니다.

강하고
지속가능한 회사를 만드는
50개의 블록

리더의 측정법

AS YOU MEASURE IT

한영수 지음

매일경제신문사

As you measure the future

인생은 측정으로 결정된다.
측정하고 조절하는 수준이
미래를 좌우한다.

기업도 마찬가지다.

빈틈없이 쌓아 올려진 블록으로 구성된 회사.
때로 그 블록에서 어떤 일들이 어떻게 진행되는지 보이지 않는다.
그럼에도, 그들이 소리 없이 보내오는 시그널을
정확히 읽어야만
전체 블록이 작동된다.

경영자는 시그널을 통해
블록의 상태를 파악해 미리 조정하는
봉사자다.
즉, 블록 전체의 판단을 도와주는 사람이다.
사실 나 역시 그 블록의 한 요소다.

자신의 역할을 측정하고
올바른 컨트롤 시그널을 주는 것.
한영넉스의 사업적 미션이다.

· 추천의 글 ·

한국 경제의 미래는 첨단 기술력을 가진 제품 개발과 끊임없는 해외시장 개척에 달려 있습니다. 글로벌 시장을 향한 기업인들의 쉼 없는 열정과 헌신으로 우리 무역은 지난 2021년 1조 2,000억 달러를 넘어서며 한국은 세계 8위 교역국으로 자리를 확고히 하였습니다. 더욱 뜻깊은 것은 이러한 과정 속에 중소기업의 수출이 크게 증가하는 쾌거를 이뤘다는 점입니다. 한영넉스 역시 한국 계측 산업의 선두주자로서 수출 2,000만 달러를 달성하며 중소기업의 해외시장 진출을 성공적으로 이끌고 있습니다.

지난 1972년 설립된 한영넉스는 글로벌 강소기업으로서 입지를 확고하게 다지며 2022년 창립 50주년을 맞이하였습니다. 한영넉스의 설립자이신 한영수 회장은 최근 한영넉스의 지난 50년을 조명하고 미래 50년을 구상하며 《리더의 측정법》을 발간하였습니다. 이 책은 이 시대 기업인들에게 '진정한 성공의 길이 무엇인가'를 일깨우는 소중한 지식 나눔의 기회를 제공할 것입니다. 또한 한국형 글로벌 중소기업으로서 탁월한 현지화 과정, 생산성 향상을 통한 지속가능한 경쟁력 확보 그리고 전문성을 발판으로 강소기업으로 성장하기까지 한 경영자의 혜안과 경영 철학 등을 현장감 있게 소개하는 유익한 경영지침서가 될 것입니다.

아무쪼록 이 책에서 소개한 50개 경영 블록에 대한 측정법이 널리 전파되어 우리 기업들의 글로벌 경쟁력을 한 단계 더 높이는 데 유용하게 활용되기를 기대합니다. 더 나아가 모든 기업들이 경영의 핵심 요소로서 측정, 분석, 조절 역량을 더욱 높임으로써 한국 경제가 무역 강국으로 더 높이 도약할 수 있기를 기대합니다.

감사합니다.

구 자 열
한국무역협회 회장

한영넉스의 《리더의 측정법》 발간에 축하의 말씀을 드립니다. 한영넉스 한영수 회장께서는 대한민국 경제의 원동력인 729만 중소기업을 대표하는 60년 역사의 중소기업중앙회에서 10년 이상 부회장님으로 수고하여 주셨습니다.

저는 한영넉스가 2000년대 초반 인도네시아 진출 등으로 세계 시장에서 인정받는 전문적이면서도 강한 글로벌 기업으로 성장하는 과정을 가까이서 지켜봤습니다.

한영수 회장께서 이번에 집필하신 책은 "경영자는 시그널을 통해 블록의 상태를 파악하여 미리 조정하는 봉사자다. 즉, 블록 전체의 판단을 도와주는 사람이다. 사실, 나 역시 그 블록의 한 요소다"라는 저자의 평소 경영철학을 담은 현장의 메시지입니다. 이 책을 통해 요란한 구호가 아니라 조용히 미래를 대비하는 헌신을 배우게 됩니다.

이 책에서 소개하는 50개의 경영 블록에 대한 측정법을 널리 적용하여 중소기업 경영 현장에서 성과와 연계할 수 있는 지침서로 활용되기를 기대합니다.

감사합니다.

심 기 문
중소기업중앙회 회장

벤처기업협회는 1995년 출범 이래 벤처특별법 제정과 함께 코스닥 시장 설립, 기술거래소 설립을 주도하며 대한민국 벤처생태계 발전을 위한 토대를 쌓아왔고, 지금은 대한민국 3만 9,000여 벤처기업을 대표하는 단체로 자리매김했습니다. 이러한 협회의 부회장으로 헌신하고 있는 한영넉스 한영수 회장께서 창립 50주년을 맞아 《리더의 측정법》이라는 책을 발간하셨습니다.

이 책은 창업, 성장, 도약을 통한 글로벌화 추진에서 리더가 극복하고 실천해야 할 현장 경영 체험담을 소개하고 있습니다. 한 회장께서 응답하시려는 한국형 기업의 특징, 한국형 혁신기업의 특징, 한국형 장수기업의 강점은 모든 벤처기업의 질문이기도 합니다.

100년을 구상하는 대표적인 한국 강소기업인 한영넉스를 통해 그 해답을 듣게 된 것을 소중하게 생각합니다. 측정하고 조절하는 파워가 결국 미래를 결정한다는 단순하면서도 통찰력 있는 교훈을 배웁니다. 한영수 회장님의 헌신에 감사드리며, 창업과 도전을 꿈꾸는 모든 분에게 일독을 추천합니다.

강 삼 권
벤처기업협회 회장

· 서문 ·

"내게 주어진 50개의 계측 블록

생존, 열정, 그리고 책임"

50가지 불확실한 상황과 나의 측정 방법

측정해야만 컨트롤이 가능하다.

그것이 바로

경영의 기본이다.

　나는 경영 일선에서 평생을 살아오며 계측기를 배우고 만들고 생산하고 팔았으며, 그 이후에는 서비스를 통해 손님이 원하는 시점까지 도와드렸습니다. 두 명의 직원과 시작한 사업체는 해외 공장을 포함해 1,000여 명이 근무하는 회사가 됐으며 8,000여 종의 제품을 시장에 출시했습니다. 계측기 분야에서 국내외를 아울러 베스트셀러와 스테디셀러 제품도 탄생시켰습니다.

　"한국형 중소기업은 어떤 특징이 있나요?"

"한국형 혁신기업은 어떤 차이가 있나요?"

"한국형 장수기업은 어떤 강점이 있나요?"

과연 '한국형'이라는 단어는 요즘과 같은 시대에 어울리기나 할까요? 나 스스로 질문하고 스스로 대답하며 '한국에서 사업을 한다는 것'이 시사하는 시그널을 찾아보고자 합니다. 동일한 업종에서 50년 동안 지속적으로 성장한 한영넉스의 이야기는 나의 얘기인 동시에 한영의 혁신 여정이기도 합니다. 그 속에서 발견한 50개의 블록이 나침반이자 이정표가 되어줄 것입니다.

한영넉스와 더불어 계측기를 생산하고 공급하는 일에 평생 전념했습니다. 구체적으로 보면 한영넉스는 계측기(온도 컨트롤러, 기록계, 패널미터, 디지털 카운터, 타이머), 센서(근접 센서, 포토 센서, 로터리 엔코더), 전력기기(전력 조정기, 무접점 릴레이, 전원 공급 장치), 그리고 조작 스위치 등을 공급하고 있습니다. 생산 설비 상태의 계측과 제어에 필요한 부품에 초점을 맞췄습니다.

50년 사업의 결과, 한 가지 깨달음을 얻었습니다. 측정하고 제어하는 피드백 기능이 미래를 결정한다는 사실입니다. 제어 대상의 출력값(output: 비즈니스 결과)은 측정값(measures: 현재 회사 상태)을 설정값(target: 회사의 목표치)과 비교해 오차(error: 개선사항)를 계산하고, 이 오차값을 이용해 제어에 필요한 조작값(controllers: 경영자 의사결정)을 계산해 안정적인 상태를 유지합니다. 생산 제조 환경도 마찬가지입니다. 정확한 계측과 우수한 제어 성능에 의해 그 결과물의 퀄리티가 달라집니다.

한영넉스가 다른 사업에 눈길을 주지 않고 오직 외길을 달려올 수 있었던 비결은 핵심 아이템을 생산하고 판매하는 행운이 함께했기 때문입니다. 이제 이 책을 통해 내가 사업에서 배우게 된 비즈니스 교훈을 정리합니다. 기업인을 꿈꾸는 후배들에게 사업의 기본에 대해 나의 소견을 공유하고자 합니다. 무엇이 본질이며 어떻게 측정하고 조절해야 하는지에 대한 경험을 정리해보았습니다. 한영넉스의 여정이기도 합니다. 또한, 어떻게 조절되며 언제 온·오프 스위치가 작동해야 하는지도 소개합니다.

한 분야에만 매진했기 때문에 폭넓은 이야기를 하진 못합니다. 그럼에도 한영의 사업 기반이 됐던 대표적인 주제에 대해 창업하는 젊은 세대에게 산업 현장의 현실을 알려드리고자 합니다. 대한민국은 수출 산업으로 승부해 성공한 국가입니다. 산업을 넘어 이제는 문화 강국을 꿈꾸고 있습니다. 분야와 상관없이 원리는 비슷할 것입니다.

그동안 삼성, LG, SK, 현대자동차그룹 등과 같은 대기업의 경영 프랙티스(practice)는 이미 수없이 많이 공유됐습니다. 글로벌 선두 기업이기도 한 그들의 역할에 많은 사람이 관심을 가집니다. 그러나 정작 중소기업의 경영 방식에 대해 집중적으로 논의한 책은 많지 않습니다. 독일의 '히든챔피언', '100년 기업', 일본의 '장수경영', '초격차 기업', 유럽의 '명품기업', 한국의 '강소기업', '글로벌 중소기업'처럼 성공적인 기업의 단편적인 강점들을 모은 책들이 중심입니다.

한영넉스 이야기를 통해 중소기업의 창업, 생존, 품질최우선 경영, 고객중시 경영, 그리고 글로벌 경영을 소개하고자 합니다. 대기업으로 키우지 못해 중소기업으로 남는 것이 아니라, 적정 규모를 유지하면서 글로벌 경쟁에 강한 '한국형 글로벌 중소기업'이 가야 할 길을 제안하고자 합니다. 규모가 아니라 기술과 역량으로 승부하는 방식도 국가 발전에 효과적으로 기여할 수 있습니다. 바로 이런 부문이 현재 대한민국호의 지상 최대 과제라고 판단됩니다. 우리나라가 선진국 대열에 빠르게 진입하고 한 단계 더욱 도약하려면 중소기업과 소상공의 경쟁력이 결정적으로 필요하기 때문입니다.

창업을 구상하는 사람, 글로벌 도전을 꿈꾸는 기업, 사업의 혁신이 필요한 회사, 그리고 중소기업이 가진 태생적 한계에 대해 답답함을 느끼는 분들께 도움이 되길 기대합니다. 이 책의 스토리를 함께 만들어준 한영넉스 패밀리의 모든 분에게 진심으로 감사의 인사를 드립니다. 더욱 열심히 노력하겠습니다.

한영수 올림

· 차례 ·

추천의 글 6
서문 9

1장 　도전 _ 새로운 꿈을 시작하는 순간

1 용기라는 블록 | 창업 용기를 어떻게 측정하는가? 20
2 고객이라는 블록 | 고객의 기쁨은 무엇인가? 28
3 기술이라는 블록 | 기술은 언제 업그레이드되는가? 34
4 파트너라는 블록 | 왜 동역자가 필요한가? 40
5 자금이라는 블록 | 자금은 얼마나 준비해야 하는가? 46

2장 　열정 _ 나를 움직이는 내면의 에너지

6 희망이라는 블록 | 기업에서 희망의 본질은 무엇인가? 52
7 분노라는 블록 | 좌절을 만났을 때 무엇을 생각해야 하는가? 57
8 사랑이라는 블록 | 회사를 사랑한다는 의미란 무엇인가? 64
9 즐거움이라는 블록 | 무엇이 즐겁게 일하게 만드는가? 69
10 체력이라는 블록 | 자기 관리의 체크 포인트는 무엇인가? 74

3장 생존 _ 사람에게 공존하는 80퍼센트 공통점

11 불확실성이라는 블록 | 왜 코코넛을 조심해야 하는가? **82**
12 경쟁이라는 블록 | 무엇과 경쟁해야 하는가? **87**
13 행운이라는 블록 | 행운이라는 시그널은 어떻게 알아차리는가? **93**
14 실행이라는 블록 | 실행을 통해 무엇을 얻게 되는가? **98**
15 DNA라는 블록 | 축적의 시간, 시간의 축적이란 무엇인가? **104**

4장 직원 _ 비즈니스 웰빙의 목표

16 인재라는 블록 | 미래의 중소기업을 바꿀 인재는 누구인가? **110**
17 역량이라는 블록 | 왜 함께 학습해야 하는가? **115**
18 소통이라는 블록 | 무엇을 위해 소통하는가? **121**
19 보상이라는 블록 | 왜 보상이 아니라 보람을 중시해야 하는가? **127**
20 오너십이라는 블록 | MZ세대에게 오너십은 어떤 의미인가? **132**

5장 품질 _ 품질의 절대우선순위

21 QCD라는 블록 | 왜 QCD가 비즈니스 3대 필수 요소인가? **140**
22 품질이라는 블록 | 품질의 본질은 무엇인가? **146**
23 가격이라는 블록 | 가격은 언제 결정되는가? **151**
24 인도라는 블록 | 딜리버리의 핵심은 무엇인가? **156**
25 혁신이라는 블록 | 혁신은 누구에게 필요한가? **160**

6장 협력사 _ 우리 회사의 얼굴

26 발품이라는 블록 | 왜 발품값을 주는가? **166**
27 신용이라는 블록 | 신용은 어떻게 두터워지는가? **170**
28 갈등이라는 블록 | 갈등의 측정 타이밍은 언제인가? **175**
29 상생이라는 블록 | 왜 모두가 상생을 선택해야 하는가? **179**
30 일괄이라는 블록 | 일괄 생산의 필요 조건은 무엇인가? **184**

7장 　글로벌 사업_비전을 설계하는 힘

31 국제화라는 블록 | 국제화는 언제부터 생각해야 하는가?　**190**
32 문화라는 블록 | 문화의 차이는 어떻게 극복하는가?　**195**
33 해외 투자라는 블록 | 히든 코스트는 어디에 숨어 있는가?　**203**
34 현지화라는 블록 | 현지 채용과 경영 전략에는 어떤 연관성이 있나?　**208**
35 감사함이라는 블록 | 글로벌 비즈니스의 가치는 무엇인가?　**212**

8장 　정부 정책_글로벌 사업의 뒷배

36 제도라는 블록 | 정부 제도와 왜 친하게 지내야 하는가?　**218**
37 표준이라는 블록 | 왜 표준의 중심에 서야 하는가?　**224**
38 특허라는 블록 | 왜 중소기업에서 특허를 중시해야 하는가?　**231**
39 포상이라는 블록 | 국가로부터 인정받는다는 의미는 무엇인가?　**236**
40 울타리라는 블록 | 정부는 울타리인가, 방해꾼인가?　**240**

9장 현장_누구나 현장에서 사업을 시작한다

41 현장이라는 블록 | 현장이 경영의 시작과 끝인 이유는 무엇인가? **248**
42 안전이라는 블록 | 안전 최우선 경영의 본질은 무엇인가? **255**
43 발상이라는 블록 | 자유로운 발상의 3대 조건은 무엇인가? **260**
44 연구개발이라는 블록 | 연구개발의 지분은 얼마인가? **265**
45 전통이라는 블록 | 회사의 역사란 무엇인가? **269**

10장 책임_우리는 왜 사업을 하는가?

46 목적이라는 블록 | 우리는 왜 사업을 하는가? **276**
47 공헌이라는 블록 | 사회 공헌의 본질은 무엇인가? **281**
48 중소기업중앙회라는 블록 | 조합을 통한 협력은 무엇을 의미하는가? **286**
49 미래세대라는 블록 | 미래세대의 기업가 정신은 무엇인가? **293**
50 100년 기업이라는 블록 | 100년 기업이란 무엇인가? **299**

감사의 글 **302**
한영넉스와 함께한 협회 단체 **305**
부록 **308**

1장

도전

새로운 꿈을 시작하는 순간

Challenge is risking your life for the thing that fits you.
도전은 자신에게 적합한 일에 인생을 거는 것이다.

| 용기라는 블록 |

창업 용기를 어떻게 측정하는가?

열정이었을까? 용기였을까? 아니면 생존을 위한 피할 수 없는 선택이었을까? 사업에 뛰어드는 것은 시대를 넘어서 언제나 어려운 일입니다. 저는 창업을 용기라는 단어로 압축합니다. 그리고 용기를 측정하는 방식에 눈뜰 것을 주문합니다. 다른 사람이 만들어놓은 직장에서 시작하는 수동적인 개념의 출발이 아니라, 내가 스스로 조그만 생태계를 만드는 도전이기 때문입니다. 먼저 자신이라는 자원을 투자하는 결단이 필요한 순간입니다. 사업의 성패와 상관없이 창업해본 모든 분을 존경합니다. 그 용기 덕분에 오늘의 대한민국이 만들어졌습니다.

해방 후 2년이 지난 1947년, 내가 태어난 바로 그해의 대한민국은 새로운 출발선에 있었습니다. 모든 것이 혼란스러운 시기였지만 설상가상 6.25 전쟁까지 겪게 됐습니다. 가난이 일상인 환경에서 철모르고 적응하며 성장했습니다. 나라는 세계에서 가장 못사는 국가로 전락했을 뿐만 아니라 국토 전체가 황폐화되어 다른 나라의 원조 없이는 살아가기 힘들었습니다.

모든 것이 생존과 직결되던 환경임을 의미합니다. 요즘의 판단으로는 믿기 힘들겠지만 하루에 쌀밥 한 끼를 먹는 일이 많은 사람의 부러움을 사곤 했습니다. 길거리에는 거지가 넘쳐났습니다. 또 전쟁에서 다쳐 퇴역 후 장애를 갖고 생활하는 상이군 또한 물품을 팔면서 다니는 터라 당시의 절박함은 극에 달했습니다.

풍요는 목표가 아니라 감사함의 대상이었습니다. 지금도 나는 음식 남기는 것이 마음에 부담이 됩니다. 이런 식생활 습관도 생존이 최우선 과제였던 성장 배경에 근거합니다. 가난을 극복하고 성공했다고 자랑하려는 것이 아닙니다. 그와 같은 어려움을 뚫고 살아남은 사람은 '감사'라는 단어가 체질화된다는 사실을 말하고 싶습니다.

모든 결과는 무(無, nothing)에서 뭔가 얻게 된 새로운 혜택입니다. 태생적으로 어려운 환경 속에서 감사라는 단어를 체득한 것 자체를 고맙게 생각합니다. 사업가는 바로 그런 작은 결실을 즐기는 직업입니다. 욕심이 아니라 감사의 마음으로 사업을 마주하는 일. 그 가치를 깨닫는 순간 모든 것이 달라지기 시작했습니다.

모든 사람이 어려웠을 당시에 가장 감사하게 생각됐던 것은 가족이었습니다. 불편한 현실 속에서 서로 부대끼면서 느끼는 안정감, 사람과 사람 사이의 인정, 정서적인 풍요로움은 긍정적으로 세상을 바라보는 눈을 길러준 자양분이었습니다. 내일은 오늘보다 나아지리라는 확실한 희망을 가슴에 가득 채우면서 성장했습니다. 돌아보면 그 희망을 느끼는 모든 순간에 행복은 나와 그리고 우리 가족과 함께했습니다.

학창 시절, 나의 취미는 라디오 해체와 조립이었습니다. TV가 보편화되지 않던 때라 전화선으로 연결한 라디오가 유일한 통신기기였습니다. 라디오를 켜면 작은 상자에서 사람의 목소리가 나온다는 사실이 흥미로웠습니다. 집 근처에서 하숙하던 한양대 전기과 학생의 작업 과정을 어깨너머로 본 것이 계기였습니다. 그는 틈나는 대로 라디오 부품을 해체하고 다시 조립하는 과정을 반복했습니다.

호기심에 이끌려 행동에 옮긴 것이 내 인생을 완전히 바꾸어놓았습니다. 라디오 케이스를 분리하자 평평한 기판 위에 저항, 콘덴서, 트랜지스터 등 크고 작은 전자 부품이 마치 줄을 선 듯 나란히 꽂혀 있었습니다. 부품들의 순서와 역할에 맞게 잘 조정해 납땜하는 기술이 바로 소리를 만드는 힘이었습니다. 신기할 수밖에요. 라디오 키트에 나온 설명서대로 전자 부품을 순서에 맞추어 기판에 올려놓고 차근차근 납땜했습니다. 건전지를 채우고 전원을 켜니 내가 만든 조그만 라디오에서 사람 목소리는 물론 음악까지 흘러나왔습니다. 나는 점점 더 전자 부품들의 세계로 빠져들었습니다.

내가 배우는 일을 즐기게 된 이유는 어떤 현상에 대한 원리가 궁금했기 때문입니다. 전자 부품이 소리를 재현시키는 역할에 대해 공부하는 것은 호기심을 해결하는 가장 빠르고 유일한 수단이었습니다. 그리고 나의 호기심은 라디오에서 멈추지 않았습니다.

당시 각종 해외 전자 제품을 볼 수 있는 청계천 세운상가를 수시로 방문해 라디오 키트 이외에도 다양한 전자기기를 구입해 조립했습니다. 요즘으로 치자면 리버스엔지니어링(reverse engineering) 개념을 즐긴 셈입니다. 완제품을 해체해 새롭게 조립하며 나만의 완성품 탄생을 즐겼습니다. 먹고살기 힘든 시절임에도 취미형 체험을 하면서 새로운 세계를 생각할 수 있었던 여건에 감사합니다. 바로 그런 시도들이 미래를 결정하는 과정이었습니다.

전자기기 조립과 분해를 취미 생활로 하다 보니 자연적으로 전자공학 관련 지식이 쌓였습니다. 처음 보는 전자기기라도 케이스를 뜯어서 기판 위의 부품을 놓고 차근히 분석해보면 부품의 연계성 및 작동 원리가 머릿속에 그려졌습니다. 어떠한 전자기기라도 뜯어서 살펴보기만 하면 다시 조립해낼 수 있다는 자신감이 생겼습니다. 또 대학에서 전자공학을 전공하면서 우리나라의 전자업계의 현실을 객관적으로 이해할 수 있었습니다.

첫 직장은 외국산 계측기를 수리하는 곳이었습니다. 고가의 첨단 외국산 계측기를 수리하면서 선진 기술을 습득할 수 있었습니다. 직장 생활 1년 후, 1972년에 자본금 3만 원을 가지고 직원 두 명과 함께 창업을 했습니다. 서울 문래동에 25평짜리 한옥을 마련해 앞마당에 천막을 치고 사무실로 꾸렸습니다. 당시에 매우 흔한 풍경이었습니다. 모든 것이 열악했던 시절, 우리 시대의 창업은 대부분 맨바닥에서 시작했습니다. 한영전자공업사는 그렇게 탄생했습니다. 내 나이 25세. 창업의 의미를 이해하기보다 실행이 가능한 환경 자체에 감사하다는 생각만 들었습니다.

당시의 공업 계측은 국내에서 접하기 힘든 특수 분야였을 뿐만 아니라 대부분의 부품을 수입에 의존하고 있어서 부품의 가격대가 매우 높았습니다. 일본에서 수입하는 히타치(Hitachi) 제품의 가격이 30만 원대였습니다. 국내 직장인 월급이 평균 5만 원이던 시절이니 무척 비싼 가격이었습니다. 한영전자의 목표는 외국산 계측장비를 국산화시켜서 10분의 1 가격으로 파는 것이었습니다.

창업 1년 만에 계측기의 국산화에 성공했습니다. 일본 제품을 분해해 비슷하게 만들어 신제품을 완성하는 것은 무척 즐거운 과정이었습니다. 며칠간 잠을 자지 않아도 전혀 힘들다는 생각이 들지 않았습니다. 요즘은 흔한 표현이지만 자신에게 재미있는 일을 선택했던 것이 좋은 출발을 가능하게 했습니다. 뒤돌아보면 그런 선택이 내 인생의 최대 행운이었습니다.

요즘의 창업 풍경도 본질은 같을 것입니다. 이정웅 선데이토즈 대표는 벤처 창업은 맨땅 헤딩을 각오해야 한다는 말과 함께 창업자들에게 용기를 내라고 응원하고 있습니다. 선데이토즈는 2009년에 창업해 〈아쿠아스토리〉, 〈애니팡〉, 〈애니팡2〉 등 다양한 온라인·모바일용 게임을 출시한 기업입니다. 〈애니팡〉은 한때 1일 사용자 1천만 명, 동시접속자 300만 명의 신기록을 기록하며 국민 게임으로 알려지기도 했습니다.

이 대표는 어릴 적부터 게임에 푹 빠져 살았다고 합니다. 부모님은 게임을 그만하라고 말렸지만, 돌이켜보면 그 시절에 〈애니팡〉의 아이디어가 움트기 시작했다고 합니다. 부모와 자녀가 함께 즐기는 게임을 만들고 싶다는 꿈이 생겼던 것입니다. 창업은 그런 몰입의 시간이 필요합니다. 속된 말로 미쳐야 합니다.

미국 인공지능(AI) 머신비전(machine vision, 이미지 기반 자동검사 시스템) 기업인 코그넥스(Cognex)에 인수된 수아랩의 송기영 전 대표(현재 코그넥스딥러닝랩코리아 총괄)도 마찬가지입니다. 2019년 10월 공개된 인수가 2,300억 원은 해외 기업에 매각된 국내 기술 벤처 중 최고가로 기록됐다고 합니다. 대단한 성공을 달성한 것입니다.

수아랩은 라벨인쇄, 가죽, 섬유 등과 같은 외관 검사가 중요한 분야에 활용할 수 있는 딥러닝 비전검사 시스템을 개발하는 데 도전했습니다. 실패를 거듭하자 딥러닝을 다른 업종에 적용하자는 제안을 받기도 했지만, 송 총괄은 오로지 한 우물만 팠습니다. 사람이 육안으로 마치 기계처럼 반복 검사해야 하는 열악한 업무 환경을 혁신하고 싶었기 때문입니다. 근무 시간 내내 작업대에 매달려 제품의 외관을 직접 확인하는 고단한 근로자의 모습들이 계속 마음에 걸렸다고 합니다. 이러한 분명한 목표를 갖고 몰입한 결과, 수아랩은 마침내 수아킷(SuaKIT)이란 대박 상품을 시장에 내놓게 됐습니다. 수아킷은 육안(肉眼) 검사 대신 AI를 통해 5픽셀(1.3밀리미터) 이하의 작은 불량까지 걸러내는 기술로서 삼성·SK 등과 같은 일류 기업에서 사용되고 있습니다.

송 총괄은 국내 한 언론사와의 인터뷰에서 딥러닝 비전검사 분야만큼은 자신들이 세계 최고라 자부한다고 밝혔습니다. 국내 대기업이나 구글, 딥러닝 장인과 맞붙어도 두렵지 않다고 말이죠. 심지어 딥러닝 글로벌 4대 대가로 불리는 앤드루 응의 랜딩 AI와 IBM 왓슨과의 입찰 경쟁에서 이겼다는 사실을 강조합니다. 한 우물을 판다는 것. 세계 최고가 된다는 것. 기업가의 용기는 환경 조건과 기업 규모에서 생기지 않습니다. 사업에 대한 가치관과 믿음에서 시작됩니다.

사업의 출범에는 용기가 필요합니다. 크고 작은 모든 사업이 그러할 것입니다. 용기라는 블록의 수준을 측정하는 센서는 무엇일까요? 쉽게 말해 나 자신의 용기를 어느 정도 수준이라고 판단할 수 있을까요? 나는 자신에 대한 신뢰를 척도로 제안하고 싶습니다.

내 경우에는 기술을 즐기는 수준이 용기가 되어줬습니다. 며칠 밤을 새워도 전자 제품을 만드는 일은 즐거웠습니다. 재미있는 일을 하는데 굳이 용기랄 것도 없었습니다. 일단 외국산이든 국산이든 비슷하게 만드는 모방(copy)에는 자신 있었습니다. 송 총괄도 마찬가지입니다. 딥러닝으로 일일이 눈으로 검사하는 시스템을 대체할 수 있다는 자신감이 창업의 용기가 되어줬습니다. 돈 버는 것이 아니라 문제를 해결하는 데 푹 빠져 있었던 것입니다.

창업은 그 정도의 몰입과 자신감이 필요합니다. 자기 자신을 믿는 힘. 그러한 내면의 신뢰감을 쌓는 것이 창업의 준비 과정이라고 볼 수 있습니다. 그리고 무엇보다 신뢰를 쌓아가는 과정이 즐거워야 합니다. 만일 비즈니스 명분이 좋은 일에 자신이 미쳤다는 소리를 들을 정도로 몰입하고 있다면, 창업 타이밍이 당신의 인생에 찾아온 것입니다.

♦ Measure ×Analyze ×Innovate ♦

비즈니스 질문	센서	측정 방법	한영넉스의 사례
창업해도 될까요?	용기	자신에 대한 신뢰 수준	제품 모방에 대한 자신감을 쌓았다.

| 고객이라는 블록 |

고객의 기쁨은 무엇인가?

 고객이라 불러도 좋고 손님이라고 하면 더욱 정겹습니다. 사업의 가치는 그분들을 통해서만 인정을 받습니다. 그것이 본질입니다. 고객에 대한 인식은 변할 수 있습니다. 또한 변하기 마련입니다. 그럼에도 불구하고 사업 초기에 만나는 고객의 격려와 성원은 사업가에게 작지 않은 영향을 미칩니다. 소위 경영 철학이라는 것이 고객과의 채널을 통해 형성되기 시작합니다. 사업의 범위는 최고경영자의 생각 크기(size of ideation)로 결정됩니다. 고객, 혹은 손님에 대한 인식이 바로 그 생각의 방향에 큰 영향을 줍니다.

 사업 시작 후 제품을 생산하게 되면서 자연스럽게 고객을 만나게 됐습니다. 당시 국내에서 아무도 생각하지 않던 계측장비에 대한 수요는 지천이었습니다. 산업화가 진행되면서 많은 곳에서 온도와 습도를 측정하고 조절하는 기계가 빠른 속도로 개발됐습니다. 가뜩이나 구하기 힘든 외국산 계측장비를 10퍼센트 가격으로 살 수 있으니 그야말로 부르는 게 값이었습니다.

일본 제품보다 무척 싼 가격이었지만 나로서는 겁이 나는 가격이었습니다. 5,000원에 만드는 제품을 다섯 배를 받고 팔아도 괜찮은 것인지 내심 걱정이 앞섰습니다. 모든 관점에서 해외 제품과의 비교가 이루어지기 때문입니다. 가격, 품질, 수명, 그리고 애프터서비스에 이르는 전 과정이 비교 대상입니다. 우리가 제공할 성적표는 분명하게 결정되어 있습니다. 바로 가격입니다. 싸게 제공할 수만 있으면 제품 국산화의 매력이 충분히 빛을 낼 것입니다.

문제는 품질이었습니다. 당시는 품질 개념도 부족했던 때라 성능이나 기능 정도로 좁혀서 생각하면 충분했습니다. 그런데 내세울 만한 성능도 없는 상황에서 고장이 자주 발생했습니다. 부족한 성능과 품질을 보완하는 나의 판매 전략은 24시간 애프터서비스였습니다. '이 제품을 만드는 회사는 믿어도 된다'는 말을 들을 수 있도록 빠른 서비스를 제공했습니다. 비록 품질은 떨어지지만, 저렴한 가격과 빠른 서비스를 합하면 어느 정도 경쟁은 해볼 만했습니다.

빠른 서비스를 제품과 서비스에 연계해 생각한 것이 판매에 큰 도움이 됐습니다. 지금은 경영학에 서비타이제이션(servitization) 개념이 통용되는 시대입니다. 제조 산업의 밸류체인에 서비스를 융합해 제품 구매자의 만족도를 극대화시키는 전략이라고 정의되는 신개념입니다. 그러한 개념 역시 전문가들이 연구를 통해 이론으로 정립했을 터, 나는 경영 이론에는 문외한이었지만 돌아보면 뭔가 흉내를 내고 있었던 셈입니다. 생존을 위해서는 모든 수단이 동원되기 마련입니다.

당시의 한영전자가 내놓은 제품 성능은 일제 대비 80퍼센트 수준에 머물렀다고 생각됩니다. 기술 심화는 생각보다 오래 걸리는 일이라 격차를 완전히 해소하는 데에는 무려 30년이나 걸렸습니다. **최고의 기술력이 중요하긴 합니다. 하지만 반드시 기술력이 비즈니스를 결정짓는 최우선 요소는 아닐 수 있습니다. 기술과 서비스, 혹은 기술과 관리를 통합적 관점에서 보는 안목이 생각보다 더 큰 가치를 가집니다.**

사업을 하는 사람은 대부분 첫 고객을 기억할 것입니다. 특히 다수의 고객을 상대하는 서비스업이 아니라 우리처럼 장비를 만드는 기업을 대상으로 하는 B2B 기업은 더욱 그러합니다. 한영의 온도 측정기 100대를 주문한 첫 고객을 아직도 생생하게 기억합니다. 여러 곳에 시설을 설치하는 사업자였던 그는 비싼 일본 제품 대신 우리 제품을 선택했습니다.

"한 사장, 한번 해봐. 우리가 한영의 제품을 써보겠어. 대신 고장 나면 책임져야 해!"

"물론입니다. 걱정하지 마세요!"

그렇게 시작된 첫 거래가 한영에겐 큰 도약이 됐습니다. 무엇을 책임지고 무엇을 걱정하지 말라는 것인지는 분명하지 않았지만 한번 믿어보고 기회를 주겠다는 정도의 신뢰는 분명했습니다. 다행스럽게도 그 회사에 납품한 제품의 성능에 큰 문제는 없었고 잔 고장이 생기면 총알처럼 달려가 다시 리셋으로 초기화를 시켜 성능을 개선했습니다.

1970년대 초반은 벽에 걸린 괘종시계도 정확한 제품을 찾기 드물던 시절입니다. 처음에는 좀 맞는 듯해도 하루만 지나면 일이십 분 틀리는 것이 보통이었습니다. 모두들 조금 불편하긴 해도 틀리는 패턴을 기억해 용케도 사용하곤 했습니다. 그만큼 고객, 즉 사용자들이 인내심을 가지고 제품을 사용했습니다. 우리 회사도 인심 좋은 한 고객의 덕을 보았습니다. 고장이 나거나 오작동을 해도 당연히 그럴 수 있다고 생각하며 수리를 하면서 사용해줬습니다.

"그래도 한 사장은 빠르게 와서 수리를 해줘서 걱정이 없어요. 고맙네!"

그 고객이라고 문제가 없지는 않았을 겁니다. 하지만 한영의 서비스를 믿을 수 있다며 격려해준 고객의 도움이 컸습니다. 기분 좋은 고객을 만난 덕분에 우리 회사는 고객과 함께 성장해야 한다는 공생의 개념을 마음에 새길 수 있었습니다.

사업 초기에 손님의 기쁨을 느끼는 것이 중요합니다. 제품이나 서비스를 통해 기쁨을 제공하는 것이 바로 비즈니스이기 때문입니다.

그리고 고객에게 제공하는 기쁨의 크기가 결국 사업의 성패를 좌우합니다. 젊은 시절, 첫 고객을 만나면서 배운 손님의 기쁨이 나 자신의 기쁨임을 알게 되었습니다. 고객 만족 수준이 곧 나를 인정받는 수준이었습니다.

고객이 우리 제품을 높게 인정하면 기쁠 일이고 만일 인정하지 않는다면 그것은 실망의 표현입니다. 무엇보다 모르는 분에게 제품을 통해 인정받는 것이 신났습니다. 비단 성능이나 품질만의 문제는 아니었습니다. 다소 부족한 부분이 있더라도 발품을 팔면서 동반자 역할을 자처하면 믿음을 얻을 수 있습니다. **나는 기술을 자랑하지 말고 고객이 원하는 제품을 만들라는 말을 자주 합니다. 기술에 자만하지 않고 고객과의 접점에서 정성을 다하는 나의 평생 습관도 초창기 고객의 기쁨에서 비롯됐습니다.**

고객의 기쁨이라는 블록의 센서는 우리 회사에 대한 믿음입니다. 즉, 믿음의 수준이 고객만족도(CSI, Customer Satisfaction Index)와 같다고 생각합니다. 회사에 대한 믿음은 비단 제품에만 국한되지 않습니다. 제품을 만드는 현장, 운영하는 관리자, 파는 제품, 그리고 사후 관리 전반에 걸쳐서 확인된 신뢰의 수준입니다. 자신의 비즈니스에 대한 믿음을 객관적으로 측정하는 과정이 바로 고객만족도 조사인 셈입니다.

제품과 서비스에 대한 믿음, 즉 신뢰를 파는 것이 비즈니스입니다. 우리 회사에 대한 고객의 믿음 수준을 임직원 스스로 잘 알고 있을 것입니다. 고객에 대한 측정 센서는 회사 내부에 있다는 사실을 직시해야 합니다. 우리 스스로가 제품과 서비스에 대해 느끼는 신뢰가 곧 고객의 기쁨으로 이어집니다.

♦ Measure × Analyze × Innovate ♦

비즈니스 질문	센서	측정 방법	한영넉스의 사례
무엇이 고객을 만드는가?	손님의 기쁨	우리 제품에 대한 믿음	손님의 믿음을 위해 24시간 정성을 다한다.

| 기술이라는 블록 |

기술은 언제 업그레이드되는가?

기술 경영 시대에는 기술이 최고의 비교 우위를 결정하는 요소입니다. 리딩 엣지(leading edge)에 해당됩니다. 나는 제품을 직접 만들면서 사업을 시작한 덕분에 사업 초기부터 기술의 중요성에 눈을 뜨게 됐습니다. 기술이 부족해 같은 일을 수없이 반복해보면 저절로 사업의 본질을 배우게 됩니다. '품질, 가격, 납기 등 모든 것이 기술력에 근거한다'는 사실입니다. 경영자라면 누구나 알고 있을 단순한 교훈을 지난 50년간 체험을 통해 깨달았습니다.

나에게 기술을 한 단어로 압축하라고 한다면, 끈기라고 정의하고 싶습니다. 기술 격차를 지속적으로 인지하고 좁히는 과정이 기술과의 싸움이기 때문입니다. 회사가 본격적으로 성장하던 시점에서의 연구소장 경험담이 왜 기술이 끈기로 설명될 수 있는지를 잘 보여줍니다. 당시 삼성전자 자회사에 반도체 설비용 제품을 납품하던 대리점에서 기존 제품 대신 한영넉스의 제품을 추천하였습니다. 동일 사양에 패널 사이즈도 작고 가격도 싼 것이 이유였습니다. 성능과 품질만 인정받는다면 구매하는 쪽에서도 일거양득의 선택이었습니다.

하지만 모든 일에는 신고식이 있는 것인지도 모르겠습니다. 대리점으로부터 삼성전자 자회사에 납품한 제품에 문제가 있다면서 긴급 서비스 요청이 왔습니다. 연구소장이 직접 현장으로 달려갔습니다. 문제를 점검해보니 위상 제어에 따른 하울링(howling, 음파에 울림이 생기는 결함) 현상이 발생하고 있었습니다. 임시방편으로 제어 방식을 바꾸자 하울링은 없어졌지만 갑자기 배선 떨림 현상이 생겼습니다. 다행히 삼성 자회사에서는 시운전 단계임을 고려해 빠른 해결을 요청하는 데 그쳤습니다. 담당자로서도 어차피 한영넉스 제품으로 교체를 했으니 문제없이 잘 해결되기를 바라고 있었던 것입니다.

패널 한 개에 62대의 〈전력조정기 TPR2N〉이 설치된 상황이라서 우리로서는 매우 중요한 기회였습니다. 하지만 부담을 가진 탓인지 도대체 문제점이 해결될 기미가 보이지 않았습니다. 이 과정을 지켜보던 본사 영업 상무가 오히려 사정하듯 거칠게 항의했습니다.

"제가 모든 책임을 질 테니, 연구소에서는 문제를 해결하지 못한다고 인정하세요. 반도체 라인에 한 번 투입되면 몇백억 원씩 투입되는

데 우리가 납품한 장비로 인해 잘못되면 자칫 회사 망합니다. 그만 포기하시죠!"

아마 영업 상무는 손해를 감수하더라도 기존 제품으로 돌아갈 것을 염두에 두었을 것입니다. 하지만 연구소장은 단호하게 대응했습니다.

"반도체 업체에 납품할 수 있는 절호의 기회가 왔는데, 그리고 업체에서 손 떼라고 하지도 않고 기다려주는데, 왜 우리 스스로 쉽게 포기를 합니까? 업체에서 손 떼라고 해도 왜 이런 현상이 나타나는지 원인을 알기 전에는 손을 떼지 않을 겁니다. 그리고 이런 기회를 놓친다면 한영은 영원히 반도체 업체에 납품을 못 합니다!"

며칠 후 담당 연구원조차도 연구소장을 찾아와 도저히 안 되겠다며 손을 떼는 것이 좋겠다고 보고했다고 합니다. 그러자 연구소장은 연구원에게 외쳤습니다.

"그래? 그럼 너도 이제부터 이 프로젝트에서 손을 떼도록 해!"

연구소장은 포기하지 않고 다시 연구소에서 여러 가지 대안을 테스트했습니다. 정말 안 되는 것인지 스스로도 답답해하며 마지막으로 가장 해결 확률이 낮아 보이는 방안을 시도했습니다. 그런데 놀랍게도, 마지막 대안이 하울링 문제를 깔끔하게 해결해줬습니다. 만약 연구소장이 끈기 있게 도전하지 않았다면 문제해결은 물론, 삼성반도체와의 비즈니스도 어려움을 겪었을 것입니다.

그 후 삼성전자 자회사의 관계자도 한영에서 끝까지 포기하지 않고 적극적으로 대응해줘서 고맙다고 전해왔습니다. 자신의 회사 내부에서는 만약 문제가 심각해져 업체를 변경하면 오히려 담당자가 문책을 받는 것은 물론이고, 한영이 해결하지 못해 기존 업체 제품을 다시 설치하게 되는 것을 무척 걱정했다고 합니다.

그 당시 모든 부서가 협조하지 않았다면 지금도 한영은 반도체 라인에 제품을 공급하지 못했을 겁니다. 당시 제품을 회수해 3층 창고에 쌓아둔 자초지종을 묻는 내게 공장장은 투덜거리면서도 "빨리 잘 해결해야지요"라고 말하며 다른 라인을 세우면서까지 적극적으로 제조를 맡아줬습니다. **우리 임직원들이 그렇게 끈기를 갖고 문제해결에 매달린 덕분에 오늘의 한영넉스가 존재합니다. 기술이 그런 겁니다. 수많은 실패를 경험하지 않으면 앞서 나갈 수 없습니다. 회사 내에서든 밖에서든 결국 터질 일은 터집니다. 끈기를 갖고 그런 변동 요인을 감당하는 근성이 필요합니다. 제가 기술이라는 블록의 센서를 끈기로 보는 이유이기도 합니다.**

경쟁이 심할수록 각 경쟁자의 기술 개발이 빨라서 누군가 끊임없이 앞서나가는 것 또한 기술입니다. 한영넉스는 글로벌 전시회에서 기술을 눈으로 확인하는 것에 투자했습니다. 직원들은 전시회에 다녀오고 나면 분명히 달라집니다. 매년 열리는 일종의 국제 올림픽과 비슷합니다. 글로벌 무대에 출전해 각국 선수들과의 격차를 체험하면 눈높이와 자세가 달라집니다.

실제로 전시회 일정이 일단 잡히고 나면 사내 개발실은 신제품 개발로 초비상 체제에 돌입합니다. 신제품의 목업(mock-up) 제품을 가지고 전시회 패널이며 팸플릿 제작에 들어가게 됩니다. 전시회 전날 모든 전시 패널을 전시장으로 옮기는데 열 번이면 예닐곱 번은 한두 개 제품이 완성되지 않아 전시회에 출품을 못 하는 경우도 발생합니다. 따라서 개발실은 전시회 일주일 전부터 비일비재하게 밤샘 작업을 합니다.

전시회 당일 한 사람이 제품을 들고 전시장으로 우선 출발하고, 나머지 제품은 출발 대기하고 있다가 전시회 오프닝 테이프를 끊고 난 이후에 설치하기도 합니다. 이쯤 되면 정말 전쟁 상태와 진배없을 것입니다. 그러한 몰입과 끈기, 그리고 도전을 겪고 나면 뭔가 성장했다는 깨달음이 생깁니다. 자신감일 수도 있습니다. 남의 것을 배우는 것도 있지만, 우리의 내면의 모든 것을 투입하는 계기이기도 합니다. 그런 시점에 우리의 역량과 기술력이 향상됩니다.

요즘에는 전시회를 경영의 주요 수단으로 활용하는 기업이 더욱 많아지고 있습니다. 라비또라는 회사는 영국 디자인 전시회에 프로토타입의 토끼 귀 모양 스마트폰 케이스를 출품한 것을 계기로 창업을 했습니다. 대표가 대학 재학 중에 만든 제품이 전시회에 참가한 바이어의 눈에 띄어 미국과 영국 등으로부터 라이센싱 계약 요청을 받은 것입니다.

100퍼센트 자체 브랜드로 수출하는 라비또는 해외 전시회에 나갈 때도 한국관보다는 독립 부스를 선호한다고 합니다. 자신들의 강점인 독특한 디자인 역량을 참신하게 보여주며 기존 바이어를 관리하고 신제품을 소개하는 전략입니다. 전시회를 고객 관리의 수단으로 생각해 고객 재추천에 초점을 맞추고 있다고 합니다. 전시회 참가 목적 자체가 회사의 전략에 따라서 크게 달라진다는 것을 배웠습니다.

 삼성전자 같은 회사도 매년 라스베이거스에서 열리는 CES(전자 제품전시회)를 제압하면서 세계 최고의 제품을 만드는 회사로 자리매김하기 시작했습니다. 중소기업도 다를 바 없습니다. 자신의 제품을 출품하는 전시회에서 일전을 겨뤄야 합니다. 제품 홍보를 위한 가장 의미 있는 수단입니다. 무엇보다 우리의 기술력을 객관적으로 평가받을 기회입니다. 전시회 참여를 위해 헌신한 모든 직원들에게 감사하고 그들의 끈기에 성원의 박수를 보냅니다.

 끊임없이 출전해 도전하는 그 끈기. 기술로 앞서가기 위해서는 바로 그러한 센서를 작동시켜야 합니다. 기술이라는 블록의 센서는 끈기이며, 그 끈기는 기술 격차를 체험하는 횟수로 측정될 수 있습니다. 체험이 거듭될수록 기술 격차를 줄이는 노력 또한 동반해 투입되고 있는 것입니다. 자극을 받아야 배우고 발전할 수 있습니다.

♦ Measure × Analyze × Innovate ♦

비즈니스 질문	센서	측정 방법	한영넉스의 사례
기술이란 무엇인가?	끈기	기술 격차를 체험하는 횟수	해외 전시회에 참가해 끊임없이 격차를 파악한다.

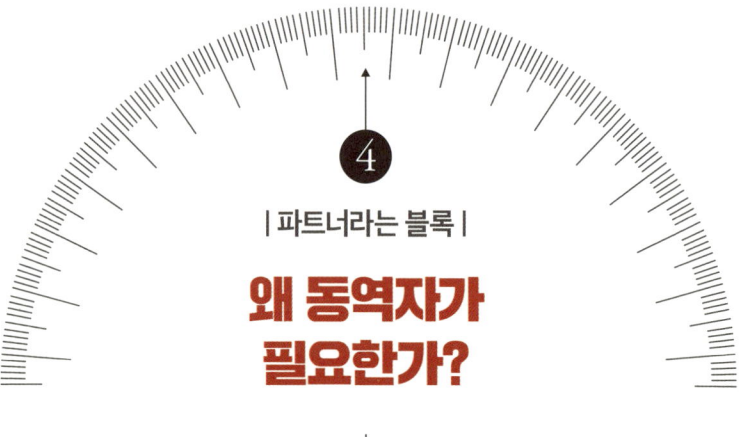

| 파트너라는 블록 |

왜 동역자가 필요한가?

　파트너십이라는 용어는 현대 경영에서 중요한 전문 용어입니다. 상생 시대를 상징하는 단어이기도 합니다. 내가 창업하던 당시에는 동업자 개념만 있었습니다. 동업자가 아닌 사업자는 대개 경쟁의 관점에서 대하곤 했습니다. 다른 사업자를 바라보는 시각이 각박했던 시절입니다.

　예컨대 어느 지역에 음식점이 하나 생겼다고 해보죠. 옆집에 새로운 음식점이 들어서면 서로 예민해집니다. 경쟁 관계로 보기 때문입니다. 우리 손님도 부족한 판에 왜 당신들까지 와서 장사를 어렵게 만드느냐는 식입니다. 서로 힘을 합해 맛집 골목으로 만들면 시너지가 생긴다는 생각을 못 했습니다. 어려울 때는 마음의 여유도 따라서 좁아집니다.

　파트너십을 저는 동역의 의미로 해석했습니다. 동업은 아니지만 함께 사업이라는 길을 가는 사람이므로 서로 힘을 합해야 한다고 생각했던 것입니다. 이러한 마인드가 훗날 협동조합 활동에 적극 참여하는 동인(motivation)으로 작용했습니다.

　한영전자의 첫 사업장은 문래동에 자리를 잡았습니다. 교통이 불편했던 당시로서는 다른 사업장이 인근에 몰려 있는 것이 중요했습니다. 인적 자원은 물론 자금도 턱없이 부족했던 시기입니다. 재고품은 사치이므로 필요할 때마다 조달해야 합니다.

　교통비 절약은 물론 원부자재 구매의 용이성을 위해서라도 사업하려는 사람들이 관련 지역으로 모여들었습니다. 요즘으로 치면 실리콘밸리나 이탈리아 피혁으로 유명한 피렌체와 비슷합니다. 일종의 산업 클러스터나 특성화 지역이 자연스럽게 형성됐습니다.

　당시 종로는 전자 부품, 왕십리는 금속, 문래동은 기계 제작에 관심 있는 사업자들이 모여들었습니다. 용산전자상가가 글로벌 전자 제품의 수출입 통로였으므로 인근 지역이 일종의 배후 단지가 된 것입니다. 부산, 울산, 여수·광양, 인천 등 항만 시설 근처에 화학이나 철강 배후 단지가 조성되는 것도 비슷한 흐름입니다. 항만 물류가 필요 조건인 제품 업체는 항만 배후 단지 조성에 참여하고 항공 물류가 가능한 전기전자 제품과 부품 업체는 김포공항과 서울역 인근에 모여

들었습니다. 그 결과, 용산전자상가와 세운상가가 형성되고 이곳에서 멀지 않는 곳에 업체들이 끊임없이 탄생·소멸되며 명성을 이어갔습니다.

돌아보면 당시 함께했던 모든 창업주나 사업주들이 동역자, 즉 파트너였습니다. 저는 절대로 혼자가 아니었습니다. 앞집, 옆집, 뒷집 모두 밤을 새우면서 자신들의 사업을 위해 노력했습니다.

창업할 당시의 내 나이 25세. 상대적으로 젊게 사업을 시작한 나는 배울 것이 많았습니다. 젊음은 학습이 뒤따라야 하고 나를 만나는 모든 분이 진심으로 친절하게 도와줬습니다. 실질적인 형태의 동업은 아니었지만, 그분 모두가 사업이라는 영역의 동업자와 다를 바 없었습니다.

다양한 동역자를 만나면서 나는 새로운 학습 습관이 생겼습니다. 바로 관점(perspective)을 배우는 것이었습니다.

"저분은 무엇을 하고 어떻게 성공하고 있을까?"
"저분은 미국과 비즈니스를 하고 있다. 과연 무엇이 다를까?"
"저분은 유럽과 비즈니스를 한다는데 왜 유럽을 선택했을까?"

내가 만난 모든 동역자가 나의 호기심을 자극했습니다. 하지만 수많은 동업자를 접하면서도 그들의 업종을 부러워하진 않았습니다. 그게 한영넉스의 행운이었습니다. 우리는 미래 산업에 필요한 각종 기기와 기계의 부품을 생산하고 있었기 때문입니다. 적어도 업종에 관한 한, 그 누구도 부러울 것이 없었습니다. 게다가 엄밀히 말해 사업자 대부분이 잠재 고객이기도 했습니다. 그들도 제품을 생산하고 서비스하는 상황에서 여차하면 우리 제품이 필요할 상황이었습니다.

온·습도 제어를 해야 하는 곳, 계수를 해야 하는 곳, 전력을 측정해야 하는 곳, 전력량을 조절해야 하는 곳, 시간 조절을 해야 하는 곳, 온도를 기록해야 하는 곳, 물체를 감지해야 하는 곳, 그리고 위험 신호를 사전에 알리고자 하는 곳. 고맙게도 거의 모든 사업자가 한영넉스와 B2B 거래를 틀 수 있는 시장형 기업이었습니다. 그만큼 고객층이 다양했고 잠재력이 있다고 생각했습니다. 또한 다른 동업자의 사업에 대한 이해가 곧 새로운 제품 개발 기회의 파악과 같은 의미라는 것을 알게 됐습니다. 어떤 회사가 무엇을 측정하고 조절하고 싶어 하는지를 잘 듣고 제품으로 만들어 납품하면 그게 바로 우리 회사의 신제품이었습니다.

국내에만 국한된 비즈니스 환경이 아니었습니다. 초기부터 글로벌 시장을 지켜보면서 사업을 시작한 것이 내게는 큰 축복이었습니다. 걱정할 것이 없었으니까요. 가깝게는 일본, 멀리는 유럽이나 미주 정도의 글로벌 무대에서 학습의 장을 펼쳐나갔습니다.

누군가 내게 젊은 시절에 갈고닦은 배움의 크기를 물으면 전자박람회 방문 건수로 대답하곤 합니다. 일본에서 열린 전시회만 따져도 족히 200회 참여 혹은 참관을 했습니다. 스포츠와 비교하면 사업 초기부터 올림픽에 참가했다고 보면 됩니다. 물론 우리의 제품은 성능이나 외관 면에서도 볼품이 없었습니다. 하지만 비교하고 비교당하는 과정을 반복하면 격차(gap)는 좁혀집니다. 제가 굳이 지적하지 않아도 우리 직원들은 두루 살피고 체득합니다. 그리고 무엇이 우리에게 부족한지를 느끼지요. 시간이 지날수록 그런 경험의 시간이 회사의 역량과 자신감이 됐습니다.

나와 지분을 공유한 동업자는 없었지만 기술을 교류한 이들이 모두 일종의 동역자였습니다. 그들과 함께 기술 개발로 산업 발전을 촉진하는 거대한 항공모함에 타고 있다고 생각했습니다. 그러자 경쟁이 아니라 협업의 관점에서 서로를 바라볼 수 있는 넉넉함이 생겼습니다.

나는 동역자를 통해 새로운 관점을 측정하려고 노력했습니다. 동일한 관점을 새로운 제품의 아이디어로 활용할 수 있었습니다. 한영넉스는 국내에 비교할 기업이 마땅치 않다고 판단한 이후, 글로벌 업체를 상대할 때도 동역자 관점에서 출발했습니다.

모름지기 사업은 부족한 가치를 만드는 일입니다. 굳이 블루오션을 찾아야 한다고 말하지 않겠습니다. 비교 기업이 없으면 목표 설정이 어렵습니다. 하지만 역으로 생각하면 새로운 가치를 만들 가능성이 오히려 더 커집니다.

지금 우리나라에 많은 기업들이 저마다의 분야에서 사업을 이어가고 있습니다. 또한 많은 젊은 세대가 창업을 꿈꾸고 있습니다. 그런 만큼 동역자 영역도 빠르게 확대되고 있습니다. 세상을 크고 멀리 내다보기를 바랍니다. 동업자를 통해 새로운 관점을 찾아내는 파트너십이라는 블록의 센서를 작동시켜야 합니다. 바로 그런 동역의 관점이 사업의 미래 가치입니다.

♦ Measure ×Analyze ×Innovate ♦

비즈니스 질문	센서	측정 방법	한영넉스의 사례
파트너는 어떤 역할을 하는가?	새로운 관점	새로운 관점으로 학습하려는 자세	글로벌 기업을 파트너로 보고 배운다.

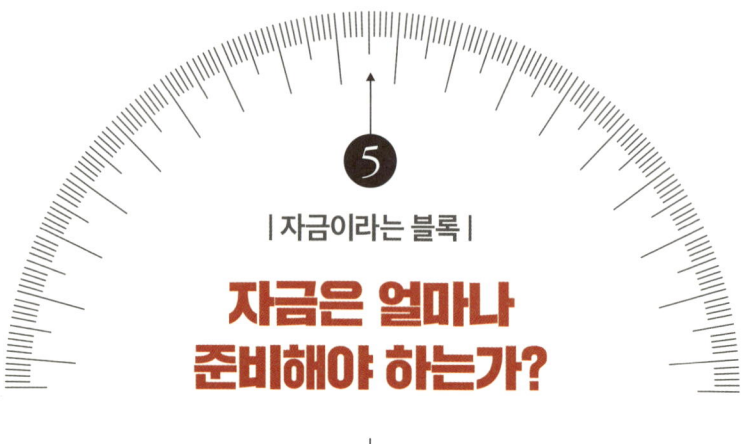

| 자금이라는 블록 |

자금은 얼마나 준비해야 하는가?

기업 가치를 키우는 책무를 가진 경영자의 최대 화두는 투자입니다. 본질적으로 경영은 곧 투자를 결정하는 일입니다. 인력 채용, 신제품 개발, 제품 생산, 공장 확대, 해외 투자 등 모든 이슈에 금융 자원을 투입해야 합니다. 대기업에서는 전문적인 투자심의회를 통해 조직적으로 결정하지만, 중소기업에서는 모든 중요한 현안을 경영자가 결정합니다. 결과의 잘잘못 역시 경영자의 결정에 따른 산출물이므로 다른 누군가를 탓할 일도 되지 못합니다. 인적 및 물적 자원투입을 결정하고 불확실한 결과를 책임지기 때문에 경영 리더십이 어려운 것입니다.

투자에 대한 나의 관점은 과정(프로세스)에 초점을 맞추는 것입니다. 기대하는 산출(output)에 집착하기보다 자원투입(resource input) 과정의 안정성을 확보하려고 노력했습니다. 실적을 위한 과정의 희생이 아니라 과정의 퀄리티를 유지하고 실적을 감사함으로 받아들이는 방식입니다. 쉽게 말해 무리하지 않고 준비할 수 있는 자금의 범위에서 사업을 운영하는 것을 기본 원칙으로 삼았습니다. 원하는 목표를 달성하기 위해 무리하지 않는다는 의미기도 합니다. 물론 빠른 부의 축적을 목표로 삼을 수도 있습니다. 그러나 그렇게 번 돈으로 무엇을 하겠습니까? 또다시 목표를 위해 재투입해야 합니다. 따라서 사업가 목표의 타당성(validity)이 결국 자금의 준비력을 측정하는 센서로 작동합니다.

사업 초기부터 저는 생산의 규모를 사업 목표로 삼았습니다. 당시는 더 많이 생산하면 더 많이 팔 수 있는 환경이었습니다. 제품을 생산하는 회사들 스스로 측정하고 컨트롤하면 더 정확하게 생산 경영을 할 수 있다는 사실을 깨닫게 하면 충분했습니다. 기업들은 생산설비의 기계화와 자동화에 발맞춰 생산 조건 측정과 조절에 더욱 관심을 가졌습니다.

그러나 나는 자금을 무리하게 끌어들여 생산 설비를 확대하려고 서두르지 않았습니다. 빚을 지면서까지 성장을 촉진하는 불안함(risk)을 선택하고 싶지 않았기 때문입니다. 하루하루 일상을 즐기고 보람을 느끼는 역할로 충분했습니다. 만약 욕심을 낸다면 돈을 더

벌겠다는 생각으로 변질됩니다. 그보다는 한영넉스와 함께하는 분들이 편안함을 느끼는 수준에서 서서히 규모를 조절하는 과정을 소중하게 생각했습니다.

생산의 규모에 목표를 맞춘 나는 수익만 생기면 회사 근처의 땅을 사들였습니다. 공장을 넓혀 생산량을 늘리기 위한 가장 기본적인 판단이었습니다. 다행스럽게도 우리의 기술 발전 속도에 따라 수입이 늘어났고 생산 설비 또한 정비례로 늘어났습니다. 자금은 문제 되지 않았습니다. 가능한 수준만큼 경영 목표의 크기를 조절하면 충분했습니다. 인도네시아에 공장을 건설하기 전까지 무차입 경영을 할 수 있었던 비결은 설비 증강에 무리하지 않은 덕분입니다. 당시에 흔했던 당좌수표도 발행하지 않았습니다. 만약 은행에서 큰 자금을 확보해 생산량을 급속도로 늘렸다면 매출과 수익은 더 늘었을지도 모르겠습니다. 그러나 나의 사업 목적은 돈이 아니었습니다. 사업을 안정적으로 키우는 과정과 그 과정에 보람을 느끼며 단계적으로 발전하는 모습을 즐겼습니다.

나는 측정하고 컨트롤하는 기기를 생산하는 경영자입니다. 그리고 한영은 현실과 미래를 저 나름대로 정확하게 측정하고 조정하는 능력을 갖추는 것이 잘 어울리는 회사입니다. 측정하고 조절하는 메커니즘. 그러한 제품의 기능이 내 삶의 철학에도 큰 영향을 미쳤습니다. 세상의 원리가 대체로 다 비슷합니다.

누구라도 사업을 하면서 투자와 관련해 판단할 일이 생기면 반드시 측정과 조절 기능을 작동시키기를 권합니다. 나는 투자를 주특기로 삼은 경영자는 아닙니다. 우리가 투자를 잘했다면 벌써 큼지막한 대기업으로 성장했을 것으로 생각하는 분도 있을 수 있습니다. 그러나 규모 지향적인 목표는 쓰라린 좌절을 피할 수 없다고 봅니다. 물론 담대한 승부를 걸어야 더 크게 될 수 있습니다. 자신의 영향력을 키워 많은 사람에게 도움을 주는 것은 멋진 일입니다. 하지만 사업에서는 무엇보다 편안히 즐거운 마음으로 함께 가는 여정을 만드는 것이 더 중요합니다.

한영넉스에서는 측정하고 컨트롤하는 제품을 제공하지만, 그 자체만으로 생산 조건을 최상의 상태로 만들지는 못합니다. 그보다는 주어진 환경을 정확히 측정 및 확인해 안전하고 효과적인 상태로 관리하는 일을 도와주는 역할을 하는 제품이 대부분입니다. 축구를 좋아하는 어린이가 모두 손흥민 같을 수 없는 이치와 같습니다. 꿈나무 축구 기대주에 정밀 진단 제품을 적용한다고 해서 그 어린이가 손흥민처럼 될 수 있는 것은 아닙니다. 경쟁 환경에서 그런 제품은 있을 수 없습니다. 다만 성장 과정에서 상태를 정확하게 측정해 다음 단계로의 전환을 도와주는 역할이라면 충분히 해낼 수 있습니다.

자금이라는 블록의 센서도 마찬가지입니다. 자금이 풍부하다고 해서, 혹은 자금이 부족하다고 해서 미래 목표가 달라질 것은 없습니다. 자신의 목표 크기와 타당성만 끊임없이 조정될 뿐입니다. 간혹 무리하게 공격적으로 투자하는 분도 있을 수 있습니다. 이와는 반대로, 리스크를 극도로 회피하는 분도 있겠죠. 여기서 핵심은 이들 모두 목표의 크기를 조정하면서 자금을 바라보는 자세가 필요하다는 점입니다.

사업 목표가 준비 자금에 비해 훨씬 크다면, 부족 자금을 투자할 수 있는 엔젤 펀드사에게 아이디어를 제안하면 됩니다. 그러면 투자 전문가들이 사업안, 투자안, 기술, 리더십 등을 평가해 목표의 크기와 자금의 균형성을 잡아줄 것입니다. 사업 목표의 크기를 균형적으로 준비하기 바랍니다. 좋은 목표가 바로 자금이라는 블록의 센서입니다.

♦ Measure ×Analyze ×Innovate ♦

비즈니스 질문	센서	측정 방법	한영넉스의 사례
자금은 어느 정도 준비하는가?	자금	사업 목표의 타당성	무차입 경영으로 목표의 질적 수준에 집중한다.

2장

열정

나를 움직이는
내면의 에너지

Passion is the inside power
you need in the ordinary business world.
열정은 사업 세계에서 필요한 내면의 파워다.

| 희망이라는 블록 |

기업에서 희망의 본질은 무엇인가?

기업인마다 사업을 키우는 방식이 다르겠지만 한 가지 공통분모는 있을 것입니다. 바로 희망이라는 단어입니다. 창업자에겐 의당 비즈니스 자체가 희망입니다. 그래서 시작했을 테니까요. 한영넉스처럼 기술 격차가 큰 일본 제품을 따라잡는 상황이라면 그 격차를 좁히는 여정에서 재미를 찾을 수 있습니다. 실제로 격차를 좁히는 속도가 곧 성공의 속도라는 분명한 목표가 되어줬습니다. 게다가 사업 초기에는 일본 제품 대비 10퍼센트 수준의 가격으로 대응할 수 있었으니 모든 것이 희망이었습니다.

"우리는 일제를 씁니다. 아주 품질이 좋아요. 한 사장님은 어느 정도에 납품할 수 있는지요?"

새로운 판매처를 만나면 종종 이런 얘기를 들었습니다.

"우리 제품을 한번 써보세요. 뭐 하러 비싼 가격을 내시나요? 품질에 문제가 있다면 제가 항상 대기하겠습니다. 믿으셔도 좋습니다."

고객은 언제나 곁에서 품질과 성능을 책임지겠다는 말에 귀가 솔깃해져 가격을 확인했습니다. 사실 내 마음속 가격은 부르는 게 값이었습니다. 30만 원이 넘는 일본 제품의 10분의 1에 해당하는 3만 원도 아닌 2만 5천 원 정도에 값을 불렀습니다. 고객 사정이 딱하면 1만 5천 원도 가능했습니다.

가격은 정말 문제 될 것이 없었습니다. 그러니 얼마나 자신 있게 한영의 제품을 추천했겠습니까. 그만큼 우리들의 말에는 언제나 힘이 있었습니다. 파는 저나 사는 그분이나 성능과 품질만 문제가 없다면 모두가 윈-윈(win-win) 할 수 있는 상황이었습니다. 게다가 로열티도 전혀 내지 않으니 국산품 애용에도 기여하는 일이니까요. 우리 제품을 구매하는 일이 바로 애국이었습니다.

한영의 출발은 늘 그런 즐거움과 함께했습니다. 속된 말로 제품을 만들어서 기쁘고, 좋은 가격에 팔 수 있어서 기분이 더 좋았습니다. 게다가 수입을 해야만 쓸 수 있는 제품을 국내에서 조달하는 비즈니스입니다. 제품 국산화에 전념하던 정부 정책에도 나름대로 기여했다고 자부합니다. 가슴이 웅장해지는 경험도 여러 차례 했습니다. 대단해서가 아니라 우리 회사가 지향하는 일이 그만큼 희망 요인을 두루 갖췄다는 사실이 자랑스러웠습니다.

경영자인 나는 그렇다손 치고 과연 회사에서 함께하는 임직원에게는 어떤 희망이 있었을까요. 경영자 개인이 아니라 회사 구성원 모두가 희망을 갖고 일할 때 사업의 의미가 더욱 클 것입니다. 1970년대는 탄탄한 직장을 다니고 꾸준히 월급을 받는 것만도 대단하게 여기던 시절입니다. 가족 구성원이 고정 수입을 올릴 수만 있다면 각 가정에서는 계획을 세워 미래를 준비할 수 있기 때문입니다.

사실 한영 임직원에게 제공하는 보수가 그리 높았다고 할 수는 없습니다. 생산 설비를 키워야 했던 상황이므로 한 푼이라도 아껴 땅을 사고 공장을 늘리는 것이 주요 관심사였습니다. 내가 그분들에게 줄 수 있는 희망은 그리 거창한 것이 아니었습니다. 그저 한영의 직원들이 다른 일을 생각하지 않고 전념해 오랜 기간 안정적으로 다닐 만한 반듯한 기업을 만드는 것이 전부라고 믿었습니다. 고맙게도 젊은 시절의 나 자신과 약속한 희망을 지난 50년간 어느 정도 임직원에게 제공할 수 있었습니다.

글로벌 컨설팅사인 맥킨지가 기업의 평균 수명을 조사한 결과 1935년에 90년, 1970년에 30년, 그리고 2015년에 15년까지 급격히 줄어들었다고 합니다. 물론 예전에는 기업이라고 신고한 사례도 많지는 않았을 겁니다. 하지만 사업을 하는 사람이라면 누구나 일단 사업체를 세우고 나라에 신고를 한 후 명예를 걸고 회사를 지키려고 안간힘을 썼습니다.

반면 요즘은 회사를 사고파는 것을 너무 쉽게 생각합니다. 무역협회에서 예측한 바에 따르면 5년 후 기업 평균 수명이 12년에 불과할 것이라고 합니다. 기업을 하는 사람이라면 돈을 더 많이 벌겠다는 의욕을 피할 수 없을 겁니다. 돈을 목적으로 삼으면 기업 자체의 가치보다는 개인의 수익에 집착할 우려가 있습니다. 창업 정신이 아니라 금전적 목표가 중시되면 기업 수명은 짧아질 수밖에 없습니다. 모름지기 기업인이라면 사업 유지를 임직원 모두의 희망을 지키는 일이라고 생각해야 합니다.

나는 사업을 하면서 구성원이 리스크로 인해 불안함을 느끼지 않도록 늘 미래를 염두에 두었습니다. 외환위기 시절에도 누구 하나 해고하지 않았습니다. 오히려 미래의 변화에 대비하기 위해 전사자원관리시스템, 즉 ERP(enterprise resource planning) 교육에 초점을 맞췄습니다. **구성원의 희망을 측정하는 센서는 그들이 미래를 낙관하는 수준입니다. 자신이 다니는 직장의 미래를 걱정하게 만드는 상황에서 어떻게 희망을 논하겠습니까. 미래에서 긍정적인 기운을 느낄 때 비로소 희망이라는 감정이 마음에 생기는 법입니다.**

경영자의 역할은 구성원 하나하나가 갖는 희망의 기운이 조직에서 지속되도록 분위기를 조절하는 것입니다. 직원 각자에 대한 섬세한 관심이 없다면 완성될 수 없는 숙제입니다. 기업 임직원이 모두 희망을 품고 근무해야 합니다. 물론 개개인의 사적인 영역과 목표에 따라 희망의 크기는 다를 것입니다. 늘 부족하지만 그런 희망을 나눌 수 있는 한영넉스를 만들기 위해 애썼습니다. 후배 임직원들도 모두 서로 배려하면서 이 영역을 더욱 강화했으면 하는 바람입니다.

♦ Measure ×Analyze ×Innovate ♦

비즈니스 질문	센서	측정 방법	한영넉스의 사례
어떻게 희망을 유지관리 하는가?	희망	낙관의 수준	미래를 낙관하는 경영 환경을 유지한다.

| 분노라는 블록 |

좌절을 만났을 때 무엇을 생각해야 하는가?

　요즘 우리 사회에 분노의 마음을 가진 사람들이 많아 보여 안타깝습니다. 분노라는 키워드를 블록으로 포함시킨 이유입니다. 나는 사업을 하면서 분노라는 단어와는 거리가 멀었습니다. 그러나 항상 조심하고 선제적으로 대응해야 할 이슈입니다.

　내가 성장하고 발전한 시대는 비교적 기대와 희망이 사회에 가득 차 있었습니다. 물론 당시에도 정치는 늘 걱정스럽고 하루가 멀게 위기론이 쏟아져 나왔습니다. 그러한 환경에서도 서민의 가슴은 따뜻했습니다. 너나없이 '하면 된다! 할 수 있다!'를 외쳤습니다. 우리가 이뤄낸 기적 같은 변화에 놀랐고 일할 기회에 감사했습니다.

아마 여러분들도 눈을 감고 자신이 처한 상황을 찬찬히 살펴보면 지금도 역시 감사할 부분이 많을 것입니다. 정말 기적적으로 발전한 나라가 대한민국이니까요. 그럼에도 불구하고 세상을 상대적으로 보면서 다들 각박한 마음을 가지고 살아갑니다. 목표는 더 커졌고 마음은 더 급해졌습니다. 옆사람은 자신과 달리 쉽게 성공하는 것 같아 갑자기 불쾌함을 느끼기도 합니다. 아니, 더 정확하게는 불안해합니다.

나도 잘 체험하지 않은 분노라는 블록을 제시하는 이유는 분노를 안타까움으로 바꾸는 순간 도약의 계기가 된다고 믿기 때문입니다. 혹여 분노에 가까운 마음을 품은 건강한 후배들에게 내가 무엇을 안타까워하는지 들려주고자 합니다.

요즘 문래동 지역은 젊은이들에게 인기 공간으로 거듭나고 있습니다. 청년 창업자들이 몰려들고 있습니다. 문제는 창업의 업종입니다. 소공인(다섯 명 이하가 운영하는 작은 공장)이 즐비한 지역이 인기 있는 식당가로 변모하고 있습니다. 교통도 좋고 임대료까지 저렴하니 찾는 사람이 늘어나고 있습니다. 게다가 평소 보기 힘든 공장 풍경을 마주하고 있어 신기함마저 더합니다.

이러한 현상을 좋게 해석하는 사람은 공장 지대가 서비스업 지역으로 바뀌고 있음을 즐길 것입니다. 언젠가는 다양한 서비스업이 존재하는 상업 지역으로 발전할 가능성도 크지만, 나 같은 창업주에게는 가슴 아픈 일입니다. 아니, 어쩌면 분노해야 될 일일지도 모릅니다. 한때 한국의 산업 발전에 크게 기여했던 문래 산업단지가 이제는 인기 먹거리 지역으로 전락할 상황이니까요. 과거에는 제조 현장이었던 만큼 미래 산업을 위한 각종 연구소가 즐비하게 들어섰다면 얼마나 멋졌을까요. 이곳을 바라보는 모든 분이 한국을 일으킨 주역들의 발자국을 기쁜 마음으로 공유할 수 있을 것입니다. 한영넉스가 이곳에 AI 연구소를 건립해 저 나름의 역할을 시도하고 있지만 역부족입니다.

정부의 대응을 보면 더욱 안타깝습니다. 정부에서는 젊은 청년들이 이곳에 식당을 차린다고 하면 대응 자금을 주면서도, 이곳의 소공인들이 사업을 확장하거나 기술을 전수한다고 해도 관심을 두지 않습니다. 청년 창업자들이 전통적인 사업에 관심이 없는 탓도 있지만, 그보다 이 지역을 산업단지로 보고 육성하려는 정책이 없어 보입니다.

나와 함께 비슷한 시기에 문래동에서 사업을 하던 사람들이 아직도 그곳에 있습니다. 얼마 전에는 종종 보는 사장님과 소주를 한잔하게 됐습니다.

"한 회장님, 대단하세요. 예전에 비슷하게 시작했는데 크게 성공하셨어요. 정말 자랑스러운 일이고 축하드릴 만한 일입니다."

"사장님, 고마운 말씀입니다. 그런데 무슨 일이 있었던 거예요. 왜 아직도 상황이 비슷한 거죠. 기회가 많이 있었을 텐데요."

나도 모르게 책망하는 듯한 말을 건넸습니다. 한편으론 딱하지만 왜 비슷한 시기에 함께 경영을 시작해 아직도 큰 변화가 없었을까 하는 마음이 생겼던 모양입니다.

"저는 큰 그림, 아니 꿈이 없었어요. 기계만 쳐다보고 살았거든요. 기계가 아니라 기술을 바라봐야 하는데 말이죠. 사장님은 기술로 새로운 제품을 만들었고 저는 새로운 기계로 같은 제품을 더 잘 만드는 것만 생각했습니다. 누구나 기계만 있으면 할 수 있는 일이니까요. 택시 운전사와 같죠. 택시만 계속 바꾸면서 운전한 것과 전혀 다를 게 없어요."

일순간 나 역시 자신에 대한 분노를 느꼈습니다. 왜 진작 그 시절에 이토록 중요한 대화를 솔직하게 서로 나누지 못했을까 하고요. 나 스스로에 대한 반성입니다. 돌아보면 쉬워 보이지만, 사실 한영 역시 지금의 성취를 이루기까지 많은 어려움이 있었습니다. 다른 기업을 돌아보며 함께 노하우를 공유할 정도의 사정이 허락되지는 않았던 것입니다.

모든 사람이 자신이 바라는 대로 성장할 수는 없습니다. 각자의 영역에서 최선을 다하는 것이 중요합니다. 그럼에도 불구하고 더 큰 그림을 본다는 것은 상상 이상의 가치가 있습니다. 문래 지역이 멋진 현대 사업장으로 바뀌는 것이 좋을지, 아니면 청계천처럼 식당 지역으로 바뀌고 소공인들이 다른 지역으로 집단 이전하는 것이 좋을지 쉽게 판단하기 어렵습니다.

분명한 사실 한 가지는 이곳으로 밀려오는 서비스업이 임대료를 올린다는 것입니다. 그것은 곧 이곳에서 평생 소공인으로 살아온 사람들에게 청천벽력과도 같은 소식입니다. 그나마 소유하고 있던 공간을 아예 팔아버리고 손을 놓으라는 메시지를 주는 것이나 마찬가지입니다.

AI 연구소 꼭대기에 있는 회의장과 교육장에서 바라보는 문래동의 모습은 아이러니합니다. 이 지역에 가장 큰 연구센터를 보유한 한영넉스의 큰 그림이 그리 크지 않았는지도 모르겠습니다. 50년 전 이곳에서 시작해 글로벌 기업으로 성장하기까지 정부에서 펼친 중소기업 지원 정책은 단편적이었습니다. 거점에 대한 장기적인 구상보다 개개인의 노력에 맡겨버린 생존형 정책으로는 세계를 선도할 수 없습니다.

제조 부문의 창업에 대한 관점을 바꿔야 합니다. 제조 산업의 경쟁력을 무시해서는 안 됩니다. 기획재정부에 따르면 우리나라 제조업 비율은 2020년 현재 27.8퍼센트로서 코로나 위기 동안 큰 버팀목이 되어줬습니다. 아직까지는 수출이 주요 경쟁력 기반인 국가로서 좋은 비율을 유지하고 있습니다. 하지만 더 이상 제조와 서비스의 불균형을 그냥 바라봐서는 안 됩니다.

정부에서는 제조 산업의 기술 종속성을 감안해 실패한 창업주를 관리해야 합니다. 실패 없이 미래를 준비할 수 없습니다. 수많은 경우의 수를 체험한 사업가들의 지혜를 미래의 자산으로 만들어가야 합니다.

고(故) 정주영 회장님은 아침에 일찍 기상하는 것으로 유명했습니다. 좋을 때나 나쁠 때나 한결같이 그렇게 평생을 살았습니다. 언젠가 KBS 강연에서 정 회장님은 잘 안된 일, 즉 실패를 마무리하는 즐거움을 즐겼다고 말했습니다. 그 덕분에 안 좋은 일이 있어도 다음 날 아침에 눈이 일찍 떠졌다고 합니다. 사실 저라고 한들 지난 50년간 사업을 해오면서 실패가 없었겠습니까. 저 역시 정 회장님처럼 그냥 일과로 보고 나아갔던 것입니다. 덕분에 하루를 일찍 시작하게 됐습니다.

실패는 미래를 향한 도약의 일부입니다. 모두 그렇게 생각하라는 뜻이 아닙니다. 진짜 그러합니다. 실패를 느끼지 않을 정도로 무심히 미래를 향해 달려가야 합니다. 금전 투자가 뜻대로 되지 않았다고 해서 실패를 들먹일 필요가 없습니다. 세상의 모든 결과물은 자원을 투입해야 합니다. 미래는 끊임없는 투자로 이어지므로 다음 시도를 위한 학습으로 보며 나아가야 합니다. 얼마나 많이 배웠는가로 실패를 측정해야 합니다.

좌절, 혹은 분노라는 블록의 센서는 도약이라고 말할 수 있습니다. 학습의 크기가 바로 실패의 크기라고 생각하면 좋습니다. 만약 실패를 겪었다면 더 많이 배우기 위해 크게 투자했다고 판단하고 다시 내일을 향해 집중하면 됩니다.

실패는 조직을 이끄는 사업가의 일상입니다. 분노, 안타까움, 속상함과 같은 감정은 항상 피하고 싶지만 뜻대로 되지 않습니다. 다만 그러한 것들을 통해 학습하면 내일은 분명 오늘보다 좋은 결과가 기다리고 있을 것입니다. 부정적인 상념에 대한 스위치는 끄고, 학습 기회라는 스위치를 항상 켜놓고 나아가야 합니다.

♦ Measure ×Analyze ×Innovate ♦

비즈니스 질문	센서	측정 방법	한영넉스의 사례
어떻게 좌절을 극복하는가?	실패	도약의 체험	실패를 실패가 아니라 학습으로 본다.

| 사랑이라는 블록 |

회사를 사랑한다는 의미란 무엇인가?

"한국적인 기술을 바탕으로 생산 공정 제어·계측 분야에서 세계 1위가 되겠습니다."

15년 전 언론 인터뷰에서 했던 약속입니다. 1972년, 플라스틱 사출기에 들어가는 온도조절계를 시작으로 한영넉스는 산업용 제어·계측 분야의 한길을 걸어왔습니다. 최초로 디지털 그래픽기록계 GR100을 개발하고 출시했습니다. 각종 기계 설비와 생산 공정을 관리하고 데이터를 측정하는 GR100은 대형 LCD와 터치패널을 채용, 사용자의 편의성을 대폭 넓혔습니다.

GR100은 특히 각종 생산 이력과 관련된 데이터를 대용량 SD 메모리 카드에 저장하고 중앙 통제 시설에서 생산 공정을 원격으로 제어할 수 있게 해줍니다. 처음에는 외부 메모리를 이용해 1년 치의 생산 정보를 저장하는 것을 목표로 개발됐지만, 지금은 원하는 양의 정보를 저장할 수 있습니다.

또한 데이터의 모니터링과 출력을 다양하게 비주얼화했습니다. 단순히 작동을 관찰하는 기기에서 분석하고 피드백하는 시스템 관리 수준으로 혁신하게 된 것입니다. 정밀도를 요구하는 반도체 공정이나 생산 공정 제어 시스템에 사용되는 기록·계측장비는 아날로그와 디지털이 혼합된 하이브리드 방식으로 진화시켰습니다. 나로서는 각별한 제품이 아닐 수 없습니다.

2000년대 중반부터 디지털 세계로 진입하면서 드디어 선진국 제품, 특히 일본 제품과 경쟁할 수 있다는 자신감이 생겼습니다. 무려 35년이나 걸렸습니다. 선진국 제품과 비교해 성능과 조작 편의성 등이 뛰어나면서도 가격이 절반에 불과하니 당연한 결과입니다. 자신감에 힘입어 본격적으로 제품 디지털화를 이뤄냈습니다.

온도조절계를 시작으로 한영넉스는 첨단 생산 설비에 필수인 각종 타이머, 카운터, 온·습도 컨트롤러, 스위치류를 비롯해 LCD용 유리기판 품질 검사 장비인 매핑센서 등 자동 제어 계측 분야의 다양한 제품 생산군을 갖췄습니다. 창업 시절부터 생산했던 온도조절계 등 온도 제어 관련 제품들은 국내 시장에서 65퍼센트 이상의 점유율을 자랑할 정도로 기술력을 인정받고 있습니다.

신제품은 마치 새로운 가족의 탄생과 같습니다. 8,000여 개의 제품 모두 한영넉스 패밀리의 땀과 인내심으로 만들어냈습니다. 제품의 외관은 물론 성능과 품질 모두 작업자의 정성으로 완성됩니다. 각 제품의 역할은 다르지만, 고객의 요구에 맞춰 어딘가에서 생산 설비 일부로서 기여하고 있을 것입니다. 가끔 버려진 사출기에서 아직도 멀쩡한 우리 제품을 발견하면 가슴이 아립니다. 한영넉스에서 만들어진 가족과도 같은 제품이니까요. 모든 곡식은 주인의 발걸음 소리를 듣고 큰다는 말이 있습니다. 하물며 우리 공장에서 가공되는 제품이야 오죽하겠습니까.

문래동 시절에 현장을 둘러보던 중 쓰레기통이 눈에 들어온 적이 있습니다. 얼핏 봐도 전자 부품들이 마구 버려져 있었습니다. 그 순간 쓰레기통을 엎어 관리자들과 함께 내용물을 확인했습니다. 대부분 DIP 부품이었습니다. 작업자가 일일이 수작업을 해야 하는 작은 전자 부품이다 보니 작업 현장 바닥에 떨어뜨리는 일도 부지기수였습니다. 부품이 떨어졌을 때 곧바로 주우면 사용할 수 있지만 작업자 모르게 누군가 발로 밟고 지나가면 부품이 손상됩니다. 하지만 쓰레기통에는 손상된 부품은 물론이고, 정상 부품들도 일부 섞여 있었습니다.

"작업자 한 사람이 나 한 사람쯤은 괜찮겠지 하는 마음으로 하루에 하나씩 버린다면 어떻게 될까?"

나는 담당 관리자에게 짧게 질문을 던졌습니다. 모든 현장 직원들에게 하고 싶던 말이기도 합니다. 물론 작업자 입장에서는 눈앞의 목표에 집중하다 보니 생긴 일입니다. 무심코 버려지거나 떨어졌을 것입니다. 그러한 작은 부주의를 일일이 야단칠 수는 없지만 소소한 부분에도 집중력은 매우 중요합니다.

당시에 말은 하지 않았지만, 나는 제품과 부품을 보면 저절로 마음이 쓰입니다. 우리 회사 제품이나 부품이 바닥에 뒹굴고 있는 것을 보면 왜 그런 대접을 받는가 하는 안타까움이 생깁니다. 일종의 사랑이 아닐까 싶습니다. **자신의 생존을 도와주는 대상이라면 하나라도 빠짐없이 정성껏 바르게 관리해야 합니다. 원가 절감 같은 단순한 목적 때문이 아닙니다. 우리가 먼저 정성껏 대해야만 우리 제품들이 시장에서 좋은 대접을 받을 수 있습니다. 세상의 이치가 그러합니다.**

그 사건을 계기로 간부들은 쓰레기통에 버려지는 부품들에 관심을 가지게 됐다고 합니다. 당연히 임직원을 비롯한 모두가 부품을 아끼는 분위기에 동참하게 됐습니다. 고마운 일입니다.

조직 활동에 작동하는 사랑이라는 블록의 센서는 모든 요소에서 개별적 가치를 발견하는 관심입니다. 동료 직원에게는 배려라는 컬러가 필요합니다. 함께 일하며 상처받지 말아야 합니다. 소모품에는 정위치라는 컬러가 필요합니다. 자기 자리를 찾아줘야 합니다. 건물과 시설은 쾌적이라는 컬러가 필요합니다. 우리의 일상을 깔끔하게 지원해야 합니다. 회사의 모든 것을 사랑할 때, 우리 역시 모두 그러한 대접을 받으며 근무할 수 있습니다. 사랑하는 마음이 있어야 일터 역시 넉넉해집니다. 워라밸(work and life balance)의 본질은 우리들 마음에서 시작됩니다.

♦ Measure ×Analyze ×Innovate ♦

비즈니스 질문	센서	측정 방법	한영넉스의 사례
특별히 애정이 가는 제품은 무엇인가?	애정	사랑의 색깔	모든 것을 자신만의 컬러로 기억한다.

| 즐거움이라는 블록 |

무엇이 즐겁게 일하게 만드는가?

경영과 관련해 가장 보편적으로 알려진 교훈은 즐길 수 있는 일을 사업으로 하라는 것입니다. 돈을 벌기 위해 억지로 하기보다 자신이 즐겁게 할 수 있는 일을 해야만 진정한 성공을 거둘 수 있습니다. 공부도 마찬가지입니다. 자신의 적성에 맞는 전공을 선택해야만 스스로 즐겁게 공부할 수 있습니다. 언제나 맞는 말이지만 현실은 그리 녹록지 않습니다. 일을 즐기는 태도의 핵심은 과연 어떻게 하면 그러한 상태를 유지할 수 있느냐입니다.

나는 처음부터 전자기기 만드는 일이 좋았습니다. 좋아서 시작한 일이라 남들보다 즐겁게 몰입해 일할 수 있었습니다. 제품을 개발하고 생산하다 보면 엔도르핀이 솟는 느낌을 받기도 했습니다. 오로지 한 가지 업종에 관심을 두고 50년을 변함없이 달려올 수 있었던 것은 이 업종을 정말 사랑했기 때문입니다. 세상에 어떤 일과도 바꿀 생각이 전혀 없습니다.

문래동에서 인천으로 회사를 옮기던 당시에 있었던 일입니다. 이전을 마친 문래동의 공장터는 제법 넓었습니다. 금싸라기 같은 땅을 공터로 놀리는 것이 아까워 푼돈을 벌자고 했다면 주차 공간으로 활용하거나 원하는 사람에게 임대로 줄 수 있었을 것입니다. 그러나 나는 공장터를 임대 주지 않았습니다. 자칫 내가 원하는 때에 들어가지 못할 수 있기 때문입니다.

언제라도 내가 원하는 시점에 꿈을 펼칠 수 있어야 합니다. 그러한 일관된 생각을 해야만 단순한 관점으로 사업의 즐거움을 유지할 수 있습니다. 독일에는 '오솔길을 좋아하면 신발이 빨리 닳는다'라는 속담이 있습니다. 자잘한 생각을 많이 하면 눈에 보이지 않는 에너지, 즉 기회 자체가 소모되기 마련입니다.

일관성은 절제심의 결과입니다. 절제는 정제된 목표를 유지하는 과정에서 필요한 수단입니다. 바로 그 절제의 수준이 기쁨의 일관성을 유지하는 힘입니다. 이치가 참 묘합니다. 절제가 기쁨이라는 감정을 끌어내는 원동력이 되어주기 때문입니다.

경영자의 최대 과제는 구성원들이 회사에서 일하는 자체를 즐길 수 있는 환경을 조성하는 것입니다. 채용에서부터 개인의 비전과 회사의 방향이 비슷한가를 확인하는 이유와도 맞닿아 있습니다. 한영넉스도 가능한 한 출퇴근이 적합한 직원을 뽑고 그러한 여건을 갖출 수 있도록 노력합니다. 직장이 멀면 이미 출근하면서부터 짜증이 밀려온 상태로 업무에 임하기 때문입니다.

나는 한영넉스를 즐거운 직장으로 만들기 위해 꾸준히 노력하고 있습니다. 직원의 건강이 회사의 건강이라는 생각으로 일과 후에 직원들이 여가선용할 수 있는 공간을 많이 마련하고 있습니다. 스크린 골프, 당구, 헬스, 기구는 물론 '힐~링' 북카페도 운영하고 있습니다. 직원들이 시설을 이용하는 빈도가 그리 높지 않을 수도 있습니다. 다만 그런 환경과 선택의 권리를 가진 회사에 다닌다는 자체를 보람과 즐거움으로 느끼도록 해주고 싶습니다. 회사가 직원들의 삶에 든든한 울타리가 되어주는 것, 그런 역할을 자임하며 임직원들과 함께 미래를 설계해나가고 있습니다.

무엇보다 직장인은 각자 담당하고 있는 일에서 가장 큰 즐거움을 얻어야 합니다. 영업부의 사례를 소개합니다. 어느 날 영업부 관리자가 일면식도 없는 김공장 사장님으로부터 급한 전화를 받았다고 합니다. 사장님은 생산 장비에 달린 컨트롤러가 작동하지 않아 공장을 중단해야 했고 우리에게 도움을 요청했습니다. 그런데 김공장의 컨트롤러는 다른 회사의 컨트롤러였습니다. 김은 바다에서 김속과 돌김속의 해조류를 채취해 기계 장치로 깨끗이 세척한 후 나무틀에 넓게 펴서 건조하는 과정으로 만들어집니다. 이때 온도 컨트롤러가 적정 온도를 유지하도록 도와줍니다. 그처럼 중요한 공정에 쓰이는 생산 장비에서 컨트롤러 오작동이 일어나 김이 모두 바싹 말라 부서지고 만 것입니다.

영업부는 김공장 사장님과 상의 후 곧바로 우리 회사의 제품으로 바꾸어 작동이 잘되는지를 몇 시간에 걸쳐 확인했습니다. 이후 컨트롤러가 완전히 작동하는 것을 확인하고 나오려는데, 사장님이 김을 몇 상자 주셨답니다. 감사의 인사겠지요. 바로 그런 순간이 직장인이 느낄 수 있는 최고로 즐거운 순간이라고 생각합니다.

이후 사장님은 한영 덕분에 좋은 김이 만들어진다고 인사를 하시며 고맙게도 주변 다른 김공장 사장님들에게 우리 제품을 추천했습니다. 모름지기 사업을 하는 사람이라면 본연의 업무를 통해 보람을 느낄 때 최고의 즐거움을 만끽할 수 있습니다. 제품과 서비스를 통해 사람과 사회의 성장과 행복에 기여하는 것, 그것만큼 소중한 즐거움은 없을 것입니다.

물론 중소기업의 근무 환경을 생각하면 늘 아쉬운 부분이 있습니다. 수만 명이 근무하는 대기업과 비교하면 제공할 수 있는 패키지에도 한계가 있을 것입니다. 직장에서 겪는 가장 큰 스트레스는 경쟁에 대한 부담입니다. 바로 그런 부분을 보람으로 바꿔줄 수 있다면 적어도 소소한 즐거움과 항상 함께하는 직장을 만들 수 있다고 믿습니다. 이 또한 회사가 위기 없이 꾸준히 성장할 때 실현 가능한 이야기입니다.

즐거움이라는 블록의 센서는 일관된 성장의 기쁨을 유지하는 정도일 것입니다. 잠시의 큰 기쁨이 아니라 일관된 보람을 미리 설계하는 지혜가 필요한 영역입니다. 결국 즐거움의 본질은 일터와 일에서 느끼는 보람입니다.

♦ Measure ×Analyze ×Innovate ♦

비즈니스 질문	센서	측정 방법	한영늑스의 사례
비즈니스를 즐길 수 있는 비결은 무엇인가?	즐거움	기쁨의 일관성	성장 과정에서 보람을 설계한다.

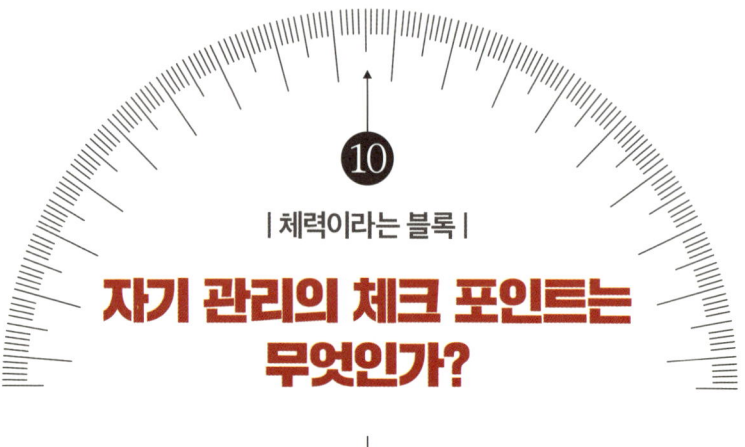

| 체력이라는 블록 |

자기 관리의 체크 포인트는 무엇인가?

　아침이면 사우나에서 운동을 좀 하면서 하루를 시작합니다. 나의 오래된 습관입니다. 냉탕과 온탕을 오가면서 혈액 순환을 유지하는 한편, 팔굽혀펴기를 108회(36회×3세트) 하면서 근력을 체크합니다. 횟수를 정하는 것은 정확한 숫자로 판단해야만 지속적으로 관리할 수 있기 때문입니다. 나의 체력 상태를 점검하는 간접 수단이기도 합니다.

　건강을 자신해서도 안 되지만, 사업가라면 집중력을 기르는 데 일관된 습관만큼 좋은 것도 없습니다. 사업이라는 분야 자체가 집중력을 가져야 하는 일입니다. 개인의 문제가 아니라 종업원과 그들 가족 모두의 생활을 책임지는 일입니다. 내가 스스로 관리를 하지 못하면 그만큼 집중력을 잃을 수 있습니다.

자신의 심신을 좋은 상태로 유지하는 자체도 경영진의 책무에 포함됩니다. 그래야만 산만하지 않은 상태에서 좋은 결정을 내릴 수 있습니다. 경영진의 건강한 자기 관리는 조직 의사결정의 퀄리티를 유지하는 데 절대적으로 중요한 요소입니다.

회사의 임원을 최대한 우대하는 이유는 그들이 안정된 여건 속에서 시간은 물론 자기 관리를 할 수 있도록 돕기 위해서입니다. 포지션에 대한 보상이 아니라 미래 경영을 위한 지원에 해당합니다. 미래의 가치를 위해 포커스를 유지하는 것이 중요합니다.

회사 복지도 임직원의 자기 관리를 도와주는 것을 기본 방향으로 삼습니다. 복지와 관련된 비용 중 체력단련비라는 항목이 있습니다. 사람들은 단순히 복지비의 항목 중 하나로 추가해 지원한다고 생각합니다. 하지만 이 또한 자기 관리를 잘해 컨디션을 유지함으로써 회사 일에 전념해달라는 의도를 담고 있습니다.

요즘은 체력단련비 같은 별개의 항목을 없애고 통합적으로 관리하는 방식을 선택합니다. 대신 회사에 적정 공간을 마련해 휴식과 더불어 간단히 자기 관리를 할 수 있는 체력단련장을 두는 추세입니다. 주당 근무 시간이 줄어드는 시대적 변화에 따라 업무 중에는 가급적 사용을 제한하고 있습니다. 게다가 말 그대로 자기 관리는 점차 개인적인 관리 영역으로 넘어가고 있습니다.

회사도 사업체를 하나의 구성원으로 생각하고 바라보며 기초 체력을 관리하고 자기 관리를 해야 합니다. 예컨대 훌륭한 인력이 퇴사하고 신입 사원이 보충됐지만 기대에 미치지 못한다면 회사의 자기 관리가 그만큼 취약해집니다. 회사 입장에서 직원들의 이탈(혹은 이직) 관리는 매우 중요한 척도입니다. 반대로 직원들이 더 의욕을 가질 뿐만 아니라 유능한 재원들이 회사에 들어오기 위해 관심을 가진다면 회사의 체력이 더욱 좋아질 조짐이라고 판단할 수 있습니다. 내가 임직원의 인사 이동을 늘 염두에 두는 이유입니다.

코스트제로의 고경수 대표는 기업 비용 절감 방법으로 직원들의 피로도 관리를 강조합니다. 회사가 직원들의 업무 환경을 철저하게 관리해 자기 관리를 도와줘야 한다는 주장입니다. 그 결과 직원들의 평균 근속 연수도 10년을 넘는 수준이라고 합니다. 한편 한국 암웨이는 경영 전략 차원에서 개인의 건강과 경제 자산 관리를 지원합니다. 일선 영업 부서를 중심으로 개개인의 운동 프로그램을 기획하고, 재테크 및 경제 교육을 실시한다고 합니다. 그뿐만 아니라 차별화된 매력 자산을 발굴하도록 돕는다고 하니 임직원의 자기 관리를 곧 회사의 성공 목표로 삼은 셈입니다.

부서 단위로 실시하는 자체 관리도 매우 중요합니다. 각 부서는 기초 경쟁력이 될 수 있는 지표를 관리해야 합니다. 소위 성과지표를 정해 주기적으로 보고하는 이유는 각 기능의 실적을 체크하는 것은 물론 부서의 역량을 관리해 사업의 일관성을 점검하고 피드백하려는 것입니다. 아무리 좋은 기업도 우수 인력이 줄지어 이탈한다면 미래를 보장할 수 없습니다. 직원이 회사를 떠날 때는 그만한 이유가 있는 법입니다. 학습 분위기도 같은 맥락에서 해석될 수 있습니다. 배움을 즐기는 부서는 기초 체력이 좋습니다. 문제해결에 대한 역량이 향상되고 있다는 증거입니다.

예컨대 포스코에서는 모든 부서뿐만 아니라 협력사까지 비주얼 플래닝(visual planning)을 몇 년간 시행했었다고 합니다. 이는 부서나 팀원들이 주간 업무와 개인 관리 내용을 포스트잇에 적고 칠판에 붙여서 공유하는 업무 방식입니다. 누구라도 해당 내용을 고치고 싶으면 언제든 포스트잇에 새로 적어 교체하면 됩니다. 이를 통해 매일 아침 업무 관리는 물론 자기 관리에 대한 계획을 세우고 점검하면서 하루를 시작할 수 있습니다. 기본기 관리에는 이러한 노력이 필요합니다. 이러한 과정의 관리를 통해 목표를 달성할 수 있습니다.

경영진뿐만 아니라 모든 구성원이 지치지 않고 일관된 체력을 유지하는 습관을 갖춰야 합니다. 똑같은 선수라도 컨디션에 따라서 엄청난 기량의 차이를 나타내곤 합니다. 골프를 생각해보면 실감이 될 겁니다. 4일에 걸쳐 시합하는 개인 운동이지만 4일 모두 같은 컨디션을 유지하는 선수는 매우 드뭅니다. 심지어 옆에서 조언을 하는 캐디가 있어도 기량은 들쭉날쭉합니다. 회사의 구성원도 마찬가지입니다. 만약 개개인의 컨디션이 어떠한지를 파악하는 캐디 역할을 누군가 해 준다면 자기 관리에 큰 도움이 될 것입니다. 잔소리를 하라는 의미가 아닙니다. 각 직원들의 컨디션 유지를 위해 서로 도와줘야 합니다.

스포츠 스타 중에는 자기 관리로 유명한 선수들이 많습니다. 45세에 은퇴한 일본 야구선수인 스즈키 이치로는 미국 메이저리그의 명예의 전당에도 헌액된 스타 중의 스타입니다. 그는 평소 '타협 없는 도전'을 중요하게 생각했다고 합니다. 그가 말한 타협의 대상은 자기 관리입니다. 즉, 자신이 편안해지고자 운동 습관과 생활을 바꾸지 않겠다는 의지입니다. 실제로 그는 근력 유지를 위해 야구장, 자신의 집, 아버지 집에 똑같은 운동 시설을 갖췄다고 합니다. 배트도 동일한 무게를 사용했을 뿐만 아니라 허리를 보호하기 위해 항상 딱딱한 의자에 앉았다고 합니다. 얼마나 철저하게 자기 관리를 했는가를 알게 됩니다.

이치로 이후 최고의 스타로 불리는 오타니 쇼헤이도 철저한 자기 관리로 유명합니다. 고교 1학년 시절 오타니는 만다라트 기법을 이용해 일본 8개 구단 드래프트 1순위에 드는 것을 목표로 정했습니다. 그리고 몸 만들기, 제구, 구위, 스피드, 변화구, 멘털, 인간성, 운의 8개 요인을 관리했습니다. 더 놀라운 것은 각 요인을 다시 8개 요인으로 세분해 자기 관리를 했다는 사실입니다. 예컨대, 운을 관리하기 위해 인사하기, 쓰레기 줍기, 야구부실 청소하기, 물건 소중히 쓰기, 책 읽기, 심판을 대하는 태도, 플러스 사고, 응원 받는 사람 되기로 세분화한 것입니다. 왜 오타니가 미국에서 만화 주인공 같은 스타

몸 관리	영양제 먹기	FSQ 90kg	인스텝 개선	몸통강화	축을 흔들리지 않기	각도를 만든다	공을 위에서 던진다	손목강화
유연성	몸 만들기	RSQ 130kg	릴리즈 포인트 안정	제구	불안정함을 없애기	힘 모으기	구위	하체 주도로
스태미너	약 먹기	식사 저녁7수저 (가득) 아침 3수저	하체강화	몸을 열지않기	멘털 컨트롤 하기	볼을 앞에서 릴리즈	회전수 업	힘 빼기
뚜렷한 목표, 목적을 가진다	일희일비 하지않기	머리는 차갑게 심장은 뜨겁게	몸 만들기	제구	구위	축을 돌리기	하체강화	체중증가
펀치에 강하게	멘털	분위기에 휩쓸리지 않기	멘탈	8구단 드래프트 1순위	스피드 160km/h	몸통강화	스피드 160km/h	어깨주위 강화
마음의 파도를 만들지말기	승리에 대한 집념	동료를 배려하는 마음	인간성	운	변화구	가동력	라이너 캐치볼	피칭을 늘리기
감성	사랑받는 사람	계획성	인사하기	쓰레기 줍기	부실 청소	카운트볼 늘리기	포크볼 완성	슬라이더의 구위
배려	인간성	감사	물건을 소중히 쓰자	운	심판분을 대하는 태도	늦게 낙차가 있는 커브	변화구	좌타자 결정구
예의	신뢰받는 사람	지속력	플러스 사고	응원받는 사람이 되자	책읽기	직구와 같은 폼으로 던지기	스트라이크 에서 볼을 던지는 제구	거리를 이미지한다

| 오타니 쇼헤이의 만다라트표(FSQ & RSQ는 근육 트레이닝 지수) |

로 대접받고 있는지 저절로 고개가 끄덕여집니다.

 자기 관리를 위한 체력이라는 블록의 센서는 개인마다 각양각색일 것입니다. 모든 부서에서도 그 나름의 척도를 관리하고 있습니다. 넓은 의미에서 보면 모두 개인과 회사 경영을 위한 체력 센서를 가진 셈입니다. 하지만 체력이나 컨디션 역시 목표를 세우고 관리해야만 유지된다는 사실을 기억해야 합니다. 오타니는 이미 고교 1학년 시절에 64개(8×8)의 자기 관리 센서를 작동시켰습니다. 과연 우리는 살아가면서 몇 개의 관리 요소를 가지고 살아가고 있나요? 결과를 바꾸려면 과정을 바꿔야 합니다.

♦ Measure × Analyze × Innovate ♦

비즈니스 질문	센서	측정 방법	한영넉스의 사례
지치지 않는 체력을 유지하는 비결은 무엇인가?	자기 관리	근력의 수준	팔굽혀펴기 108회로 자신의 체력을 체크한다.

3장

생존

사람에게 공존하는
80퍼센트 공통점

Survival is around 80% common spirit of human beings.
인간의 정신력 중 80퍼센트는 생존이라는 공통분모를 가진다.

| 불확실성이라는 블록 |

왜 코코넛을 조심해야 하는가?

    수출에 의존하는 대한민국의 산업 구조는 언제나 글로벌 환경에 취약합니다. 아무도 모르게 나타나는 불확실성을 코코넛 모델이라고 합니다. 반면 당장은 캄캄하지만 시간이 지나면 밝혀질 불확실성을 서브웨이 모델이라고 합니다. 지하철이 깜깜한 터널을 지나가는 것을 비유하는 이론입니다.

    서브웨이 모델에 해당하는 문제는 지금 당장은 힘들어도 조만간 자동적으로 해결됩니다. 문제는 코코넛 모델의 불확실성입니다. 언제 갑자기 부딪힐지 모르는 상황이니까요. 우리나라는 코코넛이 잔뜩 달린 야자수 아래에서 사업을 하는 것에 비유할 수 있습니다. 자신도 모르게 머리 위로 위험 요인이 날아오는 경우입니다.

한영넉스가 사업을 운영하는 동안 두 가지 큰 위기를 경험했습니다. 1970년대 오일쇼크와 1990년대 외환위기입니다. 2000년대의 리먼 브라더스발 금융위기도 파급 효과가 컸지만, 우리 국민 모두 체감했던 위기는 앞선 두 가지가 대표적입니다.

우리 회사는 다행스럽게도 매출의 상당 부분을 수출이 담당하고 있어서 어느 정도 헤지(hedge)가 이뤄진 상태였습니다. 원부자재를 주로 국내에서 조달하고 완제품을 수출하니 외환위기나 오일쇼크처럼 원자재 수입에 따른 고통도 적었습니다. 국내 시장이 위축되어도 해외시장에서 어느 정도 균형을 맞출 수 있는 매출 포트폴리오를 갖춘 것입니다.

그런 덕분에 외환위기 때도 큰 어려움을 겪지 않았습니다. 오히려 ERP를 도입하고 사무자동화 교육을 시행했습니다. ERP는 전산 시스템입니다. 사용자의 눈높이를 함께 높여야만 효과를 배가시킬 수 있습니다. 한 명의 직원도 줄이지 않고 6개월 동안 한나절 근무를 하면서 직원 교육과 사무 자동화를 시도한 경험은 훗날 큰 자산이 되어줬습니다.

위기는 모든 사람에게 고통을 주는 동시에 인내하는 힘 역시 최고조에 이르게 만듭니다. 여기저기서 해고 소식이 빗발치는 가운데 한영넉스 직원들은 회사가 자신들을 지켜준다는 사실만으로도 든든했을 것입니다. 당연히 평소보다 몇 배 더 몰입해 회사의 방침을 따를 수 있는 절호의 순간입니다. 나는 그 시기를 적극 활용해 회사 운영 체계를 한 단계 높이는 기회로 삼았습니다.

사업을 하면서 예상된 불확실한 미래는 국내 인건비 상승이었습니다. QCD(Quality-Cost-Delivery)를 중시하는 한영넉스는 품질과 가격의 균형을 맞춰야 했습니다. 국내 상황을 고려할 때 인건비 상승은 일종의 서브웨이 모델의 불확실성이었습니다. 시기의 문제일 뿐 인건비 자체가 생산 원가에 부담으로 작용할 것은 자명했습니다. 이러한 미래 불확실성에 대응하기 위해 2000년대 들어 현지 공장 설립을 본격적으로 추진해 나갔습니다.

2003년 중국 상하이에 진출해 첫 해외 공장을 세웠습니다. 이듬해인 2004년에는 인도네시아 자카르타 인근에 같은 규모의 공장을 추가로 지었습니다. 중국과 인도네시아 시장을 해외 비즈니스의 주요 타깃으로 집중하는 한편, 예상치 못한 인건비 급상승에 따른 가격 경쟁력을 유지하기 위해 일종의 보험을 드는 전략이었습니다. 많은 기업이 중국이나 베트남 등 한 국가에 집중했지만 우리는 포트폴리오 개념으로 접근해 분산투자 전략을 사용했습니다. 변화무쌍한 중국의 보호 무역을 생각하면 좋은 결정을 통해 큰 덕을 보게 된 것입니다.

해외 진출에 발맞춰 대리점의 추천을 계기로 분산투자에 관심을 갖게 됐습니다. 당시 우리는 해외를 상대로 한 판매 경험은 많았지만 해외 투자 및 제조 경험은 없었습니다. 때마침 중국과 인도네시아의 대리점에서 현지 정보를 알려주며 각각 자국으로의 진출을 권유한 것입니다. 이를 통해 간접적으로나마 인력 확보와 운용에 필요한 생산 여건을 확인할 수 있었습니다. 특히 리스크 최소화에 초점을 맞춘 결정이 주효했다고 생각합니다. 해외 진출은 큰 결정(big decision)입니다. 그러나 그에 못지않게 진출 지역의 선정 문제도 중요합니다. 신중에 신중을 더해야 할 이슈입니다.

불확실성이라는 블록은 측정하기 쉽지 않습니다. 특히 코코넛 모델인 경우는 더욱 어렵습니다. 환경이라는 통제 범위를 넘어서는 요인의 영향을 받기 때문입니다. 결국 우선순위 게임을 해야 한다고 생각합니다. 우선 서브웨이 모델의 불확실성을 착실하게 제거하는 옵션을 준비해야 합니다. 시간적인 요소를 절대 게을리할 수 없는 선택입니다. 코코넛 모델의 불확실성은 사업의 구조에서 찾아야 합니다. 예를 들어 기업은 리스크를 회피하기 위해 방산이나 화약 등 폭발성 제품을 가급적 다루지 않으려고 합니다. 리스크가 크면 수익성이 좋지만 리스크가 작고 안정적이면 낮은 수익률로 경쟁해야 합니다. 창업주가 어떤 선택을 하느냐에 따라 기업이 맞닥뜨리는 리스크가 결정됩니다.

불확실성이라는 블록의 센서는 스스로 인지하는 경영 철학입니다. 리스크에 대한 인지 자체를 못 하는 일은 없어야 합니다. 리스크를 모르고 당하는 경우가 가장 안타깝습니다. 자신이 겪은 일을 상상도 하지 못했다는 식의 표현은 경영자의 입에서 나오면 절대로 안 됩니다. 직원들이 알 수 없는 불확실성을 미리 파악하고 대비하는 것이 경영진의 역할입니다.

한영넉스는 불확실성에 대비하기 위해 글로벌 시장을 통해 헤지하려고 노력했습니다. 결코 자만할 만한 일이 아닙니다. 기업은 물론 국가도 끊임없이 리스크를 경계하며 대비해야 합니다. 코코넛은 지금도 여기저기서 떨어지고 있습니다. 내 머리로 날아들지 않는다고 안심할 일이 못 됩니다.

◆ Measure ×Analyze ×Innovate ◆

비즈니스 질문	센서	측정 방법	한영넉스의 사례
예상치 못한 위기에 대응하는 비결은 무엇인가?	불확실성	불확실성 인지	매출 포트폴리오를 관리해 위기 없이 경영한다.

| 경쟁이라는 블록 |

무엇과 경쟁해야 하는가?

경쟁은 언제나 부담스럽습니다. 경쟁 상대나 분야를 잘 고른다면 부담을 줄일 수 있습니다. 경쟁하면서 기분이 좋고 설사 자신이 지더라도 마음을 편하게 먹을 수 있는 상대일수록 발전에 도움이 됩니다. 한영넉스가 선택한 경쟁 분야는 신제품 개발이었습니다. 내부 역량을 상대로 한 싸움을 선택한 것입니다.

신제품 개발은 회사 경쟁력을 키울 수 있는 특별 전략과도 같습니다. 이를 위해서는 사전 정보 입수와 홍보가 무엇보다 중요합니다. 한영넉스에서는 약 30년 전부터 연 5회 이상 각 나라에 조사단을 파견해 기술 현황, 재무 수준 등 철저한 시장조사를 시행하고 있습니다. 국내 전시회는 물론 해외 전시회에도 참가해 제품 홍보에 주력하고 있습니다. 해외 바이어들과도 지속적으로 접촉하며 시장의 요구를 파악하고 있습니다. 일련의 과정들을 통해 자사의 기술과 제품을 알리는 한편 경쟁사 제품을 간접 체험하도록 노력했습니다. 신제품 개발에 대한 절실함은 곧 경쟁의 수준과도 맞닿아 있기 때문입니다.

경쟁사를 당장 이기려는 생각은 수준이 낮은 경쟁 개념입니다. 단순히 눈으로 확인할 수 있는 비교 관점에 무심한 직원은 없습니다. 그것은 우리뿐만 아니라 상대방도 마찬가지일 것입니다. 100미터 달리기를 하는데 달리지 않을 사람은 없습니다. 경쟁자가 눈에 보이니까요.

눈에 보이는 경쟁은 현재의 역량에 의해 이미 판가름 납니다. 잠시 앞설 수는 있습니다. 그러나 긴 안목으로 관찰하면 회사의 전반적인 역량이 드러나기 마련입니다. 제품의 품질, 직원의 역량, 심지어 경영자의 리더십도 마찬가지입니다. 고객의 미래 환경을 예측하고 선제적으로 도와주는 수준에 따라서 사업의 성패가 결정될 것입니다.

한영은 신제품에 대한 몰입력을 중시합니다. 신제품은 고객의 잠재 혹은 미래 수요에 부응하는 투자의 결과입니다. 눈에 보이는 단기간의 경쟁은 기업에게 도움이 되지 않습니다. 하지만 장기간에 걸쳐 이뤄지는 경쟁에서 신제품은 보급부대와 같은 역할을 합니다. 언제라도 새로운 역량을 갖출 준비를 하지 않으면 경쟁에서 버텨낼 수 없기 때문입니다.

한영이 초기에 내놓은 상징적 신제품이었던 HY-2000시리즈는 외국산 제품이 시장을 거의 주도해나갈 시기에도 큰 인기를 끌었습니다. 재정적 어려움을 겪던 국내 제조업체 입장에서는 외국산 제품에 비해 파격적으로 저렴했기 때문입니다. 또 국내에서 빠르고 쉽게 공급을 받으니 문제가 생겨도 신속하게 도움을 받을 수 있었습니다. 당시 물가를 고려하면 우리 제품의 가격도 결코 만만한 수준은 아니었습니다. 하지만 경쟁 제품과 비교하면 비교 우위 관점에서도 단연 우위를 차지했을 겁니다.

1980년대 후반에 만들어진 온도 컨트롤러인 DX시리즈도 큰 인기를 끌었습니다. 당시는 하나같이 일본 제품을 벤치마킹하던 시절이었습니다. 하지만 단순히 외관 디자인이나 하드웨어 구조 등을 눈으로 본다고 해서 해결될 문제가 아니었습니다. DX시리즈는 펌웨어가 탑재된 한영의 1호 제품인 동시에 국내에서 PID(Proportional Integral Derivative) 자동 연산(auto tuning) 기능을 갖춘 최초의 제품입니다. 기술적으로 수입 제품과 대등한 수준으로 만들 수 있다는 것을 보여준 제품입니다. 시장은 그러한 한영의 노력을 인정하고 긍정적으로 반응했습니다.

1990년대 초반에 만들어진 MX시리즈는 국내 최초 입·출력 멀티 제품으로 출시됐습니다. 이전까지 대부분의 온도 컨트롤러는 입력 센서 한 개와 출력 센서 한 개로 만들어진 제품뿐이었습니다. 선택의 폭이 제한된 제품군이었습니다. 그런데 MX시리즈는 입력 센서

12개와 출력 3개를 탑재함으로써 소비자의 생산 설비에 맞춰 선택할 수 있는 다목적용 컨트롤러로 만들어졌습니다. 대리점 입장에서는 온도 컨트롤러의 종류는 줄어들었지만 고객의 다양한 요구에 맞춰 추천할 수 있게 됐습니다. 이를 계기로 다품종 소량 생산에서 소품종 다량 생산 개념으로 발상을 전환시켰습니다.

터치 패널 그래픽 온도 기록계인 GR100 제품은 한영넉스가 보유한 기술의 깊이를 고객에게 알린 제품입니다. 터치 패널로 조작 및 표시되는 기록 장치의 문자 조합 방법은 특허를 인정받았습니다. 이외에도 다채널의 온도 보상 기술과 다양한 기술이 탑재된 제품입니다. 국내 자체 기술로 만든 온도 기록계 제품은 GR100이 최초입니다. 일부 국내 기업이 외국산 제품을 OEM으로 제조하던 시절이므로 한영으로서는 자부심을 가질 만한 기술 혁신의 쾌거였습니다.

이러한 신제품들은 나를 비롯한 수많은 임직원이 연구개발(R&D, Research and Development) 끝에 내놓은 결과물입니다. 회사의 존폐를 건 사투라 불릴 만한 과정이었습니다. 당시의 우리의 절실함이 꼭 그러했습니다.

국가나 회사에서 연구개발에 투자하는 비율을 보면 미래를 준비하는 수준을 알 수 있습니다. 우리나라가 연구개발에 들이는 예산의 규모는 세계에서도 손꼽힙니다. 이스라엘도 마찬가지입니다. 부존자원 없이 선진국 반열에 오른 나라입니다. 이스라엘 국민은 각자가 미래를 준비하지 않으면 안 된다는 사고방식을 갖고 있습니다. **초**

일류 기업 역시 비슷합니다. 일단 고생을 무릅쓰고 자신의 역량을 최고로 만들겠다는 마음을 가진 도전적인 인재들이 몰려듭니다. 이미 사고방식의 초점이 미래에 맞춰져 있습니다. 그런 사람들은 회사에 다니면서도 자신의 미래를 위해 스스로 개발하려는 태도를 가집니다. 회사는 물론 구성원 모두가 하나같이 미래를 준비하며 정진합니다. 그런 덕분에 남들보다 앞서는 초일류 조직이 되는 것입니다.

엔지니어 출신인 나는 평생 신제품 개발에 힘썼습니다. 나의 경쟁 방식입니다. 다른 회사를 이기는 것은 곧 신제품 개발의 성패로 결정됩니다. 그보다 중요한 경쟁 아닌 경쟁이 있습니다. 바로 새로운 제품을 이용하는 고객의 목소리에 대한 경쟁입니다. 누구나 경쟁에서 이기고 지는 것에 매몰되면 쉽게 지칩니다. 그러나 고객에게 주는 새로운 경험, 혹은 기회가 될 만한 제품을 개발하겠다고 접근하면 즐겁게 준비할 수 있습니다. 경쟁을 즐긴다는 생각은 쉽지 않은 일이지만, 제품 개발을 즐긴다는 생각은 누구라도 해볼 만한 도전입니다. 다시 말해 경쟁이라는 블록의 센서는 신제품 개발에 대한 몰입력, 즉 절실함으로 측정되어야 합니다.

나는 신제품 개발과 함께 기술 개발에 대한 욕심도 많습니다. 금형이나 사출 분야에서도 최고의 기술을 보유하고 싶다는 생각에 일괄 생산 공정을 구축했습니다. 중소기업이면서도 분야별 전문 인력으로 구성된 기술 연구소를 갖추고 매출액의 15퍼센트에 해당하는 막대한 연구개발 비용을 쏟아붓고 있습니다. 한영넉스의 미래에 대한 의지를 잘 보여주는 사례라고 생각합니다. 바로 우리가 경쟁을 대하는 관점이기도 합니다.

  기술 개발을 위해서는 고급 인재를 유치하고 육성하는 데도 힘을 기울여야 합니다. 모름지기 기술 개발은 사람의 두뇌에서 비롯되는 것입니다. 미래를 준비한다고 생각하면 즐겁습니다. 그리고 미래를 준비하는 열정을 갖출 때 경쟁을 즐길 수 있습니다. 그래서 돈과 관계없이 투자하고 싶은 마음을 평생 품고자 합니다.

  무엇보다 신제품이나 기술 개발 과정에서 동종업계를 경쟁의 개념으로 바라보면 안 됩니다. 적자생존의 문제가 아닙니다. 자신이 속한 분야가 성장하면 공생, 나아가 공동 번영을 이룰 수 있습니다. 함께 영광을 누릴 수 있습니다. 서로 도와주고 협력해 새로운 가치를 만들어내는 업종이 더 큰 관심의 대상이 되기 마련입니다. 그러니 고객과 시장이 기대하는 잠재 기회를 함께 찾도록 경쟁 관계에서부터 마음을 모아야 합니다. 지금 이 순간 신제품이나 서비스 개발에 절실함을 느끼고 있다면, 건강한 경쟁을 하는 중이라고 믿어도 좋습니다.

◆ **Measure** ×**Analyze** ×**Innovate** ◆

비즈니스 질문	센서	측정 방법	한영넉스의 사례
무엇을 위해 경쟁하는가?	경쟁	신제품 개발의 절실함	신제품 개발의 절실성을 측정한다.

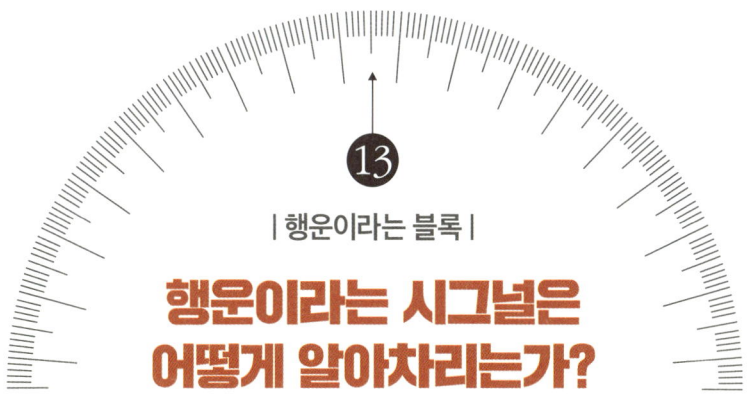

| 행운이라는 블록 |

행운이라는 시그널은 어떻게 알아차리는가?

　사업가들은 운이 좋다는 말을 많이 합니다. 겸양의 말일 수도 있지만 매 순간 무사히 지나가는 것을 감사히 여길 정도로 경영 일선은 치열합니다. 나뿐만 아니라 모든 임직원이 그러할 것입니다. 동일 유형의 제품으로 50년이라는 반환점을 돌고 있는 한영넉스의 대표로서 우리 회사야말로 운이 좋았음을 고백합니다. 수많은 분이 유무형으로 도와줬습니다. 또 용케도 어려운 일을 극복하며 회사 발전을 이룰 수 있었습니다.

　과연 운 좋은 사업가는 어떤 사람일까요. 이번 주제는 행운이라는 블록으로 설명합니다. 그동안 내가 사업을 하면서 만난 사람 중 참

대단하다고 생각했던 분에게 듣고 깨달은 바가 있었습니다. 사업가라면 꼭 갖춰야 할 미덕 같은 것이라고 할 수 있겠습니다.

행운은 '요행히 운이 닿았다'는 의미입니다. 즉, 계획하지 않았지만 성취하게 된 것을 뜻합니다. 길을 가다 금덩어리를 주워도 행운입니다. 조찬 모임에 나가 추첨을 통해 고가의 상품을 받으면 그 또한 행운입니다. 사업가에게 행운은 크게 세 가지로 정리할 수 있습니다.

첫째, 뜻하지 않게 좋은 제품이나 기술을 얻는다면 행운입니다. 사업가는 제품이나 서비스를 팔아 가치를 얻는 직업을 가지고 있습니다. 따라서 참신한 제품에 대한 아이디어나 기술 특허에 대한 조언은 그야말로 대단한 행운입니다. 내가 할 수 없는 일을 누군가의 도움을 받아 빛나는 결실로 맺는 기대를 하게 되는 경우니까요.

둘째, 기대 이상으로 훌륭한 인재를 만난다면 행운입니다. 유비가 제갈공명을 만나는 경우라고 할까요. 좋은 인재를 만날 처지가 아님에도 과분한 역량을 가진 재원을 만나면 상황이 훨씬 좋아집니다. 사업을 하다 보면 모두 더 좋은 사람을 만나기를 고대합니다. 그러나 상대도 나를 열심히 파악하고 선택할 것이므로 뜻대로 만남이 이뤄지기는 어렵습니다. 대표는 임직원들의 도움을 받아야만 사업을 성장시킬 수 있습니다. 의당 저의 능력보다 뛰어난 사람을 만나야 합니다. 그래서 그런 분을 만나면 행운이라고 할 만합니다.

셋째, 사막의 오아시스와 같은 틈새시장을 만난다면 행운입니다. 김위찬 교수가 말한 블루오션을 떠올리면 됩니다. 문제는 누구나 블루오션이나 틈새시장을 찾고 있지만 말처럼 쉽지 않다는 것입니다. 블루오션을 찾아가는 골목길은 언제나 레드오션입니다. 모두 쉴 새 없이 자신들에게 유리한 고객과 시장(market)을 찾고 있으니까요. 그러므로 좋은 시장을 확보하는 순간 저절로 행운이 찾아왔다, 즉 운이 참 좋았다고 생각하게 됩니다.

창의적인 기술 아이디어, 우수한 인재, 좋은 시장을 만나는 것이 행운이라면 우리는 그 행운의 시그널을 보는 눈을 가져야 합니다. 깊은 산에 들어가서 우연히 산삼밭을 지나도 잎사귀나 꽃을 보고 산삼인지 모른다면 결코 행운의 주인공이 될 수 없습니다. 행운의 센서, 즉 행운의 시그널을 보고 듣는 준비가 되어 있어야 비로소 행운의 주인공이 될 수 있습니다.

한영의 제품 중 DX시리즈가 바로 큰 행운을 안겨준 주인공입니다. 제품 출시 이전까지 제조업체들은 정교하지 않은 아날로그 온도조절계를 주로 사용했습니다. 그러다 보니 정확한 수치를 근거로 한 생산 설비 관리 자체가 어려웠습니다. 설비의 온도 관리나 정확한 숫자에 기반한 생산 조건을 세팅하고 싶어도 한계가 있었습니다. 이러한 수요에 반응해 우리 회사를 포함한 온도조절계 생산업체들은 디지털 조절계를 빠르게 생산해냈습니다. 한영넉스도 온도조절계의 디지털화 덕분에 시장점유율을 상당히 끌어올렸습니다.

디지털 조절계의 시장점유율이 안정화되던 시점에 한영은 PID 방식을 통해 정밀한 디지털 온도조절계인 DX시리즈를 출시했습니다.

지금으로 따지면 스마트폰 갤럭시의 시리즈 숫자를 올리면서 업그레이드하듯이 당시 온도조절계 시장에서도 디지털 기술 업그레이드가 진행됐습니다. 국내 제조업체 중에서 거의 유일하게 PID 방식을 타이틀로 내건 한영전자의 DX시리즈는 시장에서 획기적인 반응을 불러일으켰습니다. 엄청난 호응과 인기 덕분에 회사가 한 단계 성장하는 터닝 포인트를 마련한 것입니다.

우리 회사는 주로 기술 기반의 행운을 경험했습니다. 다음 단계에 꼭 필요한 기술들이 시기적절하게 개발되는 것은 분명 행운입니다. 경영자라면 행운이 찾아올 만한 경영 환경의 조성을 끊임없이 고민하고 해결해야 합니다. 또한 신기술과 관련된 행운은 자신이 속한 분야의 기술 상태와 수준을 평가할 만한 안목이 있어야 합니다. 현장을 돌며 공부를 해야만 터득할 수 있는 노하우입니다.

한편 인재를 얻는 행운은 겉모습이 아니라 충분한 학습 기회를 토대로 얼마나 성장할 수 있는지를 볼 수 있을 때 찾아옵니다. 재능이 아니라 교육 훈련에 인내심을 갖고 대응할 수 있는 흙 속의 진주를 찾아야 합니다. 시장을 얻는 행운은 발품을 팔아야 찾아옵니다. 사막의 오아시스는 눈에 잘 뜨이지 않기에 귀한 것입니다. 그만큼 어려운 노력 끝에 찾게 된다는 것을 시사합니다.

나는 경영 일선에서 활동하는 중에도 동국대에서 경영학 박사학위를 받고 대학생 대상으로 강의를 하기도 했습니다. 급격히 변하는 인재의 시그널을 찾고 더불어 대화를 나누려는 노력의 일환입니다다. 서울상공회의소 영등포구상공회 제5대와 제6대 회장, 자랑스러운 중소기업인협의회 회장을 역임하고 한국합성수지가공기계공업협동조합 이사장직을 제4대부터 시작해 현재 제9대까지 맡아 활동하고 있습니다. 전체 시장을 바라보며 동역자로부터 새로운 시장의 시그널을 이해하는 데 유리한 위치에 있습니다. 물론 기술 개발은 쉽지 않은 분야입니다. 나 스스로 직접 기술을 개발하며 사업을 시작했기 때문에 내가 최고라는 아집의 함정에 빠지는 것을 조심했습니다. 국제 전시회에 정기적으로 다니며 기술 격차에 대한 눈높이를 정확히 정조준하는 노력도 그런 이유 때문입니다. 행운의 기술을 발견하는 눈썰미를 갖추려는 한영넉스의 전략이기도 합니다.

결국 행운이라는 블록의 센서는 기술, 인재, 시장의 기회를 발견할 준비가 된 사람의 시그널 인지 능력입니다. 기술, 인재, 시장. 지금 이 순간에도 남들이 발견하지 못한 행운의 시그널이 우리 주변을 맴돌고 있습니다. 다만 우리가 보고 느끼지 못할 뿐입니다.

♦ Measure × Analyze × Innovate ♦

비즈니스 질문	센서	측정 방법	한영넉스의 사례
어떻게 행운을 발견하는가?	행운	행운의 시그널	준비된 역량이 시그널을 캐치한다.

| 실행이라는 블록 |

실행을 통해
무엇을 얻게 되는가?

　직장생활 1년 만인 1972년, 자본금 3만 원을 가지고 서울 문래동의 60제곱미터 남짓한 임대 사무실에서 직원 두 명과 창업을 했습니다. 잠시 근무했던 직장에서 외국산 계측기를 수리하며 터득한 기술로 창업 1년 만에 계측기를 국산화하는 데 성공했습니다. 한영넉스는 그렇게 출발했습니다.

　여러 공장을 찾아다니며 납품을 팔았지만 거들떠보는 사람은 없었습니다. 1년쯤 지나서야 비로소 우리 제품을 찾는 기업들이 생겨났고 매출도 월 300만 원대로 올라섰습니다. 자장면 한 그릇 가격에 30원이던 시절입니다. 현재 물가를 생각하면 300배 가까이 올랐으므로 월 매출 10억 원 정도는 올린 셈입니다. 엄청난 실적을 쌓으며 사업을 시작한 것입니다.

돌이켜보면, 결국 실행력(execution)이 가장 중요하다는 생각이 듭니다. 분야를 막론하고 기회가 많았던 시절이므로 품질, 가격, 납기를 성실하게 잘 맞추면 사업가로 대성할 수 있었습니다. 내 주변에서도 많은 분이 사업에 뛰어들었습니다. 하지만 워낙 다 같이 못 살던 시절이니 일부 사람들은 배만 부른 수준에 도달하면 된다는 정도로 만족하고 미래를 향한 결단에 관심이 없었습니다. 모두가 다 열심히 살던 시절이지만 바른 실행력이 관건이었습니다.

실행은 장기적인 생존력을 가져다주지만 위기를 거치면서 기업을 시험에 들게 합니다. 기업의 생존력을 테스트하는 과정이라고 보면 됩니다. 1970년대 오일쇼크 여파로 경기가 나빠지면서 거래 기업들이 부도를 내는 바람에 한영넉스도 힘겨운 시기를 보냈습니다. 불경기가 지속되면 경제 순환이 제대로 이뤄지지 않습니다. 건강이 좋지 않으면 몸에 피가 잘 돌지 않는 것과 마찬가지입니다. 생태계라면 순환이 이뤄지지 않아 각 개체들이 단절되고 맙니다. 그런 상황에 고립된 사업자들은 결국 문을 닫게 되는 것입니다.

나는 당시 한 품목만 만들어서는 위기를 넘길 수 없다고 생각했습니다. 기업은 신제품이라는 자극을 통해 순환이 이뤄집니다. 몸에 다양한 자극을 주어야 순환계가 뚫리는 이치와 같습니다. 이러한 관점에서 제품의 품목을 늘리는 데 박차를 가했습니다. 3~4년에 걸쳐

압출기, 사출기 등 자동화 기기의 주변 부품인 스위치 센서 등을 개발했습니다. 그토록 짧은 시간에 50개의 품목을 생산할 수 있었던 것은 생존의 위협이 컸기 때문입니다. 현재는 8,000여 개의 품목으로 늘어났습니다.

시련의 시기를 맞은 생존자에게는 여러 가지 선택권이 주어집니다. 이는 곧 사업을 확장하는 절호의 기회이기도 합니다. 주변에 포기하고 낙오하는 그룹이 생기기 때문입니다. 오일쇼크 이후 생존을 걱정하며 시작된 제품 다각화는 공장 규모를 확대하는 계기를 만들어줬습니다. 또한 1980년대로 들어서면서 문래동 공장 근처 건물을 연이어 사게 됐습니다.

독일, 일본, 미국 등 해외 박람회에 참가하며 해외 시장을 개척한 것도 같은 시기입니다. **세상이 주춤하며 웅크리는 시기에 눈을 들어 멀리 볼 수 있다면 그만큼 유리한 위치를 선점할 수 있습니다.** 한영넉스는 1987년 미국으로 1만 달러 규모의 제품을 수출한 것을 시작으로 현재 30여 개국에서 제품을 판매하고 있습니다.

한편 IMF 시기인 1997년 6월, 우리 회사는 모든 임직원이 모여 무박 2일 설악산 등정에 도전했습니다. 문래동 본사 직원 이외에도 전국 영업소의 직원들도 함께한 대규모 행사였습니다. 산행의 이유는 직원 간 소통이었습니다. 지금처럼 화상회의를 할 수 없던 시절이라 사내 소통도 쉽지 않았기 때문입니다. 평소 직원 간에 크고 작은 사소한 갈등이 많다는 것을 알고 있던 나는 국가적 위기를 함께 극복하려면 소통과 화합을 위한 특단의 방안이 필요하다고 판단했습니다.

우선 단합대회의 장소를 설악산으로 정하고 무박 2일 산행에 도전하기로 했습니다. 각 지역의 직원들을 무작위로 선정해 팀을 구성했습니다. 남다른 단합을 보여준 우승팀에게는 작은 상금도 걸었습니다. 150명이 참석한 설악산 단합대회는 그야말로 긴장의 연속이었습니다. 당시에는 설악산 등산로가 지금처럼 개발되어 있지 않아서 험한 여정이 이어졌습니다. 팀원들이 서로 도와야만 등정에 성공할 수 있었습니다. 임직원과 남녀노소 직원들이 골고루 섞인 터라 서로 잡아주고 밀어주고 이끌어주는 모습들이 자주 눈에 들어왔습니다. 진정한 하나의 공동체가 되어가는 모습을 볼 수 있었습니다. 든든하고 고마웠습니다.

모든 팀이 한 명의 낙오자도 없이 안전하게 설악산 정상을 정복하자 시원한 비가 한영 가족의 목표 달성을 축하해줬습니다. 정말 빛나는 시간이었습니다. 이를 지켜본 설악산 산장지기의 덕담이 지금도 귀에 들리는 듯합니다.

"사장님, 지난번에는 현대전자가 850명 왔다 갔습니다. 오늘 한영전자에서 150명이 온 것을 보니 전자 업종이 강한 것 같습니다."

그러면서 산장지기는 컵라면을 무료로 제공해줬습니다.

"고맙습니다. 전자 산업이 우리나라의 미래입니다! 한영넉스 파이팅!"

우리는 산장지기의 배려에 화답하며 모두 환호성을 질렀습니다. 갈등은 강한 실행력으로 극복할 수 있습니다. 또한 실행력은 기회를 찾는 과정입니다. 강한 기업이나 국가의 힘은 실행력에서 나오기 마련입니다. 우리는 설악산 등정을 통해 두 마리 토끼를 잡을 수 있었습니다. 당초 목적대로 직원들의 소통과 단합을 통해 한층 더 탄탄한 조직을 만드는 데 큰 도움이 됐습니다. 또한 전자 산업에 대한 자신감을 얻었습니다. 우리의 업종이 한국의 미래라는 뿌듯함을 모든 임직원이 마음에 새겼다고 자부합니다. 오로지 실행력을 통해서만 얻을 수 있는 보이지 않는 정신적 자산(spiritual asset)입니다.

실행력은 극한 환경에서 자신의 역량으로 자리매김합니다. 무릇 고생을 해봐야 문제해결의 의미를 알 수 있습니다. 대한민국이 지금 잘살고 있는 것은 상당수 국민이 한국전쟁이라는 처절한 고통을 기억하기 때문입니다. 아직도 당시의 헝그리 정신이 전수되고 있다고 생각합니다. MZ세대들에게는 불편하고 먼 과거일지 모르겠습니다. 하지만 한국인의 실행력은 고통의 극복이라는 배경 속에서 강해졌고 오늘날처럼 세계를 선도하는 수준을 이끌어냈습니다.

스티브 잡스 같은 혁신가도 실행력을 강조하곤 했습니다. 잡스는 남은 인생을 설탕물이나 팔면서 보낼 것인지, 아니면 세상을 바꿀 기회를 원하는지 물으며 도전의 정신을 여러 차례 강조했습니다. 도전하는 과정 자체가 보상(The journey is the reward)이라는 유명한 말도 남겼습니다. 도전 자체로 의미가 있다는 말입니다. 잡스가 생전에 강조한 '지금, 당장, 즉시'는 한영넉스가 작년까지 사용했던 표어이기도 합니다. 나 역시 스티브 잡스의 철학에 동의합니다. 과정에서 보람을 찾아야만 만족할 만한 삶이 완성됩니다.

실행이라는 블록의 센서는 현재 자신이 가지고 있는 기회의 숫자입니다. 기회가 많을수록 그만큼 실행력이 뛰어나다는 것을 의미합니다. 우리 회사의 모든 제품은 자신만의 기회를 위해 탄생했습니다. 과거의 실행을 상징하는 시그널이며 미래의 선택 권리(real option)입니다. 사업가는 실행의 수준을 점검해야 합니다. 자신이 현재 가지고 있는 선택 권리, 즉 지금 당장 여러분이 가지고 있는 선택권이 어제까지의 실행력입니다. 내일의 선택권 역시 오늘의 실행으로 준비될 것입니다.

♦ Measure ×Analyze ×Innovate ♦

비즈니스 질문	센서	측정 방법	한영넉스의 사례
실행력은 어떻게 행운을 만드는가?	실행	기회의 숫자	선택권의 숫자를 관리한다.

| DNA라는 블록 |

축적의 시간, 시간의 축적이란 무엇인가?

언젠가 한 언론에서 〈대(代)를 잇는 가업(家業)… 2세가 뛴다〉 시리즈를 연재한 적이 있습니다. 10여 년 전 일이지만, 저도 당시 30대 중반의 한상민 사장과 함께 취재 기자의 인터뷰에 응했습니다. 당연히 기자로서는 한영넉스에 어떤 특징이 있을지 궁금했을 것입니다. 이런저런 질문을 하던 기자는 기사 제목을 "사람은 기름때를 만져가며 살아야 한다"로 뽑았습니다.

내 마음에 쏙 드는 제목이었습니다. 우리 아이들이 어렸을 때 틈만 나면 강조했던 말이기도 합니다. 기름때는 종종 생산 현상을 상징하곤 합니다. 아마도 듣는 입장에서는 성공하려면 공장에서 일해야 한다는 말로 들렸을지도 모릅니다. 아이들의 반응이 시원치 않았던 기억도 좀 납니다.

정작 내가 강조하고 싶었던 의미는 땀을 흘리며 힘든 일을 처리하며 세상에 가치를 만들어야 하는 것이었습니다. 각 업종마다 방식은 조금씩 다를 수 있습니다. 하지만 사무직이든 기술직이든 땀 흘리며 정성을 다한다는 태도는 그 무엇과도 바꿀 수 없다는 것이 나의 소신입니다.

한영넉스가 오늘날처럼 큰 회사가 될지 처음에는 상상하지 못했습니다. 매년 생존을 걱정하면서 달려온 여정이었으니까요. 언제인지 정확히 기억나진 않지만 나 스스로 사업가가 다 됐다고 생각하면서부터는 직원들이 나에게서 무엇을 배울 수 있을지를 고민했습니다. 직원들은 각자 가정에서 보내는 시간만큼, 아니 어떤 경우에는 더 많은 시간을 회사에서 보내기 때문입니다. 직장에서 몸에 익힌 사고의 습관, 혹은 삶의 소신이 가정에도 자연스럽게 전파될 수밖에 없습니다. 단순히 한영넉스가 직원들에게 경제적 자원을 제공하는 차원을 넘어서 우리 사회의 미래에 큰 영향을 끼칠 것이 분명했습니다. 임직원 자녀 중에서 장차 미래의 큰 인물이 나올 수도 있는 일이니까요.

자연스럽게 기업의 존재 의미에 대해서 생각해봅니다. 한영넉스는 제조 기업입니다. 임직원들은 대화할 수 없는 부품과 씨름을 합니다. 서비스업은 주로 사람을 대하는 일이라 혹시 내가 부족하면 상대방이 얘기를 해줍니다. 즉, 소통을 통해 일할 수 있습니다. 물론 친절히 봉사하고도 욕먹는 경우도 많지만요. 반면 전자 부품이나 기계 또는 기기를 다루는 분야에서는 상대가 맞는지 틀리는지 도통 말을 하지 않습니다. 잠시 멀쩡하다가 나중에 고장 날 것인지 전혀 알려주지 않습니다. 손에 묻힌 기름의 양만큼 눈앞의 상황을 이해할 수 있는 일방적인 작업 환경입니다. 인내심이 절대적으로 필요한 업종입니다. **기름때의 의미는 바로 그러한 노력, 인내심, 그리고 성실성을 상징합니다. 내가 생각하는 리더십의 핵심을 꼽는다면 몸으로 보여주는 성실함, 곧 솔선수범이라고 말하고 싶습니다. '모든 일에 최선을 다하자'라는 한영넉스의 오랜 사훈(社訓)과 맥락이 같습니다. 본보기가 되는 것이 모든 행동의 으뜸입니다.**

한때 미국 내 최고의 부자였던 월마트(WALMART)의 창업주 샘 월튼은 생전에 직접 픽업트럭을 몰면서 사업 현장을 돌아다닌 것으로 유명합니다. 네 명의 자녀를 포함한 가족 모두 월튼 패밀리의 명성을 유지했습니다. 30년 전에 작고한 월튼이 강조한 인생의 철학은 '절약의 가치'였다고 합니다. 그는 자녀들이 어렸을 때부터 땀의 대가를 배우도록 신문팔이 같은 아르바이트를 시켰다고 합니다. 지금도 월튼 패밀리의 명성은 부의 축적보다 절약과 정직한 삶의 대명사로 기억되고 있습니다.

내가 테크노 리더로서 가장 존경하는 스티브 잡스도 마찬가지입니다. 잡스는 애플의 경영 악화로 이사회에 의해 회사에서 쫓겨났습니다. 애플을 다시 일으키기 위해 복귀한 이후에는 단 1달러의 연봉을 받겠다고 선언해 큰 화제가 됐습니다. 월급이 아닌 혁신을 통해 회사의 가치를 키우고 자신이 보유한 주식을 통해 보상을 받겠다는 의지를 보여준 것입니다.

잡스는 애플의 회생 전략으로 비용 절감을 선택하지 않았습니다. 혁신을 통해 새로운 제품을 내놓아 세상을 바꾸고자 했습니다. 전 세계의 고객들은 환호했습니다. 잡스의 연봉은 단 1달러에 불과했지만 2007년 그는 미국 내 CEO 중 연간 수입 1위를 차지했습니다. 전 세계 수많은 사람이 지금도 그를 혁신의 아이콘으로 기억할 만큼 애플의 혁신 여정에 큰 기대를 걸고 있습니다.

기업 이미지에 새겨진 DNA도 대를 이어 가치를 전수합니다. 요즘 대형 복합 쇼핑몰의 의류 매장을 둘러보면 재미있는 브랜드들이 눈에 띕니다. 내셔널지오그래픽, 디스커버리, CNN, KODAK 같은 비의류 상표를 단 의류나 가방을 팔고 있기 때문입니다. 전 세계의 자연 풍경을 소개하는 잡지, 창의적 TV 채널, 시사방송사, 필름 제조업체로 명성을 날렸던 회사들의 브랜드들입니다. 의류 브랜드에 각 회사들의 명성을 덧입히는 새로운 마케팅 전략입니다.

언론 보도에 따르면 이러한 컬래버레이션(collaboration) 전략이 상당히 좋은 호응을 얻고 있다고 합니다. 아마 고객들은 각 회사들이 그간 확보한 명성에 대해 로열티를 지불하고 제품 출시를 허락했다고 판단할 것입니다. 자연을 사랑하고, 사회를 공정하게 바라보며, 기술을 선도했던 기업의 DNA가 깃든 제품을 사려는 소비 현상입니다. 이처럼 기업이나 개인이 쌓아 올린 이미지는 시간과 업종을 초월해 우리 사회에 영향을 미치고 있습니다.

변화무쌍한 비즈니스 세계에서 일관된 행동, 즉 리더십의 소신을 보여주기란 어렵습니다. 소신은 말보다 행동으로 전파될 때 파급력이 있습니다. 그래서 더욱 어려운 일입니다. 개인이나 기업이 가지는 이미지와 평판은 언행일치를 전제로 만들어지기 때문입니다. 그렇다고 거창하게 소신이나 DNA를 들먹이며 의미를 부여하기도 쑥스러운 일입니다.

내가 생각하는 내 리더십의 기본 메시지는 간단합니다. 기름때를 만져야 한다는 것이죠. 경영에 참여하는 한 스스로 열심히 최선을 다하는 자세를 나누고 싶습니다. 소신이라는 블록의 센서는 경영자의 등 뒤에 달려 있습니다. 나의 뒷모습에서 수많은 사람이 나의 소신을 볼 것입니다.

오케스트라를 지휘하는 지휘자는 청중에게 등을 보이는 직업이라는 말이 있습니다. 연주 후에도 마지막으로 퇴장한다고 합니다. 기업인 역시 그런 컨덕터(conductor)로서의 모습을 염두에 두어야 합니다. 시작하는 사람인 동시에 마지막까지 책임지는 사람입니다.

♦ Measure ×Analyze ×Innovate ♦

비즈니스 질문	센서	측정 방법	한영넉스의 사례
리더십은 어떤 의미인가?	소신	소신의 상징	솔선수범으로 상징을 제시한다.

— **4장** —

직원
비즈니스 웰빙의 목표

With employees, our daily lives are full of happiness.
직원들과 함께하면, 행복 가득한 일상을 만들 수 있다.

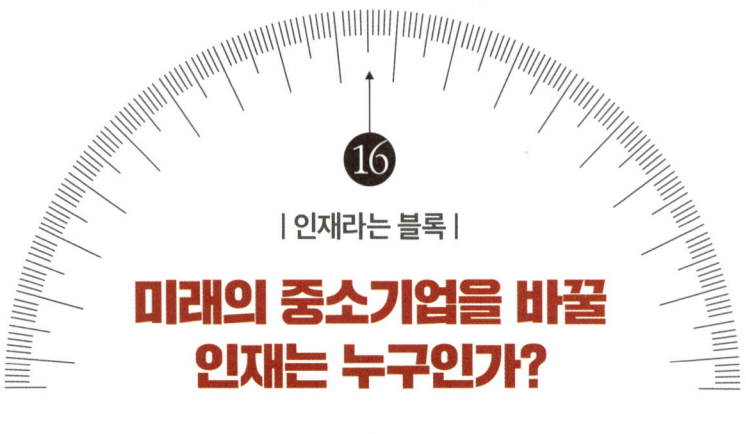

| 인재라는 블록 |

미래의 중소기업을 바꿀 인재는 누구인가?

중소기업을 경영하면서 좋은 인재를 만나는 것이 가장 큰 애로 사항입니다. 고학력자가 대기업을 선호하는 현상은 오랜 기간 이어지고 있습니다. 평판을 중시하는 유교 문화도 일조했을 것입니다. 그러나 중소기업이 근무 환경이나 처우 등에서 대기업을 넘어서기는 쉽지 않습니다. 일부 컨설팅 업계나 바이오 혹은 첨단 산업에서는 예외적인 사례도 있지만, 전자 부품 사업에서는 극복하기 어려운 과제입니다. 뛰어난 인재가 활동하기에는 경쟁의 무대가 좁을 수 있기 때문입니다.

한영넉스는 그러한 사회적인 통념을 깨고 비교적 좋은 임직원들과 함께해왔다고 자부합니다. 오늘날 한영넉스의 위상도 그분들의 역량이 일궈낸 결실입니다. 경영자나 임원 한두 명이 절대 해낼 수 없는 여정입니다.

친구는 위로 만나고 배우자는 아래에서 찾으라는 옛말이 있습니다. 당시에는 배우자가 전업주부의 개념이었으므로 요즘에는 다른 말로 대체해야 할 것 같습니다. 이 말을 풀이하면 나에게 의존할 사람은 기대가 낮은 사람을 만나고 내가 도움을 청할 사람은 능력자를 만나라는 얘기입니다. 세상을 지혜롭게 사는 비결인 셈입니다.

한영넉스에서는 직원을 채용할 때 세 가지 관점에서 접근합니다. 사업을 운영하면서 다소 바뀌기도 했지만 대략 이 정도라면 인재라고 보기에 충분하다고 생각합니다.

1. 기본이 건강한 사람
2. 간절함이 있는 사람
3. 책임감이 있는 사람

기본이 건강한 사람이라는 기준은 개인의 인성과 환경을 본다는 의미입니다. 가정생활이 올바른지가 중요합니다. 가정이 건강해야 사회도 건강하기 때문입니다. 그리고 기본이 건강한 사람은 주변을 돌아보는 배려심과 판단력도 좋습니다. 내부적으로나 외부적으로 비즈니스를 위해 그룹을 이루어 협력해야 하는 환경에서는 절대적으로 필요한 역량입니다. 따라서 직원 채용 면접 시에 주로 성장 과정에 대한 질문과 함께 어떤 일에 도전했는지를 물어봅니다.

간절함이 있는 사람이라는 기준은 마음가짐을 본다는 의미입니다. 간절함이 열정보다 강합니다. 간절한 사람은 남들보다 일찍 일어나고 열심히 일합니다. 열정이 있다면 잠시 열심히 할지 몰라도 흥미가 떨어지면 편차가 큰 행동을 보입니다. 야구선수에 비유하면 이해하기 쉽습니다. 좋은 선수는 모든 플레이에서 간절함을 엿볼 수 있습니다. 그래서 가끔 홈런을 치는 선수보다 출루를 위해 몸을 아낌없이 던지며 노력하는 선수가 더욱 값진 평가를 받습니다. 물론 선수로서의 폼은 나지 않을지 모릅니다.

추신수 같은 선수들이 대표적입니다. 미국 마이너리그에서 오랜 기간 고생했지만 간절함이 그를 대선수로 만들었습니다. 요즘 서서히 주가를 올리고 있는 샌디에이고의 김하성에게서도 그런 자세를 엿볼 수 있습니다. 그가 시합 때마다 수비하는 자세를 보면 모든 신경이 그라운드에 쏠려 있습니다. 어떤 공이 날아와도 몸을 날려 잡겠다는 마음가짐이 엿보입니다. 우리 한영넉스에도 그런 간절함을 가진 분들이 많습니다.

마지막으로 책임감이 있는 사람이라는 기준은 중소기업에 꼭 필요한 자질입니다. 중소기업에서는 한 사람이 많은 일을 담당하고 있습니다. 직원이 많아서 업무를 촘촘하게 세분해 분담하는 대기업과는 다를 수밖에 없습니다. 8,000여 개의 제품을 다루기 위해서는 한 사람의 직원이 멀티태스킹을 할 수 있어야 합니다. 또 빠르게 실행해서 맡은 일을 마무리 지어야 합니다. 그러한 과업을 스스로 해내기 위해서는 반드시 책임감이 있어야 합니다.

나는 좋은 학교를 나온 인재에 연연하지 않습니다. 직원을 채용하는 기준 또한 그런 나의 생각을 반영한 것입니다. 그리고 우리나라 사람은 기본적으로 유능합니다. 어떤 조건에서든 잘 적응하는 훌륭한 잠재력을 가진 인재들입니다. 문제는 그런 사람을 어떻게 알아보느냐는 것입니다.

나는 주로 채용 면접에 참여한 지원자들의 강한 의지력을 살피려고 합니다. 그 사람의 의지를 보면 기본, 절실함, 책임감이 얼마나 되는지 판단할 수 있습니다. 의지력이 약한 사람은 문제가 생기면 피할 방법을 찾지만, 의지력이 강한 사람은 문제해결을 위해 도전합니다. 기술 역량이 부족하다면 전문 분야를 공부해 채우면 됩니다. 그러나 이것도 의지가 있어야만 가능한 이야기입니다.

지원자가 가장 오랜 시간을 들이는 일이 무엇인지도 자세히 들어보는 편입니다. 학교를 다니거나 회사를 다닌 3~4년 동안 얼마나 기본에 충실했는지를 봅니다. 간절함을 가지고 살아왔는지, 어떤 책임을 지며 살았는지를 봅니다. 특히 지원자의 간절함을 주시합니다. 목표, 경제적 안정, 학업 기회, 무엇이든 좋습니다. 간절함이 그 사람을 의지가 강한 인재로 만들어줄 것이기 때문입니다.

인재라는 블록의 센서는 간절함입니다. 제아무리 뛰어난 역량을 갖췄어도 간절함이 없는 사람은 집중하지 않습니다. 집중하지 않는 사람은 시간이 지남에 따라 무능한 사람으로 전락합니다. 역량은 단순히 현재의 수준이 아니라 성장률과 학습 속도로 평가받아야 합니다.

♦ Measure ×Analyze ×Innovate ♦

비즈니스 질문	센서	측정 방법	한영넉스의 사례
인재를 어떻게 알아보는가?	인재	간절함의 수준	간절함이 열정을 이긴다.

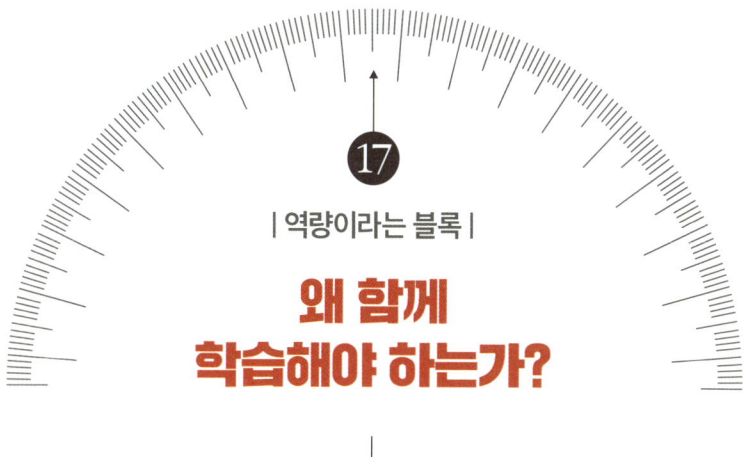

| 역량이라는 블록 |

왜 함께 학습해야 하는가?

　계측 산업의 구조상 고도의 기술력이 필요합니다. 다품종, 소량, 고기능이라는 과제를 해결하려면 기술 연구직 및 생산 현장에서 장기 근속할 수 있는 분위기는 필수입니다. 기술이 반드시 필요한 업종이죠. 하지만 우리나라 계측 산업은 일본에 비해 현저히 부족한 기술로 시작했습니다. 외국산 제품 대비 가격이 10분의 1이었다는 사실이 많은 것을 설명해줍니다. 기술과 품질력 모두 일본 대비 10퍼센트 수준에 머물러 있던 셈입니다. 교육 훈련이 무엇보다도 시급한 과제였습니다.

　교육이 국가의 백년대계라는 말이 있습니다. 한영넉스도 교육이 곧 기업의 백년대계라는 기본 개념을 바탕으로 교육 훈련에 박차를 가했습니다. 세부적으로는 선진 경영 관리 및 전문적 실무 능력이 뛰어나고 국제화 시대에 부응하는 우수한 인재 육성을 목표로 삼았습니다. 계측 산업 역시 교육이 미래였습니다.

1995년 이전에는 한영문고를 마련해 매월 도서 및 월간지를 사들여 직원들이 기본 교양 및 기술을 향상시킬 수 있도록 도왔습니다. 또한 실무 부서 요청에 의한 교육 훈련 분위기를 조성했습니다. 1995년 이후에는 좀 더 체계적으로 계획을 세워 계층별·과정별 교육 훈련 체계를 확립해 이중적으로 투입되는 자원의 낭비도 감소시켰습니다. 현재는 종업원의 품질 인식과 직무 기술 향상을 통해 다양한 고객 요구에 빠르게 대처하고 국제화 시대의 비즈니스 업무를 원활하게 수행하도록 어학 교육도 실시하고 있습니다.

단, 교육 훈련 부서를 따로 두지는 않고 품질 관리 부서가 교육을 전담해 진행했습니다. 경영자는 교육을 평가하고 품질 부서는 계획을 세워 진행하며 모든 관련 부서가 교육에 대응했습니다. 중소기업에서는 품질 관리 부서가 교육을 담당하는 것이 중요합니다. 한영넉스가 QCD에 초점을 맞춘 경영을 한 이유와 일맥상통합니다.

사실 교육은 모든 기능의 퀄리티를 높이는 것이 목적입니다. 일류 기업에서 운영 수월성(operational excellence) 프로그램을 두고 단위 조직에서 업무의 수준을 끌어올리는 것과 비슷한 원리입니다. 쉽게 말해 교육 훈련은 담당 현업의 이행 수준을 극대화시키는 구체적인 수단입니다. 제품의 품질과 업무의 품질이 밀접하게 연결될 수밖에 없습니다.

조직	구성	기능
대표이사	대표이사	• 교육 훈련의 종합적 평가 • 교육 훈련에 대한 중요사항 심의
주관부서	품질관리	• 연간 교육계획 작성 • 연간 교육일정표 작성 • 연간 교육 실시 • 교육 훈련 참가에 따른 평가
관련부서	전 부서	• 부서 교육계획 작성 • 부서 교육일정표 작성 • 부서 교육 실시 • 교육 훈련 보고서 작성 및 보고

| 한영넉스 교육추진 체계 |

외환위기를 극복하던 시기에 한영넉스는 다른 기업보다 앞서 ERP 도입을 결정했습니다. 네덜란드 프로그램인 BaaN ERP를 선정한 후 당시 문래동, 부천, 김포에 분산되어 있던 3개 공장의 정예 멤버를 20명가량 선출해 ERP SYSTEM 성공을 위한 TFT를 구성했습니다. 그들은 BaaN ERP에 대한 강의를 듣고 그 내용을 정리해나가기 시작했습니다. 지금처럼 노트북을 구하기도 어려웠던 시절이라 286 컴퓨터 몇 대와 전자 타자기를 사용해 ERP 관련 업무를 수행해야 했습니다. 심지어 TFT 구성원들은 컴퓨터 자판을 쳐본 적도 없는 인원이 대부

분이었습니다. 독수리 타법에 익숙한 직원들이다 보니 ERP를 구축하는 일정에도 차질이 생길 수밖에 없었습니다. 직원들도 속도를 내려고 애썼지만 타자 속도는 쉽게 향상되지 않았습니다.

때마침 한 가지 아이디어가 떠올랐습니다. 당시 학생들에게 인기가 높았던 한글 자판 게임으로 직원들에게 동기를 부여하면 되겠다는 생각이 뇌리를 스친 것입니다. 그 즉시 ERP TFT 팀원들을 불러 모아 컴퓨터에 자판 게임을 등록하도록 했습니다. 그리고 한 달 안에 한글 자판 게임으로 1분에 100타를 치는 미션을 주었습니다. 미션 완수자에게는 간단한 포상도 하겠다고 약속했습니다. 결과는 기대 이상의 대성공이었습니다.

TFT 팀원들은 한글 자판 게임을 통해 자판을 치는 일에 재미를 붙였습니다. 별다른 지시가 없어도 팀원들끼리 누가 더 빨리 다음 단계를 성공하는지 즐기면서 작은 경쟁까지 일으켰습니다. 타자 실력의 향상이라는 미션을 주었지만, 미션의 부담감 대신 즐거운 분위기 조성과 더불어 실력 향상을 통해 자신도 모르게 미션을 성취했던 것입니다. 물론 ERP 프로그램의 진행 속도도 전과 다르게 빨라졌습니다. 이후 한영넉스는 중소기업 중 가장 앞서서 ERP를 도입하는 것은 물론 컴퓨터와 익숙한 직장 분위기를 만드는 데 성공했습니다. IMF 위기를 극복하는 과정에서 우리는 컴퓨터와 친숙한 회사를 만든 것입니다.

한국표준협회(KSA)가 주관한 정규 교육 훈련 과정도 매우 중요한 역할을 했습니다. 2013년 1월 초 영업 및 관리 부서 78명을 대상으로 '핵심 인재 의식 고도화 과정'을 1~4기에 걸쳐 5박 6일의 합숙 과정으로 진행했습니다. 정신력 강화와 시간 관리, 팀 의식 전환, 발전 계획 작성법, 도전 의지 함양, 선택과 집중을 통한 열정, 나의 각오 발표 등 참여형 체험 교육으로 진행됐습니다. 눈이 아니라 몸으로 수행하는 교육 훈련 과정이었습니다. 해당 과정을 이수한 직원 대부분이 자신의 한계치를 체험했을 뿐만 아니라 가족애, 동료애, 애사심에 대해 깊이 깨달았다고 평가한 것이 인상적이었습니다.

품질을 중시하는 기업으로서 품질 전문 인력 확보에도 주력했습니다. 우리 정부에서는 산업 현장의 근로자 중 장인 정신이 투철하고 품질경영 활동에 헌신해온 모범 근로자를 대통령이 인정하는 품질명장 제도를 운영하고 있습니다. 한영넉스에서는 네 명의 국가품질명장을 배출했습니다. 또한 한국표준협회의 이러닝 교육을 각 부서에 맞춰 매월 실시했고 핵심 인력 일곱 명은 1개월 집중 교육을 통해 품질관리담당 자격증을 취득했습니다. 또한 매년 임원 및 우수 간부를 대상으로 기업 역량 제고와 경쟁력 향상 도모를 위해 대학 및 표준협회 경영품질최고경영자과정(AMQP) 과정을 다니게 하였습니다. 품질에 자신이 없으면 만들지도 말고, 팔지도 말자는 강한 마음으로 직원 모두가 품질관리 담당자라는 자세를 심어주기 위한 한영넉스의 노력입니다.

세상에서 가장 어려운 일은 무언가를 배우는 것입니다. 배우지 않아도

지금 당장 살아가는 데 불편함이 없다고 느끼기 때문입니다. 하지만 교육 훈련을 통한 역량 키우기는 기업을 운영하는 데 매우 중요한 요소입니다. 한영넉스와 같은 기술 중심의 회사라면 더욱 필요한 과정입니다.

역량이라는 블록의 센서는 수평성이라고 봅니다. 빨리 가려면 혼자 가고 멀리 가려면 함께 가라는 말이 있습니다. 직원의 역량 향상은 함께 멀리 가야 할 주제입니다. 회사 차원에서는 100년을 바라보며 교육 훈련의 방향을 제시해야 합니다. 따라서 직원들이 더불어 학습하는 문화를 꼭 갖춰야 합니다. 구성원의 팀워크가 중요한 기업이라면 더욱더 함께 배우는 수준을 측정해야 합니다. 그것이 바로 역량이라는 블록의 센서입니다.

♦ Measure ×Analyze ×Innovate ♦

비즈니스 질문	센서	측정 방법	한영넉스의 사례
교육훈련의 핵심은 무엇인가?	역량	역량의 수평성	함께 역량을 키우는 분위기를 만든다.

| 소통이라는 블록 |

무엇을 위해 소통하는가?

소통이 경영에 중요하다는 말을 많이 합니다. 리더가 방향을 제시하고 무엇을 원하는지를 공유한다면 분명 직원들에게 영향력을 미칠 수 있습니다. 특히 조직이 크면 클수록 소통의 중요성은 커집니다. 그러나 나는 소통이 중요할수록 보이지 않아야 한다고 믿습니다. 역설적인 표현이지만 익숙한 것일수록 드러나지 않습니다.

예컨대 공기, 즉 산소는 인간의 생존에 가장 중요한 요소입니다. 그럼에도 좋은 공기는 우리 눈에 보이지 않습니다. 미세먼지나 공해가 오히려 눈에 더 잘 들어옵니다. 또 건강한 사람은 모든 음식이 입에 맞습니다. 입이 짧은 사람이나 건강에 자신이 없는 사람일수록 까다

롭고 예민해져서 음식을 구분합니다. 소통도 같은 이치입니다. 소통의 필요성이 느껴지지 않을 정도의 수준에 도달해야 합니다. 해답은 간단합니다. 조직의 구성원이 서로 자주 보면 됩니다. 자주 보면서 대화하면 소통의 필요성을 느끼지 않습니다.

소통은 입이 아닌 발로 해야 한다고 강조하고 싶습니다. 말이 아닌 행동으로 소통할 때 가장 강력한 메시지를 공유할 수 있습니다. 약속을 잘 지키는 것은 직장인의 중요한 가치입니다. 임원들이 몸소 철저히 약속을 지키는 것을 보여준다면 그보다 효과적인 소통은 없습니다. 종종 직원들이 시간을 지키기 위해 동분서주하는 것을 봅니다. 직원에게 바쁘냐고 묻는 제 마음은 고마움으로 가득합니다. 행동으로 소통하는 모습들이기 때문입니다.

한영넉스의 모든 사업장에는 최신식 모니터 스크린이 여러 개 설치되어 있습니다. 모니터를 설치한 목적은 소통이 아닙니다. 모니터는 서로 도와주는 역할을 할 뿐입니다. 사업장의 곳곳을 관찰하며 직원들에게 어떤 도움을 주면 좋은지를 사전에 파악하기 위해 투자하는 것입니다. 나는 소통을 '도와주는 마음'이라고 정의하고 싶습니다. 토론도 마찬가지입니다. 서로 도와주는 마음이 있다면 다툼이 생길 이유가 없습니다. 토론으로 인해 직원 간에 불편한 마음이 생긴다면 분명 소통에 문제가 있다는 시그널입니다. 서로 도와주고 도움받는 마음에 상처가 있다는 의미입니다.

나는 종종 1월 1일이면 한영넉스 직원들과 함께 강화도 마니산에 올라 해돋이를 맞이하고 신년인사를 나누곤 합니다. 무척 추웠던 해에 있었던 일입니다. 산 정상에 올라와 보니 여러 사람이 정상에 이미 올라와 있었고, 아직 올라오는 사람도 많았습니다. 정상에서 우리 직원들만 한데 모이기가 어려워 보였습니다. 더구나 산을 오를 때는 몸에서 열기가 생겨 추운 것을 잘 몰랐는데 정상에 도착하니 땀이 빠르게 마르면서 열기가 식어 살결에 스치는 바람조차 무척 매서웠습니다.

산 정상에서 멋진 일출을 기대하며 동쪽 하늘만 바라보고 서 있는 시간이 길었습니다. 그 정도로 추웠던 날입니다. 주위를 살펴보니 우리 직원과 함께 산을 오른 아이가 얼른 내려가자며 칭얼대고 있었습니다. 아이의 입장에서는 추위를 참기 힘든 상황이니 눈물이 저절로 났을 것입니다. 일출이고 뭐고 못 견디게 추웠을 테니까요. 우리 직원은 난처해하며 아이를 달랬지만 상황은 나아지지 않았습니다.

"춥지? 여기까지 온 것 보니 대단한 친구네. 최고야!"

나는 엄지를 척 내보이며 목에 두르고 있던 목도리를 풀어 아이의 목과 얼굴을 감싸줬습니다. 목도리가 제법 두툼해 한기를 가시기에는 충분했을 것입니다. 아이의 손도 붙잡고 비벼주는 사이에 다행스럽게도 해돋이가 시작됐습니다. 모두 신이나 환호하며 한 해의 시작을 즐겼습니다.

사실 이 일화를 까마득히 잊고 있었습니다. 이번 회고록을 준비하면서 임원 한 명이 그때의 기억을 상기시켜줬습니다. 당시의 일을 기억해준 자체가 고마운 일입니다. 우는 아이, 미안해하는 직원의 마음, 도와주는 나의 마음, 이를 지켜보는 임원의 마음이 모두 하나로 연결되는 것이 바로 소통의 본질이라고 생각합니다.

베스트셀러 《성공하는 사람의 7가지 습관》으로 유명한 스티븐 코비 박사는 소통의 효과성이 송신자와 수신자의 공감 영역에 달려 있다고 말합니다. 나도 의도하진 않았지만, 아마 해돋이를 보던 그 순간 공감 영역을 넓히는 계기가 된 것 같습니다. 신년 해돋이 행사 자체도 이미 미래를 향한 소통의 장(場)이므로 아마 그날의 효과는 더욱 배가됐을 것입니다.

"많은 직원과 대화하라. 그곳에 답이 있다. 알아야 서로 도와줄 것 아닌가."

나 역시 임직원에게 늘 소통할 것을 강조합니다. 그리고 남들이 하는 것은 모두 다 시도합니다. 한번은 여름을 맞아 직원들과의 격의 없는 소통을 위해 스탠딩 맥주 파티를 한 적이 있습니다. 한영의 직원이라면 누구나 참석해 맥주를 들고 담소를 나누는 즉석 맥주 파티였습니다. 직원들은 처음에는 어색해서 그런지 같은 부서원들끼리만 모여 맥주를 마셨습니다. 시간이 지날수록 타부서 사람과도 자연스럽게 담소를 나누면서 소통을 위한 좋은 계기가 됐습니다.

마음을 나누기 위해 이런저런 시도를 하다 보면 새로운 방식의 소통을 시작할 수 있습니다. 그러나 결국 본질은 마음입니다. 서로 도와주려는 마음이 있어야 모든 것을 결정할 수 있습니다. 다시 말해 소통이

라는 블록의 센서는 도와주려는 마음입니다. 그 척도를 보면서 소통의 굵기를 측정해야 합니다.

언젠가 얘기 들었던 연구소의 연말 선물 나누기 일화가 떠오릅니다. 당시 연구소장은 각 연구원들에게 1만 5천 원에서 2만 원 사이의 선물을 하나씩 준비해 가져오도록 했습니다. 각 선물을 준비한 당사자만 선물의 내용을 알고 있도록 하고 선물에 번호표를 붙인 후 모두 박스에 담았습니다. 또 다른 박스에는 선물 개수만큼의 번호표와 함께 꽝, 장기 자랑, 소원을 말하기, 한 해 동안 가장 보람 있었던 일을 말하기, 서운했던 일 말하기 등의 문구가 적힌 쪽지를 넣어두었습니다. 그렇게 준비를 마친 후 선물 나누기 행사가 시작되면 한 사람씩 나와 쪽지를 뽑아 미션을 수행하고 선물을 받아가는 방식이었습니다.

행사가 시작되고 맨 마지막으로 연구소장의 차례가 됐습니다. 마지막에 남은 선물은 인삼차였습니다. 그런데 마침 인삼차를 준비한 직원이 연구소장에게 주려고 마음먹고 있었다고 합니다. 그 인삼차를 정말 연구소장이 뽑은 겁니다. 또 다른 연구원도 동료 연구원을 생각하고 선물을 준비했는데 정말 그 연구원이 선물을 받게 되었다면서 소름이 돋을 정도로 놀랐고 기분이 좋았다고 합니다.

마음이 텔레파시라도 보내는 듯 전달되는 느낌, 그런 기분이 바로 소통의 궁극적인 목적입니다. 서로 말하지 않고도 서로 뜻하는 바가 전달되는 순간입니다. 구성원들 사이에 서로 소통이 필요한 사업장이 있다면 지금보다 더 소통하길 바랍니다. 소통의 목적은 도와주는 것입니다. 서로 도와주는 마음과 손길이 소통을 대신해야 합니다. 소통을 늘리라는 이야기의 본질인 상호 이해를 기억하길 바랍니다.

♦ Measure ×Analyze ×Innovate ♦

비즈니스 질문	센서	측정 방법	한영넉스의 사례
어떻게 소통을 높일 수 있을까?	소통	도와주려는 마음	도와주는 문화에 집중한다.

| 보상이라는 블록 |

왜 보상이 아니라 보람을 중시해야 하는가?

　보상(reward)은 오랜 기간 기업을 대표하는 사람으로서 늘 부족하다고 생각하는 부분입니다. 임직원들의 헌신과 소명감을 생각하면 절대 충분할 수 없는 영역입니다. 회사의 관점에서 보상은 직원들에 대한 감사의 표시입니다. 실제로 늘 고맙게 생각합니다. 흥미롭게도 보상(補償)이란 단어의 사전적 의미는 남에게 받은 빚, 도움이나 은혜를 갚는 행위로 정의되어 있습니다. 임직원들이 최선을 다해 회사를 위해 일해주는 것을 생각하면 무엇으로라도 보답하려는 마음이 생기는 것은 당연합니다.

　내가 가장 크게 생각하는 보상은 감사한 마음을 전하는 것입니다.

저녁 회식을 마치고 돌아가는 직원들의 대리운전 비용은 소소하지만 내가 그들에게 전하고 싶은 작은 감사의 표현입니다. 개인적인 일을 접어두고 직원들과 함께 마음을 나누는 의욕을 보여준 데 대한 고마움입니다. 생맥줏집에서 가볍게 맥주라도 마시고 나면 헤어지는 길에 통닭이라도 한 마리씩 들려 보내고 싶어집니다.

회식을 마치고 술을 좀 마신 모습으로 집에 들어서는 직원을 생각하면 그 손에 뭔가 들려 있는 모습이 넉넉해 보입니다. 작은 선물이지만 작지 않은 즐거움으로 이어지면 좋겠습니다. 그러면 챙기는 사람의 마음도 좋아집니다. 경영 혁신의 그루인 톰 피터스도 '경영자의 22가지 절대 우선순위'를 소개하면서 감사(thank)와 미안(sorry)을 입에 달고 살아야 한다고 말했습니다. 감사의 표현이 리더의 습관이 되면 좋습니다.

예전에는 야근을 하는 직원들이 많았습니다. 특히 신제품 연구와 개발을 담당하는 연구소에서 야근이 잦았습니다. 간혹 회사 근처에서 일정을 소화하다 늦은 시각까지 불이 켜진 연구소를 바라보면 마음이 뭉클해집니다. 늦은 시각까지 헌신하는 모습에 고마움을 표시하고자 소액이지만 금일봉을 주기도 했습니다. 야식을 사 먹거나 귀갓길에 택시라도 타고 갈 것을 예상한 작은 선택입니다. **보상은 본질적으로 마음과 마음의 교감이 이뤄지는 순간에 자연스럽게 작동합니다. 경영진과 구성원 모두 감사라는 공통분모를 찾아가는 과정이기도 합니다. 직원들의 헌신에 대한 보상은 늘 부족하지만 바로 그 공통**

분모가 회사의 미래 가치입니다.

"회장님, 연구소 직원 중에서 회장님의 금일봉을 안 받은 친구가 없습니다."

언젠가 연구소장이 늘 직원들을 격려해줘서 고맙다는 덕담을 전했습니다. 이 역시 고마운 일입니다. 그러나 한편으론 미안한 마음을 갖게 만드는 말입니다. 그만큼 늦은 시각까지 연구원들이 일했다는 뜻이니까요. 일이 힘들더라도 보람을 느끼는 한영넉스 가족이 되면 좋겠습니다. 나의 몫은 그들이 보람을 느끼는 직장생활이 되도록 여건을 조성하는 것입니다. 더구나 요즘 MZ세대는 자신의 여가시간을 챙겨주고 역량을 키우도록 만들어주는 회사를 선호한다고 합니다.

보상은 보람을 느끼게 만드는 작은 수단에 불과합니다. 그보다는 본질적으로 과정과 결과를 구분하는 노력이 중요하다고 생각합니다. 똑같은 결과를 목표로 하지만 과정은 저마다 다를 수 있습니다. 보상이 목적인 과정은 가급적 지양하는 것이 좋습니다. 보상을 위해 일하는 회사가 아니라 보람을 위해 뛰는 기업이 되어야 합니다.

코로나 발생 이전에는 매월 1일마다 전 직원이 강당에 모여 월례회를 진행했습니다. 지난달을 되돌아보고 새로운 한 달의 방향을 제시하는 자리입니다. 비록 소소한 월례회지만 생일을 맞은 직원을 챙기고 케이크를 나눌 수 있는 좋은 기회이기도 합니다. 요즘에는 사내에 힐링 북카페를 운영하고 있습니다. 학습 분위기를 권장하기 위해 이달의 도서를 증정하기도 했습니다. 개인적으로는 일류 대기업이 아니더라도 얼마든지 리더십을 발휘해 보람을 느낄 수 있는 기회입니다.

다시 말해 보상의 센서는 보람입니다. 나는 경영자로서 지속적으로 회사의 분위기를 변화시키며 새로운 보람의 조건을 만들어나가려고 노력하고 있습니다. 그리고 그러한 보람을 목표로 하는 보상의 방식은 다양합니다.

연봉을 예로 들어보죠. 언론에서는 대기업과 중소기업의 연봉이나 상여금의 차이가 좀처럼 좁혀지지 않는 것으로 자주 보도합니다. 오히려 더욱 격차가 벌어지고 있다는 데이터도 자주 등장합니다. 안타깝게도 부정할 수 없는 현실입니다.

중소기업은 규모의 문제도 있지만, 공급 사슬 구조에서 제품이나 부품을 상위 기업, 결국 더 큰 기업으로 납품합니다. 만약 중소기업이 직접 고객에게 판매하는 업종이라면 대기업에서 취급하지 않는 제품이나 서비스의 시장일 가능성이 큽니다. 시장 규모가 작고 수익성도 척박할 수밖에 없습니다. 그러다 보니 항상 중소기업의 직원들에 대한 처우에는 한계가 뒤따릅니다.

대기업과 중소기업 사이에 거래가 진행되는 B2B 비즈니스 환경에서는 물량을 확보하려는 쪽이 약자가 될 수밖에 없습니다. 수익 구조를 설계하는 쪽은 규모가 큰 기업이고 그 구조에 적응해야 하는 쪽은 중소기업들입니다. 보상의 측면에서 구조적인 불리함을 안고 경영을 하는 것입니다.

정부에서도 이러한 구조적 약점을 보완하기 위해 다양한 중소기업 지원 정책을 내놓지만 언제나 역부족입니다. 중소기업의 숫자가 워낙 많으니까요. 보상에 대한 개념의 전환이 필요한 시점이라 생각됩니다. 정부에서 클러스터나 지역(zone)의 개념을 도입해 대대적으로 복지 시설을 확충하길 희망합니다. 중소기업 역시 가급적 행복하고 보람된 일상을 보장하는 일터를 만들도록 리더십을 발휘해야 할 것입니다. 정직하게 최선을 다하는 중소기업의 구성원에게 보람과 자부심이 함께하는 시대가 오기를 기대합니다.

♦ Measure × Analyze × Innovate ♦

비즈니스 질문	센서	측정 방법	한영넉스의 사례
직원들에게 고마운 마음을 어떻게 표현해야 하는가?	보상	보람을 느끼는 마음	보람을 결과로 만들기 위해 노력한다.

| 오너십이라는 블록 |

MZ세대에게 오너십은 어떤 의미인가?

모든 구성원의 개별 행동을 일일이 점검하기란 매우 어렵습니다. 개인적인 지적이라 상대방에게 상처가 되기도 합니다. 한 사람의 행동을 지적하기보다 공통분모를 잘 지켜보도록 자연스럽게 이끄는 것이 현명한 방법입니다. 바로 그러한 공통분모가 오너십(ownership)입니다.

주인정신으로 불리기도 하는 오너십은 세대별로 다르게 해석됩니다. 기성세대는 사명감, 충성심, 책임감 등으로 받아들이지만 요즘에는 말 그대로 주인을 의미하는 지분, 권한, 그리고 약간의 책임 정도로 받아들이는 것 같습니다. MZ세대들에게 오너십을 이야기하면 오너(주인)가 아닌데 왜 주인의식을 가져야 하는지 되묻는다고 합니다. 과거처럼 회사에 충성하라는 식으로 접근하면 오히려 저항감을 키울 뿐입니다. 그들에게 회사는 상호 필요에 의해 계약한 대등한 관계이며 공정한 보상 혹은 대가를 받아야 할 곳이니까요.

제가 창업할 당시에는 사흘이 멀다 하고 회사들이 문을 닫았습니다. 요즘은 더 심각한 상황이라고 하지만 당시에도 절대 만만치 않았습니다. 회사가 망하면 직원들은 곧바로 직장을 잃습니다. 주인의 마음으로 회사를 살려야 하던 시기였습니다. 그러한 의미를 담은 생존형 오너십은 세대 구분 없이 똑같을 것입니다. 아마 이제 막 창업한 벤처기업 경영자들도 직원들이 회사의 생존을 위해 헌신해주길 기대할 것입니다. 그런 면에서 오너십은 시대가 아니라 환경에 의해 의미가 결정되는 것 같습니다.

나는 오너십을 회사에 대한 충성심이 아니라 프로페셔널리즘(프로정신)의 기본 마인드라고 받아들이고 있습니다. 자신에게 주어진 일을 프로답게 책임지는 자세를 중시합니다. 어떤 일이든 반복적으로 수행해야 프로가 될 수 있습니다. 프로란 자신이 해야 할 일의 메커니즘을 완전히 이해한 사람에게 주어지는 칭호입니다. 그런데 요즘 일부 기업에서는 모든 직원들을 '프로' 혹은 '매니저'라고 부르기도 합니다. 프로라는 호칭의 의미가 정말 많이 바뀌었습니다.

연구기관은 모든 직원을 '연구원'이라 부르고 어떤 공공기관은 모든 직원을 '위원'으로 부르기도 합니다. 직책으로 나누는 계층 개념을 타파하려는 노력의 일환입니다. 나는 그러한 시대 변화의 기저에 전문성이라는 단어가 깔려 있다고 봅니다. 이제 서로를 전문가로 인정하는 문화가 자리 잡아가고 있는 것입니다. 하지만 전문가라면 책임을 지는 자세를 갖춰야 한다고 생각합니다. 그런 전문성을 갖출 때 전문가라는 가치를 오래도록 존중받을 수 있습니다. 자신의 전문성을 존중하고 책임지는 마인드가 바로 내가 생각하는 오너십입니다.

또 내가 생각하는 직장의 본질이란 안정적인 삶을 누리며 자신의 경력을 쌓는 곳입니다. 요즘 MZ세대가 가장 원하는 직장은 자신이 원하는 일을 기대할 수 있는 곳이라고 합니다. 자율을 누리면서 전문성을 키우고 싶다는 뜻입니다. 게다가 생존이나 승진과 같은 목표에서 탈피해 자아 성취와 주체적 삶이 직장을 다니는 목적으로 부각되고 있습니다. 어떤 의미에서 MZ세대가 생각하는 직장의 본질과 내가 생각하는 직장의 본질은 같습니다. 전자는 회사의 발전에서 미래를 보는 것이고, 후자는 자신의 발전에서 미래를 보는 것이 조금 다를 뿐입니다. 하지만 전자든 후자든 자신의 전문성을 존중하고 맡은 바를 책임지는 습관 없이는 결코 미래를 보장받을 수 없습니다.

내가 중시하는 사고방식 중 하나는 자신이 일일이 확인하지 못한 일은 지시해서도, 결재해서도 안 된다는 것입니다. 나는 이러한 생각을 직원들에게 하나의 표어처럼 인식시키고 싶었습니다. 언젠가 관리자들에게 해당 문구를 인쇄해 각자 책상 앞에 붙여놓고 업무를 하도록 했습니다. 확실하지 않은 상태에서 의사결정을 내리지 않도록 주의하라는 의미도 있었습니다.

상사의 부주의한 의사결정은 리스크를 배가시키는 행위입니다. 그러한 결정에 따라 움직이는 직원들은 상사로부터 문제가 없는 것으로 확인받았다고 믿기 때문입니다. 잘못된 사실이 옳은 일로 전파되는 것만큼 위험한 일은 없습니다. 실수와 오류를 사실로 오판하는 사람이 늘어날수록 리스크는 눈덩이처럼 커집니다. 또 그러한 연이은 확신이 결정적 리스크로 둔갑합니다. 본디 관리자라면 확실한 것만 공유해야 합니다.

미국 대통령 바이든이 우리나라를 방문했을 때 화제가 된 말이 있습니다. 바로 "모든 책임은 내가 진다(The buck stops here)."입니다. 리더십의 책임을 강조하는 표현입니다. 관리자도 마찬가지입니다. 정확히 사실을 확인하고 만약 잘못이 드러났을 경우에는 책임져야 합니다.

예컨대 고객사가 제품 하자에 대해 지원 요청을 했다고 생각해보겠습니다. 고객사에 누구를 보낼 것인지를 결정해야 하는 상황입니다. 제품의 하자 내용을 자세히 알아보지 않고 일단 아무 직원이나 보낸다면 아무런 도움이 되지 않습니다. 반드시 제품의 책임자가 현장에 가서 상황을 살펴봐야만 어떤 부분이 필요한지를 알 수 있습니다. 이때 관리자는 현장에 파견할 직원을 판단하고, 그 직원의 판단에 대해 책임을 져야 합니다.

간혹 자신이 책임을 지지 않으려는 사람도 있을 수 있습니다. 문제의 상황을 자세히 알아보고 정확하게 지시해야만 관리자의 역할을 제대로 하는 것입니다. 바로 이러한 순간에 오너십이 필요합니다. 자기 일이라고 생각하면 결과를 염두에 두고 의사결정을 합니다. 그 결과가 자신에게 바로 돌아오니까요. 주인정신, 프로정신, 사명감, 책임감처럼 오너십의 표현은 다양합니다. 그러나 오너십의 본질은 내가 책임을 지는 것입니다.

한때 현장의 초관리, 즉 시간관리 경영이 유행한 적이 있습니다. 조찬 강연에서 초관리 경영 강의를 듣고 중요한 개념이라는 생각이 들었습니다. 한영넉스에서도 현장에서 발생하는 낭비를 직원들이 세부적으로 구분해 생각하도록 만들 필요가 있겠다고 느꼈습니다. 회사 곳곳에 표어를 붙이는 것이 좋겠다고 판단해 문구를 떠올려봤습니다. 직원들의 임금을 초 단위로 산정해 낭비하고 있는 시간의 가치를 강조하기로 했습니다.

관리자는 한 사람당 초당 3.78원

생산직은 한 사람당 1초당 2.05원

당신이 회삿돈을 사용하고 있습니다.

무려 20년 전에 공유한 메시지이지만, 아직까지도 유효한 교훈이라는 생각이 듭니다. 이렇게 시간당 비용을 계산하는 경우를 주변에서 많이 목격합니다. 시간관리를 강조하는 사람의 의도를 자칫 오해하면 자신의 몸값, 즉 임금만큼 일이나 열심히 하라는 자극처럼 들릴 수 있습니다. 다소 인격을 무시하는 경향도 있다고 생각합니다. 그만큼 강력한 메시지입니다.

초당 임금표는 뉘앙스가 조금 다릅니다. 당신의 시간은 분·초로 쪼개서 쓸 만큼 가치가 있다는 점을 강조합니다. 돈이 아니라 시간을 강조하는 것이죠. 그런 의미에서 한영넉스 직원들에게 시간의 가치를 공유하고 싶었습니다. 이것 역시 시간의 주인이 되라는 오너십의 일환입니다.

나는 리더란 상식으로 해결되지 않는 일을 해결하는 방법을 찾도록 지시하는 사람이라고 즐겨 말합니다. 다시 말해 리더는 돌아이처럼 지시를 해야 한다는 의미입니다. 상식으로 경영을 성공시킬 수 있다면 사업에 실패할 사람은 없을 겁니다. 다른 사람과 다르게 보고 차별적으로 생각하는 창의적 관점이 바로 리더가 갖춰야 할 진정한 가치입니다. 그리고 돌아이 같은 창의적 관점으로 조직을 바라보고 유지하기 위해서는 실패를 두려워하지 않는 분위기를 조성해야 합니다. 직원 하나하나가 오너십을 갖고 새로운 시도를 하고 자신의 의사를 자유롭게 표현하는 회사 분위기를 만들어야 합니다. 게다가 경영에 따르는 많은 현안들은 오너십의 관점에서 해결해야 하는 문제들입니다. 그만큼 오너십은 어려운 주제이기도 합니다.

자립이라는 블록, 즉 구성원 스스로 판단하고 행동하는 오너십의 센서는 일 꼬리의 길이입니다. 자신이 맡은 일을 깔끔하게 정리하고 마무리한다면 좋은 오너십을 가진 것입니다. 자신의 일을 남에게 넘기거나 불확실한 여지를 길게 방치한다면 반대일 것입니다. 그러니 일 꼬리를 눈여겨봐야 합니다.

국내 모 컨설팅 회사의 대표는 직원들이 퇴근하고 나면 책상을 일일이 점검한다고 합니다. 책상을 깨끗하게 유지하지 않는 직원은 크게 혼을 내기도 합니다. 컨설팅은 지식을 전수하는 직업입니다. 그 대표는 자신의 책상 하나 제대로 정리하지 못하는 사람이라면 정돈된 지식을 서비스할 수 없다는 메시지를 강조하고 있는 것입니다.

자신의 업무를 언제 누가 이어받더라도 깔끔하게 인수하도록 항상 준비해둬야 합니다. 바로 그런 자세가 자립정신의 본질입니다. 혹여 주변에 일 꼬리가 긴 사람이 있다면 비판적 시각으로 바라보기만 하지 말고 일 꼬리를 줄이도록 잘 이끌고 도와줘야 합니다. 오너십을 키우는 작은 시작이 될 겁니다. 그리고 회사에 대한 애정과 함께 오너십이 점점 강력해질 것입니다.

◆ Measure × Analyze × Innovate ◆

비즈니스 질문	센서	측정 방법	한영넉스의 사례
회사에 대한 오너십은 어떻게 측정되는가?	오너십	일 꼬리의 길이	업무의 뒤처리를 함께 도와준다.

― 5장 ―

품질

품질의 절대우선순위

Quality can bring you pure opportunities for global business.
품질만이 글로벌 기회를 가져온다.

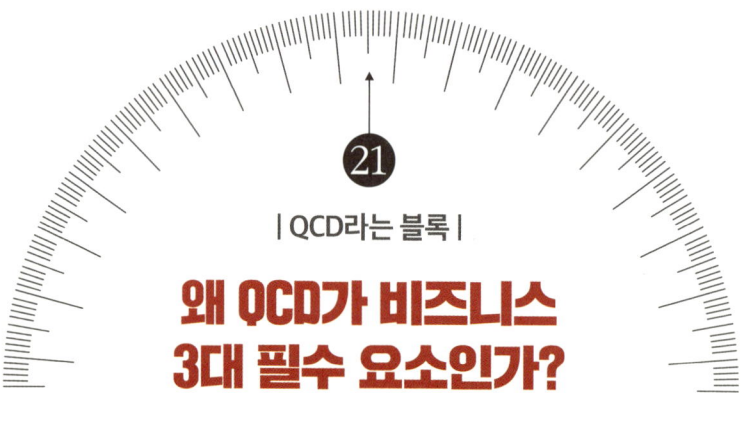

| QCD라는 블록 |

왜 QCD가 비즈니스 3대 필수 요소인가?

한영넉스는 QCD를 중시합니다. 품질(quality), 가격(cost), 그리고 납기(delivery)를 중시하는 것은 사업에서 기본 중의 기본입니다. 나는 이런 기본적인 요소가 회사의 모든 영역에서 고려되기를 기대하며 살았습니다. 그래서 경영방침으로 사용하고 있습니다.

품질은 사업에서 경쟁력의 원천이자 주요 고객이 재계약을 결정짓는 가장 중요한 요소입니다. 또한 계속 생산 등을 통한 지속가능한 성장을 결정하는 핵심입니다. QCD 중에서도 단연 품질이 중요하다고 할 수 있습니다. 4차 산업혁명 시대를 맞아 다양한 신기술이 탑재된 제품 장비 등이 등장하고 있습니다. 또한 기능에 적합한 부품과 제품의 수요 증가에 따라 변동 요인도 빠르게 증가하고 있습니다. 그중에서도 만족스러운 기능은 물론 좋은 품질의 보장이 핵심 성공 요소가 되고 있습니다.

가격은 늘 변함없는 사업 생존의 필수 요소라 할 수 있습니다. 경쟁사 간에 가격 인하 전략을 펼치다 보면 가격이 일시적으로 변동되기도 합니다. 반면 주문 생산 체계에서는 가격이 입찰가로 결정됩니다. 전략적인 가격 정책을 수립해야 하는 필요성을 잘 보여줍니다.

납기는 고객과의 약속을 지키는 것을 의미합니다. 단위 사업의 경우에는 납기일이 계약서에 명시되어 있습니다. 납기일을 잘 지키는지가 사업 생존의 필수 요소입니다. 일부 제품은 고객의 선택에 따라 생존이 결정됩니다. 대부분 신제품의 출시 시점이 가치를 좌우합니다. 납기 역시 관점에 따라서 다르게 해석될 수 있습니다. 다시 말해 QCD의 본질을 바라보는 안목이 기업 경쟁력을 결정합니다.

요즘 MZ세대가 새롭게 창업하는 비즈니스도 본질적으로는 다를 것이 없습니다. 솔루션 수출업체인 굿먼데이를 창업한 송승훈 대표는 캐나다에서 고교 시절을 보내는 동안 농구부 활동을 했다고 합니다. 그는 시합 도중 격렬한 몸싸움을 벌이면서 크고 작은 부상에 자주 시달렸고 항상 진통제를 달고 살았습니다. 잦은 부상을 경험한 그는 늘 근본적인 치료 방법이 무엇일지 고민했습니다. 한번은 물리치료를 위해 클리닉을 방문했는데 의사나 물리치료사들이 페인 포인트(pain point, 통점)을 찾아 짚어주는 것을 인상적으로 지켜봤다고 합니다. 물리치료라는 공통분모를 발견한 그는 한의사와 물리치료사 면허를 취득해 개원을 했습니다.

하지만 송 대표의 병원은 환자들이 많이 찾지 않아 경영 상태가 엉망이었습니다. 그는 고객의 패턴을 분석하는 데 집중했습니다. 모든 사고방식을 고객지향적으로 바꾼 것입니다. 그런데 송 대표는 환자들이 비용, 시간, 노력이 든다는 점에 부담을 느낀다는 사실을 발견했습니다. 3년의 고생 끝에 환자들이 '더 낫고(better)', '더 싸며(cheaper)', '더 빠르고(faster)', '수고하지 않는(effortlessly)' 서비스를 바란다는 결론을 얻은 것입니다. 그가 찾은 결론 또한 본질적으로 QCD의 관점에서 바라본 것입니다. 이처럼 품질, 가격, 납기라는 기본 개념은 시대를 넘어 경쟁의 근원인 셈입니다.

이후 송 대표는 환자들이 집에서 간편하게 치료를 받을 수 있는 제품을 찾았습니다. 그 과정에서 QCD를 만족시키는 제품이 시장에 없다는 점에 주목했습니다. 이후 그는 직접 제품 개발과 판매에 나섰고, 굿먼데이를 창업하기에 이르렀습니다. 환자에게 도움이 되는 제품을 개발해 판매하면서 축적한 노하우로 현재 다양한 업체의 수출 파트너로 거듭났다고 합니다.

나는 우리 회사 모든 부서에서 QCD의 본질을 발견하기를 바랐습니다. 경영의 구심점을 만들기 위해 부단히 노력했습니다. 제품 개발 부서는 QCD가 중요합니다. 좋은 제품을 저렴하게 판매하면서도 적기에 연구개발을 마쳐야 합니다. 제품 개발 전략의 핵심입니다.

생산 부서도 마찬가지입니다. QCD가 핵심입니다. 질 좋은 제품을 양산하되 가격을 생각해야 합니다. 문제가 없는 제품을 한 번에 만들어야만 원가를 낮출 수 있습니다. 더불어 생산 계획에 차질이 없도록 설비를 운영해 양산 체계를 유지해야 합니다. 당연히 QCD 관점의 사고방식이 매우 중요한 곳입니다.

판매 부서 역시 QCD가 핵심입니다. 좋은 품질의 제품이 고객에게 전달되어야 합니다. 경쟁사 대비 유리한 가격대를 유지하면서 고객들이 적기에 구매해 사용할 수 있도록 도와주어야 합니다.

QCD 경영은 각 요소의 균형을 유지하는 것이 필수입니다. 모두 중요한 요소지만 상대적 균형의 수준을 유지하는 방식에 따라 제품의 가치가 결정되고 고객만족도를 좌우합니다. 우리 일상에서 일어나는 아주 간단한 이치를 통해 이를 확인할 수 있습니다. 배가 매우 고픈 상황에서는 D(납기)가 최고입니다. 라면 한 그릇일지라도 적기에 제공되면 산해진미보다 맛있습니다. 의사결정이 중요한 순간에는 데이터의 Q(품질)가 결정적입니다. 사람의 뇌도 최상의 상태를 유지하기 위해 단단한 두개골에 감싸져 있는 것입니다. 생존의 원천이라 할 수 있습니다. 경쟁이 치열할수록 C(가격)의 경쟁력이 시장의 반응을 이끌어냅니다. 고객 입장에서는 절약한 비용만큼 또 다른 선택 기회를 얻기 때문입니다. 따라서 QCD 경영의 묘미는 세 가지 요소 간의 균형을 찾는 일입니다.

점점 더 파격적으로 변화하는 시장 상황에 대응하기 위해 기업들은

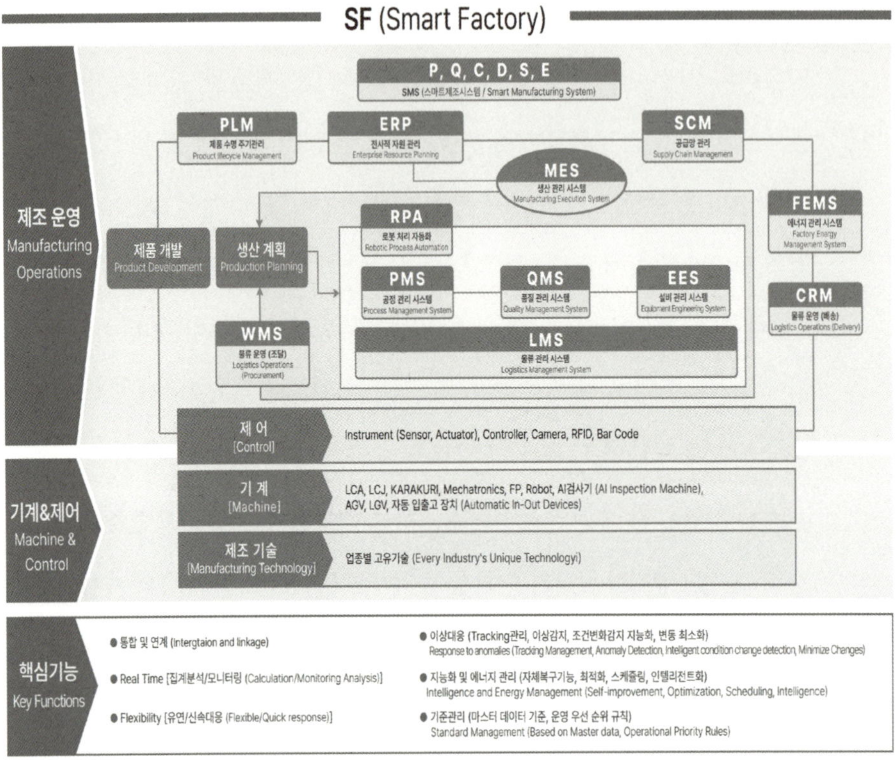

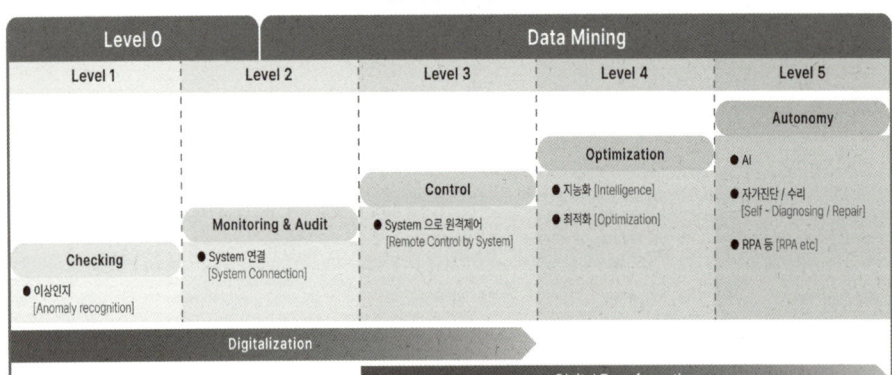

| 한영글로벌매뉴팩처링시스템(Hanyoung Global Manufacturing System) 개념도 |

AI를 도입해 기획, 설계, 생산, 영업, 고객 관리 등에 활용하고 QCD의 균형을 찾고자 합니다. 실제 기업 현장에서는 더욱 다양한 일들이 벌어지겠지만, 나의 판단으로는 QCD의 균형을 조정하는 일이 가장 중요하다고 봅니다. 한영넉스는 시대적 변화에 대응하기 위해 AI 연구소로 기능을 확대 개편하고, 인력과 인프라를 확충하고 있습니다. 품질 경쟁력을 기반으로 가격 경쟁력까지 획기적으로 향상시킬 수 있는 글로벌 아웃소싱 시스템인 한영글로벌매뉴팩처링시스템(Hanyoung Global Manufacturing System)을 갖추어 나아가고 있습니다.

QCD 균형을 측정하는 센서로는 반복 구매율을 추천합니다. 고객이 제품을 재구매한다면 종합적인 경쟁력을 갖췄다고 판단할 수 있기 때문입니다. 만약 고객이 이탈했다면 경쟁사 대비 종합적인 균형에서 밀린 것입니다. 고객은 우선 가격에 민감하게 반응합니다. 그러나 품질과 납기, 즉 서비스를 완벽하게 제공하면 완충 효과를 볼 수 있습니다. 이탈 징후가 보이는 고객의 요구에 맞춰 기업의 QCD 수준을 조정하면서 대응해야 합니다. 산출 지표(고객 재구매율)를 정밀 분석해 투입 지표(QCD)를 재조정해야 합니다.

♦ Measure ×Analyze ×Innovate ♦

비즈니스 질문	센서	측정 방법	한영넉스의 사례
QCD의 균형은 어떻게 판단하는가?	QCD	고객 요구 사항 확인	반복 구매율을 직시한다.

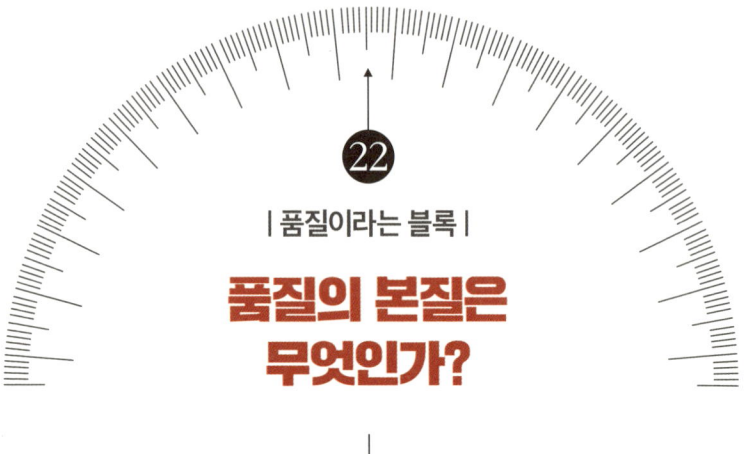

| 품질이라는 블록 |

품질의 본질은 무엇인가?

    품질은 한영넉스가 추구하는 최고의 가치입니다. 지난 50년간 회사의 대표로서 일하며 결코 타협하고 싶지 않았던 키워드입니다. 초기 몇 년간은 제대로 된 품질의 제품이 생산되지 않아 절반 이상을 폐기하기도 했습니다. 해외 공장의 근로자들이 모두 숙련공이 됐다고 생각했던 2007년에 이르러서야 만족할 만한 품질을 달성했다고 자신하게 됐습니다. 창업 이후 30년 만의 일이니 참 오래 걸렸습니다. 품질이 그렇게 어렵고 무서운 친구입니다.

    품질이라는 상대 덕분에 나는 늘 외부의 목소리에 귀를 기울였습니다. 정부에서 새로운 품질 정책을 발표한다면 항상 나와 한영의 임직원이 경청하고 있다고 보면 됩니다. 품질은 늘 배우는 자세로 임해야 유지할 수 있는 일이니까요.

산업통상자원부, 국가기술표준원, 한국표준협회, 중소기업청 등과 같은 기관에서는 기업이 품질 경쟁력을 높일 수 있도록 정책적 활동을 지원합니다. 예컨대 한영넉스는 한국표준협회의 품질경쟁력우수기업에 꾸준히 선정되기 위해 노력했습니다. 포상이 중요한 것이 아닙니다. 그 과정을 통해 계속 배움이 이어져야 합니다.

품질 혁신, 고객 만족 등 학습 집중력을 끌어올릴 필요가 있다고 판단되면 항상 정부가 추진하는 영역에 참여했습니다. 그러한 결정이 모든 구성원에게 학습의 관점을 부각시키는 데 효과가 컸습니다. 저는 그것이 중요하다는 것은 알아도 세부적인 내용은 잘 알지 못합니다. 그러한 정부 정책을 이끈 전문가들이 제시한 지식과 방향은 회사의 발전을 위한 고견입니다. 배움의 가치가 극대화되는 계기를 만들어주곤 합니다.

ISO9000 품질경영시스템도 마찬가지입니다. 한영넉스는 사업 초기에 독일 TUV 라인란드(Rheinland)로부터 국제품질인증을 받았습니다. 실제 외국인들이 회사에 와서 품질을 점검하고 시스템 정착을 확인하는 비싼 과정을 거쳤습니다. 중소기업 구성원에게는 자부심을 심어줄 수 있는 일입니다. 품질에 국경은 없습니다. 사업 초기부터 일본 제품과 품질 격차를 좁히는 것이 한영넉스의 전략 목표였습니다. 글로벌 기준을 가장 먼저 갖추려는 노력은 사업에서 기본으로 고려해야 할 이슈입니다.

한영넉스는 ISO9001에 기반한 품질 목표 설정 등의 품질경영시스템 요구 사항, ISO9004에 기반한 경영 방식의 품질경영 접근법 등 ISO9000 시리즈는 물론 ISO10001 품질경영을 기반으로 고객 만족에 필요한 조직의 실행 규범 지침 등을 기본 경영 방침으로 삼고 있습니다. 품질의 시작은 실행입니다. 행동하지 않고서는 품질을 얘기할 수 없습니다.

중소기업으로서 모든 것을 잘할 수는 없지만, 생산 제품, 직원, 기업 상황 등의 특성을 고려해 우리 기업에 필요한 핵심 사항을 선정하고 단순화해야 합니다. 품질 경쟁력은 원자재 구매 관리, 설계 생산, 시험 검사 인증, 교육 훈련, 고객 인도 및 서비스 등 전 과정에 걸쳐 계획-실행-검토-조치, 즉 PDCA 사이클을 모든 업무에 적용해야 갖출 수 있다고 생각합니다. 이것이 품질 유지와 경쟁력의 본질입니다. 한영넉스는 설계에 적합한 원자재의 안정적 공급, 교육을 통해 숙련된 역량 있는 직원이 실시하는 생산 현장 관리와 시험 검사, 제품 출고 후 공급망 관리를 통해 고객에게 질 좋은 서비스를 즉시 제공하는 것을 경영 방침으로 삼아 운영해오고 있습니다.

이처럼 설계에서부터 제조 서비스까지의 전 과정을 ISO9000이라는 시스템에 의해 구축했습니다. 하지만 결국 시스템을 사용하고 관리하는 것은 직원입니다. 사람이 곧 품질입니다. 한영넉스는 전 직원이 곧 품질 관리 요원이라는 인식 아래에서 일하도록 노력했습니다.

또한 모든 부서장이 한국표준협회에서 주관하는 1개월 합숙 코스를 통해 품질 의식 교육을 수료했습니다.

한영넉스에서는 아침 일과 시작 전에 사내 방송을 통해 전 직원이 아침 체조를 실시합니다. 고전적인 방식이지만 가정과 일을 분리하는 첫 조치입니다. 자신이 직장에 왔음을 몸에 알려주는 것이죠. 건강 관리를 중시하라는 작은 교훈의 의미도 있습니다. 체조 후에는 전날 발생한 불량 통계를 발표하곤 했습니다. 모든 구성원에게 품질 최우선 경영을 공유하려는 의도입니다. 그만큼 품질은 기업 경영의 모든 곳에서 중심이 되어 마땅합니다.

품질이라는 블록의 센서는 불량률, 고장률이나 수율입니다. 그러나 이러한 실패 비용을 거론하는 단계에서는 때늦은 조치밖에 할 수 없습니다. 그보다는 예방 단계에서 센서가 작동할 수 있도록 운영해야 합니다. 품질 관리가 치열한 반도체나 전자기기 부품 회사들은 부품의 합격 여부 판정은 물론 생산 공정의 편차, 즉 공정능력지수(Cpk)를 제출해야 합니다. 만약 제품이 모듈화되어 있으면 관리 수준을 더 까다롭게 높입니다. 다양한 상황에서 작동해야 하니까요. 따라서 품질 센서는 입고의 편차 수준으로 측정해야 합니다.

운동선수들이 연습 과정에서 근력, 주력, 컨디션 등으로 나눠 관리하는 것과 비슷합니다. 그 정도는 관리를 해야 과학적 스포츠라고 할 수 있습니다. 회사도 마찬가지입니다. 디지털 시대에 걸맞게 원부자재의 입고와 당사 기술 수준으로 품질을 예측할 수 있어야 합니다. 그러면 수율이 낮아도 생산에 차질이 없습니다. 품질을 확인하면서 생산을 진행하는 상태를 만들어야 합니다.

품질이라는 블록의 원천적 센서는 원부자재의 편차와 근로자의 기술 편차입니다. 기술력을 갖춘 작업자는 생산 실적이 꾸준합니다. 컨디션과 원부자재 대응력에서 일관성을 유지하는 노하우를 몸에 익혔기 때문입니다. 결국 생산에 참여하는 사람과 자재의 편차를 관리해야 품질을 확보할 수 있습니다.

♦ Measure ×Analyze ×Innovate ♦

비즈니스 질문	센서	측정 방법	한영넉스의 사례
품질은 어떻게 확보하는가?	품질	작업자의 생산 실적, 원부자재의 수율	작업자의 기술력 편차를 관리한다.

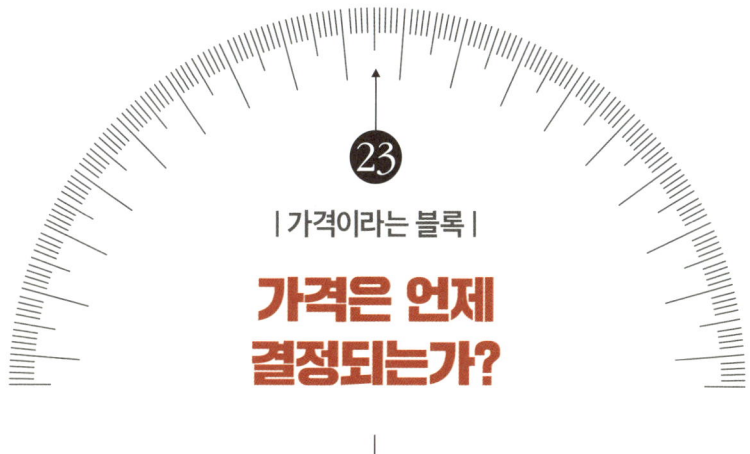

| 가격이라는 블록 |

가격은 언제 결정되는가?

　가격 경쟁력은 인건비, 생산비, 시장 가격과 상황, 경쟁, 브랜드, 품질 등의 영향을 받습니다. 그중 가장 큰 비용을 지출하는 인건비 부문에 대한 발상의 전환 없이는 가격 경쟁력에 한계가 있습니다. 글로벌 아웃소싱에서도 관세 등을 고려해 자유무역협정 국가를 상대로 하는 것이 가장 유리합니다. 물론 생산성과 품질 유지를 전제로 했을 경우에 해당합니다. 생산 현지화에 따른 지속적인 교육, 현지 문화에 적합한 직장 분위기 조성과 정착 등도 가격에 영향을 미치는 요소들입니다.

　품질 유지가 기업 성장의 으뜸이라면 좋은 가격을 유지하는 것은 기업 생존의 으뜸입니다. 경기가 어려워지면 기업들은 가격 조정부터 시도합니다. 기업 생존의 위협을 받을 때 나타나는 현상입니다. 고객은 언제나 가격 대비 제품의 가치를 따집니다. 기업 입장에서는 박리다매 전략을 쓸 수도 있고 프리미엄 전략으로 하이엔드 고객을 타깃으로 삼을 수도 있습니다. 제품의 가격 대비 가치의 상대적 차별화에 눈을 떠야 합니다.

프라이싱(pricing), 즉 가격 산정에는 크게 두 가지 방식이 있습니다. 하나는 생산 원가에 서비스와 마진 등을 더해 가격을 정하는 포워드 방식입니다. 생산자가 손실을 보지 않겠다는 접근 방식입니다. B2B 부품이나 제품들은 대부분 이러한 방식으로 가격이 결정됩니다. 다른 하나는 시뮬레이션을 통해 시장의 수요에 적합한 가격을 찾아 생산을 맞추는 백워드 방식입니다. 내용물은 똑같은데 포장만 요란한 상품을 떠올리면 이해하기 쉽습니다. 특히 화장품에 자주 사용되는 방식입니다. 제품의 가격이 포장 용기값인지 아니면 내용물 값인지 혼란스러울 정도죠. 국내 아파트 가격도 마찬가지입니다. 공급 원가를 공개하라는 압박에도 불구하고 분양사들은 용케도 시장 가격을 유지하고 있습니다. 희소성에 의해 백워드 방식이 허용되는 환경 덕분입니다.

한영넉스는 사업 초기에 운 좋게도 백워드 방식으로 가격을 산정할 수 있었습니다. 수입품을 국산화하는 리스크에 도전했기 때문입니다. 수입제품 대비 10퍼센트의 가격을 맞추려는 상황에서는 원가를 따질 수 없습니다. 그보다는 품질이나 성능이 우선입니다. QCD, 즉 품질, 가격, 납기의 우선순위가 정확히 순서대로 일치합니다. 백 워드 방식으로 가격 관리를 하려면 내부 생산 과정에서 가격 변동성을 최소화해야 합니다. 인건비, 생산비, 시설비, 자재비 등을 안정시켜야 시장을 선점할 수 있습니다. 한영넉스가 일괄 생산 체제를 구축하려고 노력했던 이유가 바로 여기에 있습니다.

생산 현지화 전략은 부품별로 진행되지 않습니다. 한영넉스는 금형 설계, 도금 공정 등을 포함하는 생산의 전 과정을 현지에서 추진하는 일괄 작업 공정 시스템 정착에 도전하고 있습니다. 일괄 작업 공정 시스템의 장점은 공정 전체를 한눈에 볼 수 있다는 것입니다. 한영넉스는 여러 가지 부품을 조립해 계측 및 제어기기를 만드는 회사인 만큼 부품 간의 인터페이스 최적화를 중요하게 생각합니다. 부품 간 상호작용(interaction)을 신경 쓸수록 품질도 좋아집니다. 인터페이스 관리를 통한 품질 확보가 가격 경쟁력 확보를 위한 지름길인 셈입니다.

만약 일괄 시스템이 아니면 어떻게 될까요. 여러 곳에서 제작된 부품들이 제3의 장소에서 조립된다면 인터페이스는 그만큼 약해집니다. 문제를 발견해 해결하는 데도 시간과 비용이 발생합니다. 그래서 요즘 제조업에서는 모듈화가 유행입니다. 모듈화를 이루면 유연성은 다소 떨어져도 품질과 인터페이스를 유리하게 확보할 수 있습니다. 현지 생산 시스템의 일괄 체계도 일종의 생산 모듈화로 볼 수 있습니다. 가격 경쟁력은 이러한 생산 체계의 불확실성 최소화를 통해 확보할 수 있습니다.

인도네시아 사업장은 한영넉스에게 축복과도 같은 존재입니다. 우리가 가격 경쟁력을 유지할 수 있는 대표적인 비결입니다. 한영넉스는 8,000여 개의 제품을 생산하고 판매하는 회사입니다. 자동화를 꾀한다고 해도 한계가 있을 수밖에 없습니다. 그만큼 손이 많이 간다는 의미입니다. 인도네시아 사업장 덕분에 인천 공장에서 생산한 제품과 동등한 수준의 품질을 가진 제품을 생산하면서도 인건비 같은 비용을 획기적으로 줄여 가격 경쟁 우위를 확보할 수 있었습니다. 가격 경쟁력은 고객 확보로 이어지며 지속 성장할 수 있는 발판을 마련해줬습니다. 인건비가 낮은 국가에서 생산 체계를 확보함으로써 가격 경쟁력을 갖추는 것이 차별화의 포인트입니다. QCD의 C를 해결하는 기본입니다. 물론 나머지 Q와 D를 관리하는 노하우를 담보해야 합니다.

나는 인천뿐만 아니라 인도네시아 집무실에도 항상 글로벌 경영 상황을 모니터링할 수 있는 현황판들을 준비해뒀습니다. 현장 상황을 실시간으로 공유함으로써 품질과 생산성 동질화에 기여하는 수단입니다. Q를 해결하려면 교육 훈련을 하고 정보를 공유해야 합니다. 반면 D를 해결하려면 안정적인 원자재 공급망 유지 및 추가 확보 등과 같은 전략을 활용해야 합니다. 예기치 못한 상황이 발생하지 않도록, 혹은 그러한 상황이 발생해도 빠르게 회복 혹은 대응할 수 있는 예방 관리가 필수입니다.

경영자에게는 기회를 연결하는 책임도 있습니다. 회사 운영에 필요한 각종 자원의 소스를 미리 알아뒀다가 유사 시 연결할 수 있도록 좌우를 두리번거려야 합니다. 축구로 치면 일종의 링커가 가진 역할과 비슷합니다. 가격 경쟁력을 위한 글로벌 현지 생산 체계에서는 더욱 중요한 역량입니다.

가격이라는 블록의 센서는 설계, 조달, 생산 시스템의 독자성입니다. 외부에 대한 의존도가 높을수록 가격의 변동성이 높을 수밖에 없습니다. 도시에서 떨어진 식당일지라도 야채를 자체적으로 조달해서 쓰면 가격 스트레스가 적습니다. 유기농으로 직접 재배한 싱싱한 채소라는 장점 이외에도 야채값이 치솟는 시점에 이런 가게를 가면 마음이 편합니다. 시장의 원리가 비슷합니다. 가격의 센서는 내부 기능의 독자성이 핵심입니다. 당연히 기술이나 마케팅 로열티 등에서도 자유로워야 합니다. 우리가 특허 등록 운동을 한 것도 기술 문제를 해결하기 위한 목적이 컸지만, 본질적으로 가격과 연동되어 있습니다. 그만큼 가격은 비즈니스 생태계에 대한 종속성이 높을수록 통제하기 어려운 분야입니다.

◆ Measure ×Analyze ×Innovate ◆

비즈니스 질문	센서	측정 방법	한영넉스의 사례
가격은 어떻게 관리해야 하는가?	가격	설계, 생산, 조달의 독자성	일괄 생산 체계의 완성도에 주목한다.

| 인도라는 블록 |

딜리버리의 핵심은 무엇인가?

인도, 즉 딜리버리(delivery)는 일반적으로 연쇄 효과(chain reaction)가 발생하는 영역입니다. 사업 초기에는 품질이 많이 부족한 상황이었습니다. 가격이 정해지고 품질이 부족한 상황에서 당연히 딜리버리는 젊은 나에게 강점이었습니다. 품질이 다소 부족해도 한영의 딜리버리에 만족하며 신뢰를 가지고 멀리 내다본 고객들 덕분입니다. 제품의 고객 인도는 전 단계인 생산 일정에 차질이 없어야 가능한 일입니다. 사업을 해본 사람이라면 납기를 지키기 위해 밤새워 일한 경험을 누구나 갖고 있을 것입니다.

한영넉스는 업계에서 납기를 철저히 준수하기로 유명합니다. QCD

의 확장모델인 QCDS에서 S는 서비스(service)를 의미합니다. 우리의 D는 S를 포함하는 개념입니다. 특히 대리점을 오픈해 딜리버리 연결 구조를 적정하게 관리하고 있습니다. 제품 인도, 설치, 사후 관리 등에서 글로벌 기업과 비교해도 손색없는 경쟁 우위를 점하고 있다고 자부합니다.

우리 회사는 현장의 상황을 파악해야 하는 곳이면 발 빠르게 소통이 가능하도록 화상 화면을 마련해뒀습니다. 딜리버리는 기본적으로 PDCA, 즉 계획-실행-체크-조치의 관리 사이클 개념에 맞춰 생산 계획을 세우고 생산을 마무리짓는 과정에 해당합니다. 이를 위해 해외 공장에서도 실시간 현장 피드백을 주고받을 수 있도록 소통하고 있습니다.

소프트뱅크의 손정의 회장이 PDCA를 잘 이용하는 대표적인 사업가입니다. 그의 비서로 활동했던 미키 다케노부는 PDCA를 세분화한 고속 PDCA를 소개한 바 있습니다. 소프트뱅크의 베스트 프랙티스라고 합니다.

1단계(P): 큰 목표를 세운다(주 단위, 월 단위 등).
2단계(P): 작은 목표를 세운다(일 단위가 원칙).
3단계(D): 목표 달성을 위해 효과적인 방법의 목록을 작성한다.
4단계(D): 기간을 정하고 모든 방법을 동시에 시험해본다.
5단계(C): 날마다 목표와 결과의 차이를 검증한다.

6단계(A): 검증 결과를 바탕으로 매일 개선한다.

7단계(A): 가장 우수한 방법이 무엇인지 밝혀낸다.

8단계(A): 가장 우수한 방법을 갈고닦아 더욱 발전시킨다.

한영넉스에서 활용하는 PDCA는 6단계에 초점이 맞춰져 있습니다. 1단계와 2단계는 통합해 운영하고 있습니다. 다소 일본식이라는 생각이 들지만 작은 목표 세우기, 실행 목록 만들기, 동시에 시험하기, 차이를 검증하기, 그리고 매일 개선하기 등과 같은 마이크로 관리에도 배울 점이 많습니다. 7단계와 8단계 역시 드러나지는 않아도 직원들에게 체질화된 이슈들입니다. 사소한 개선 이슈들을 정리하고 나면 보다 큰 관점에서 우수 사례를 정리하고 경영에 반영하고 있습니다. 우리의 체질에 익숙한 피드백 시스템이 글로벌 초일류 기업의 관리 시스템과 별반 차이가 없다는 점에서 나름 자부심을 느끼고 있습니다.

고속 PDCA의 핵심은 자원의 80퍼센트를 4-5-6단계, 즉 D-C단계에 투입한다는 점입니다. 소프트뱅크에서는 자원과 노력의 20퍼센트와 80퍼센트를 각각 방향 설정과 실행 및 분석에 투입하면서 미래를 향해 나아간다고 합니다. 방향 설정보다는 현장 개선에 네 배 정도는 자원을 집중하는 것입니다.*

---

* 미키 다케노부, 《초고속성장의 조건 PDCA》, 김정환 옮김, 청림출판, 2018. 91~111페이지.

딜리버리라는 블록의 센서는 속도의 민첩성과 정확성일 것입니다. 소프트뱅크를 생각하면 피드백에 투입되는 노력이 좋은 척도인 셈입니다. 생산과 납기 일정에 소홀함이 없도록 분석과 개선에 초점을 맞춰야 합니다. 바로 납기 일정의 목표 대비 현재 수준으로 딜리버리의 경쟁력을 확보할 수 있습니다.

♦ Measure ×Analyze ×Innovate ♦

비즈니스 질문	센서	측정 방법	한영넉스의 사례
딜리버리의 경쟁력 원천은 무엇인가?	인도	속도의 목표	현장 피드백 속도를 측정한다.

| 혁신이라는 블록 |

혁신은 누구에게 필요한가?

    혁신과 스피드의 상징인 글로벌 기업 구글의 혁신팀은 개발자, 시험평가자, 사용자 등이 한 팀으로 움직입니다. 설계, 개발, 시험, 고객 피드백을 모두 실시간으로 공유하면서 미래를 선도하고 있습니다. 한영넉스도 하드웨어와 소프트웨어 융합 제품이 증가하는 4차 산업혁명 시대에 발맞춰 변화를 준비하고 있습니다. 무엇보다 QCD를 달성하기 위한 일에 직원 모두가 전략팀의 일원으로서 계획-실행-체크-조치 등의 전 과정에 동참해야 합니다. 또한 전략과 사고방식을 공유하는 자세를 갖춰야 합니다. 즉, QCD를 동시에 고려할 수 있는 관점에서 조직을 운영하는 것을 목표로 생각하고 있습니다.

과거에는 혁신을 위해 모든 구성원이 자신의 업무 이외에 별도로 노력하는 전사적인 활동에 초점을 맞췄습니다. TQC(Total Quality Control) 개념에서는 전원 참여와 방침 관리 등의 고전적인 수법을 강조했습니다. 카이젠(Kaizen, 개선)의 개념에서는 끊임없이 주인의식을 갖춰야 한다고 주문합니다. 고객 만족 경영의 개념에서는 서비스 부문에서의 고객 가치 창출을 강조했습니다. BPR(Business Process Reengineering)의 개념에서는 프로세스 혁신을 주도하는 한편, 식스 시그마는 데이터와 통계적 사고에 근거한 분석을 중시합니다. 혁신 개념도 계속 새롭게 등장하고 있어서 무심코 대응하기에는 신경 쓰이는 부분이 있습니다.

나는 혁신을 위해 목표가 가장 중요하다고 생각합니다. 목표 관리가 혁신의 50퍼센트를 차지한다고 봅니다. 목표가 없는 싸움은 두 눈 감고 싸우는 것과 같습니다. 반대로 목표를 정확하게 세우면 절반은 이기고 들어가는 싸움과 같습니다. 시작이 반이라는 말이 있습니다. 여기서 시작이라는 말도 목표를 정했다는 것을 의미합니다.

영어로 혁신은 이노베이션(In-NOVA-ation)입니다. 'NOVA'는 새로움(new)을 의미합니다. 기존의 업무를 수행하면서 새롭게 해보라는 뜻이니 얼마나 어려운 주문입니까. 만약 목표마저 모호하면 사람들은 정말 혼란스러울 것입니다. 그만큼 혁신의 목표를 명확하게 밝히는 것이 중요합니다.

혁신 목표의 좋은 사례를 마이크로소프트의 행보에서 찾을 수 있습니다. 빌 게이츠는 창업 초반에 모든 가정의 책상에 PC를 두게 하자는 미션을 생각했습니다. 소프트웨어를 혁신해 모든 일반 사람들이 가정에서 컴퓨터를 사용하는 시대를 열겠다는 각오였습니다. 그가 제시한 혁신 비전은 달성됐고 지금은 전 세계인 상당수가 컴퓨터를 손에 들고 살고 있습니다. 이제는 PC가 아닌 스마트폰이 일상의 필수품이 됐습니다.

한때 마이크로소프트는 시가총액 1위라는 기염을 토했지만, 잠시 애플에 밀려나기도 했습니다. 마이크로소프트의 재도약을 위해 2014년 사티아 나델라가 CEO 자리에 올랐습니다. 그는 고정관념에 발 묶이고 자만심에 싸여 도전하지 않는 문화가 문제라고 진단했습니다. 또한 지구상 모든 사람과 조직이 더 많이 성취하도록 힘을 주는 것을 새로운 미션으로 정했습니다. 무엇보다 조직 문화를 재조정하는 데 초점을 맞춰 혁신을 추진했습니다. 이처럼 거대한 글로벌 기업도 끊임없이 변화하고자 합니다. 그 결과 마이크로소프트는 전 세계 시가총액 1위 기업이라는 명성을 되찾았습니다.

임병훈 이노비즈협회(중소기업기술혁신협회) 회장은 4차 산업혁명을 가치전달 혁명이라고 말합니다. 소비자들이 주도한 새로운 혁신 환경이 펼쳐질 것이라고도 예측합니다. AI 스마트팩토리 구축 전문기업인 델스타홈멜 창업자이기도 한 임 대표의 혁신 철학은 경쟁력의 본질에 초점을 맞추고 있습니다. 모든 것이 불확실하므로 변화하지 않을 수 있는 비스니스에 초점을 맞추라고 강조합니다.

그가 절대 변하지 않는 것으로 꼽은 것이 바로 QCD에 대한 인간의 노력입니다. 시간과 장소에 상관없이 고객에게 전달되는 궁극적인 가치가 바로 QCD라는 말입니다. AI, 5G, 로봇, 메타버스 등 오늘날 활용되기 시작한 모든 첨단 기술은 비즈니스의 수단이지 목적은 아닙니다. 이러한 기술들은 한동안 QCD 혁신에 매력적인 방법론으로 쓰일 것입니다.

한영넉스도 QCD에 중심을 둔 혁신을 추진하고 있습니다. 품질 경쟁력 우수기업을 유지하는 것과 품질경영시스템 구축과 같은 기본을 충실히 다졌습니다. ERP와 같이 자원관리시스템도 빠르게 도입해 원가 절감은 물론 효율적 자원 활용에 박차를 가했습니다. 특히 임직원 개인의 역량에 중점을 뒀습니다.

혁신의 기본은 경영 시스템과 인력의 전문성을 높이는 것으로 귀결됩니다. 개인 차원에서 업무 태도와 역량을 동시에 갖추는 것과 같습니다. 중소기업은 유행하는 각종 혁신 개념을 바탕으로 기본 시스템을 단단히 구축하면서 구성원의 전문성과 역량 관리를 강화하는 전략으로 접근해야 한다고 생각됩니다. 특히 한영넉스처럼 기술 중심의 사업 환경에서는 화려한 개념보다 안정적인 방식을 도입해 불확실성을 낮추는 것이 바람직합니다.

혁신이라는 블록의 센서는 임직원의 자기 계발에 대한 의욕입니다. 자신의 역량 개발에 아무런 동기부여가 없다면 혁신 분위기는 저조할 수밖에 없습니다. 반대로 새로운 기술과 방식에 관심이 높다면 매우 고무적인 일입니다. 그러한 학습조직을 만들기 위해 사내 학습 환경 조성, 벤치마킹 활성화, 국제 전시회 참여 등을 적극적으로 지원했습니다. 혁신은 결국 구성원 각자의 학습 의욕이 본질입니다.

♦ Measure ×Analyze ×Innovate ♦

비즈니스 질문	센서	측정 방법	한영넉스의 사례
QCD와 혁신의 연결고리는 무엇인가?	혁신	자기계발의 의욕	자신의 역량을 혁신한다.

6장

협력사
우리 회사의 얼굴

Partners should feel the same feeling at least one time.
파트너는 최소 한 번은 같은 마음이어야 한다.

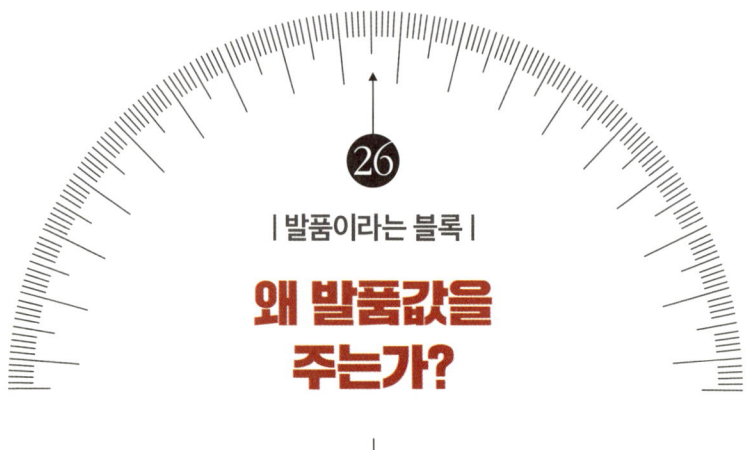

| 발품이라는 블록 |

왜 발품값을 주는가?

창업 후 25년이 지난 시점, 나는 1년 중 절반을 해외에서 뛸 정도로 바쁜 시기를 보냈습니다. 막 50세로 접어든 시기여서 경력으로나 체력적으로나 많은 도전 과제들이 눈에 들어왔습니다. 당시 한영넉스는 산업용 제어기기에 사용되는 온도계 분야에서 내수의 70퍼센트를 점유할 만큼 최고의 기술력을 인정받고 있었습니다.

"가격 경쟁이 치열한 산업용 기기 시장에서 로열티까지 지불하면서 해외 기술을 빌려올 생각은 없습니다."

바로 그 시기에 언론 인터뷰를 하면서 해외 기술을 따라잡을 수 있다는 자신감을 과감히 드러냈습니다. 발품을 파는 생활 습관이 있기에 그런 자신감을 가질 수 있었습니다. 언론에서도 인터뷰 제목을 "발로 뛰는 경영"으로 뽑을 정도였습니다. 해외 바이어와 만나 수출 계약을 맺는 통상적인 일뿐만 아니라 선진 업체에서 신기술을 벤치마킹하는 노력을 소홀히 할 수 없었기 때문입니다. 판촉, 영업 등의 전 과정에서도 공짜로 얻을 수 있는 것은 아무것도 없습니다.

한번은 부산 대리점에서 연구소로 전화를 걸어왔습니다. 신발 공장에 들어가는 온도 컨트롤러의 열부하 램프가 자주 깜빡거려 작업자들이 눈의 피로도를 호소한다는 내용이었습니다. 대리점의 담당자는 램프의 깜빡거림을 해결해주고 밝기의 수준도 서서히 조절할 수 있도록 해달라고 요청했습니다. 해당 열부하 램프는 일본 선도기업의 제품이었지만 우리는 차제에 아예 국산으로 제작해 대체하자고 작심했습니다.

그날부터 바로 할로겐램프를 구매해 시험 세트를 긴급 제작하고 시험에 들어갔습니다. 꼬박 이틀 밤낮을 투입하고서 만족할 만한 결과를 얻은 후 제품을 부산 공장에 내려보냈습니다. 결과는 대성공이었습니다. 비싼 외국산 제품을 대신해 국산화에 성공한 대표적인 사례입니다. 해당 제품은 말 그대로 발품을 팔아 만든 제품으로 지금까지도 공급하고 있습니다.

하지만 좋은 날이 있으면 나쁜 날도 있는 법입니다. 남의 기술을 손쉽게 모방하려다가 혼쭐이 났던 사례도 있습니다. 한영 제품 중 아날로그 타점식 온도기록 장치인 NR100 제품은 독일 회사의 프린트 헤드 제품을 공급받아 벤치마킹해 자체 설계 및 제작한 제품입니다.

NR100의 하드웨어와 소프트웨어 제작은 손쉽게 진행됐습니다. 하지만 작동 메커니즘에 숨어 있는 많은 노하우를 세밀하게 알지 못했습니다. 특히 온도에는 변화가 없는데 측정기가 변동하는 현상인 온도 드리프트가 발생할 수 있음을 미처 알지 못했습니다. 제아무리 노력해도 실마리가 보이지 않았습니다. 로열티를 내지 않고서는 문제해결 방도를 알 수 없어서 결국 단종을 결정했습니다.

하지만 NR100의 단종은 단순히 실패로 끝나진 않았습니다. 오랜 시행착오 끝에 우리가 강점을 가진 기술을 적용하는 것으로 방향을 선회했습니다. 그리고 오랜 시간 발품을 팔아 당시로서는 혁신적인 GR200 제품을 탄생시켰습니다.

지성이면 감천이라고 했습니다. 모든 일은 발품값을 합니다. 반대로 생각하면 어떤 분야에서든 발품값이 필요하다고 생각해야 합니다. 귀인이나 소중한 기회는 모두 그런 과정을 거쳐야 얻을 수 있습니다. 나는 영업 사원들에게 방문을 요청하는 고객만 찾아가면 안 된다고 주문합니다. 또 고객의 방문 요청이 없어도 방문할 명분을 만들어 찾아가야 하고, 그만 와도 된다는 말을 들어도 목적을 이룰 때까지 또 찾아가야 한다고 말합니다. 모든 비즈니스는 고객 접점에 의해 결정되기 때문입니다. 고객이 우리 제품에 부여하는 가치가 곧 우리 회사의 경쟁력입니다. 영업 사원이라면 역효과가 나지 않는 한 고객을 찾아다니는 발품을 멈춰서는 안 됩니다.

나는 협력업체와의 소통을 중시합니다. 봄·가을이면 협력업체 대표나 임원들과 함께 가까운 곳에서 산행을 하거나 식사를 하면서 감사의 마음을 전합니다. 평소 그분들이 우리를 대신해 발품을 팔기 때문입니다. 협력업체가 없으면 우리 제품도 없고, 협력업체의 품질이 곧 우리 제품의 품질이라고 늘 강조합니다. 그분들이 노력한 만큼 우리의 사업이 수월해집니다.

인간관계의 원리를 보면 모든 부서의 접점이 고객을 만나는 것과 유사합니다. 고객의 고객이 연결되어 일종의 도미노, 혹은 연쇄 반응의 효과를 일으키기 때문입니다. 한영넉스 직원의 발품이 집중되어야 하는 곳은 맡은 역할에 따라서 다릅니다. 한 가지 확실한 공통점은 발품을 팔아야만 접점의 가치가 우리 회사를 향해 모인다는 점입니다.

발품이라는 블록의 센서는 가치로 판단됩니다. 고객이나 현장 방문 횟수가 중요한 것이 아닙니다. 정성을 얼마나 가치 있게 전달하는지에 따라 결정됩니다. 늘 '다음(next)'이라는 말을 조심해야 합니다. 자신 앞에 주어진 순간에 정성을 다하는 습관이 몸에 체질화되어야 할 것입니다.

♦ Measure ×Analyze ×Innovate ♦

비즈니스 질문	센서	측정 방법	한영넉스의 사례
협력사를 어떻게 대해야 하는가?	발품	발품의 가치	정성을 다하는 자세로 만난다.

| 신용이라는 블록 |

신용은 어떻게 두터워지는가?

한영넉스가 생산하는 제어계측기기는 산업 자동화 현장에 필수 제품입니다. 주로 후방 산업으로부터 각종 부품을 공급받아 제품을 생산하고 전방 산업인 기계 및 자동화 설비 제작사에 공급하는 B2B 방식으로 거래됩니다. 즉, 한영의 제어계측기기는 단독으로 작동하는 것이 아니라 기계 및 자동화 설비 제작사와 조합됐을 때 기능을 발휘하는 중간재 부품의 성격을 띠고 있습니다. 기계 및 자동화 설비는 최종 사용자인 기업이 속한 업종이나 생산하는 제품에 따라 기능이 세분화됩니다. 또한 최종 사용자가 희망하는 각양각색의 요구 조건을 만족시키는 제품을 적기에 공급할 수 있어야 합니다.

제어계측기기에 표시된 측정치는 산업 현장에서 사용하는 척도의 기준점이 됩니다. 제품의 품질 향상, 생산 공정의 개선뿐만 아니라 현장에서 근무하는 작업자의 안전에도 영향을 미칠 만큼 중요한 요소입니다. 고객의 입장에서는 반드시 믿을 만한 제품을 써야 합니다.

국내 제품의 품질이 취약했던 1970년대에는 일본 제품이 10배나 비쌌지만 인기를 끌었습니다. 단순히 가격의 문제가 아니라 제품의 품질과 신뢰성이 매우 중요하기 때문입니다. 계측기 품질의 수준이 곧 우리가 생산하는 제품이나 회사에 대한 신뢰를 결정하는 구조였습니다.

제조 현장에서는 계측기가 조금의 오작동이라도 일으키면 생산라인을 정지시키거나 대량의 불량을 일으킬 정도로 치명적입니다. 고객이 불편이나 불만사항을 제기하면 만사를 제쳐두고 즉시 현장으로 달려가 문제를 해결해줘야 합니다.

일반적으로 대부분 회사는 공장의 보안과 안전상의 이유로 특별한 목적 없이 함부로 출입을 할 수 없습니다. 하지만 우리 회사의 제품이 설치된 생산 현장이라면 문제 발생 시 고객 요청에 따라 생산 현장을 방문해야 합니다. 이때 고객의 장비나 생산품 등의 기밀 정보를 본의 아니게 알게 됩니다. 생산 설비의 문제점은 주로 생산 시스템이 안정화되지 못한 시점에 발생합니다. 시제품 제작 시기나 양산 초기가 대표적입니다. 따라서 고객의 현장을 방문할 때는 기밀 정보가 경쟁사나 외부에 노출되지 않도록 조심해야 합니다. 현장 방문자는 물론 본사에 있는 관리자도 업무를 통해 취득한 정보를 보호해야 하는 윤리적 책임의식을 반드시 갖춰야 합니다.

한영넉스는 고객의 고객까지 책임지는 방식으로 고객과의 신뢰를 쌓고 있습니다. 기계 및 자동화 설비 제작사에서 우리 제품을 구매하므로 그들의 제품에 대해서는 잘 아는 편입니다. 그런데 간혹 그들로부터 생산 설비를 구입한 최종 사용자가 자동 제어의 특성 및 메커니즘을 몰라서 우리 회사에 문의를 하는 경우가 있습니다. 자연스럽게 고객의 고객까지 케어하는 경우입니다.

온도조절계가 대표적입니다. 한영넉스에서는 고객이 만족할 때까지 현장에서 온도 제어 특성을 맞춰줍니다. 조절계의 정상 작동을 확인하려면 온도가 안정되기까지 기다려야 하는데, 일반적으로 상당히 긴 시간이 소요됩니다. 이런 고객 지원 활동이 차곡차곡 쌓이면 고객에게 믿음을 주는 신뢰 관계를 구축하게 됩니다.

다른 예를 들어보겠습니다. 대구의 모 섬유업체에서는 모든 설비에 일본 제품을 사용하고 있었습니다. 하루는 그 회사가 우리에게 긴급 요청을 해왔습니다. 일제 온도 컨트롤러가 단종되어 급히 국산 대체품을 찾고 있다는 것이었습니다. 백방으로 수소문한 끝에 한영넉스 연구소장에게 알아보라는 추천을 받았다고 합니다.

우리 연구소장은 연구원을 데리고 대구의 현장을 방문했습니다. 현장에 도착한 즉시, 설비에 부착된 일본 제품의 통신 명령 데이터를 다운로드받아 연구소로 돌아왔습니다. 이후 밤샘 작업을 하며 우리 회사 제품으로 대체할 수 있는지를 연구했습니다. 며칠 후, 다시 대구 공장에 가서 일본 제품 두 대를 제거하고 우리 제품을 설치했습니다. 다행히 전혀 문제없이 작동이 됐습니다.

"와~! 이게 되네요. 국산이 일제와 똑같이 되네요."

흥분한 담당자는 자신에게 대리점을 하나 달라고 할 정도였답니다. 짧은 순간이지만 한영넉스는 그 섬유업체에게 좋은 신뢰를 쌓은 것입니다.

하지만 세상은 생각보다 복잡합니다. 긴급 요청에도 정상적으로 돌아가는 제품을 제작해줬으니 우리 회사 제품이 곧 납품될 거라 기대를 할 수 있을 겁니다. 그런데 현실은 그렇지 못했습니다. 사실 일본 제품이 단종된 것이 아니라 대리점 담당자가 가격을 올리기 위해 술수를 부린 것이었습니다. 단종될 것이라 속이고 가격이 좀 비싸더라도 여러 대를 미리 구매하도록 만들려는 수작이었던 것입니다. 결과적으로 그 섬유업체는 우리 제품 덕분에 똑같은 일본 제품을 더 낮은 가격에 계약하게 됐다고 합니다. 한영넉스로서는 우리의 기술력을 홍보하고 회사의 신용을 높이는 것으로 만족해야 했습니다.

비즈니스는 정말 어려운 것입니다. 좋은 기술과 평판을 갖추고도 새로운 거래를 뚫을 수 없는 상황이 즐비합니다. 장기간에 걸쳐 장비 구매가 이뤄지는 거래 관계는 더욱 복합적인 결정 요인으로 얽혀 있습니다. 회사 간 지분, 오랜 인간관계, 다른 제품과의 관계성, 심지어 위기 대응 능력에 이르기까지 다양한 요인이 작용합니다. 모든 고객이 일시적인 만족을 경험한다고 해서 우리의 제품을 구매하는 것은 아닙니다. 그런 만큼 고객의 마음을 사로잡는 일이 세상에서 가장 어려운 일입니다.

비즈니스 세계에서 신용의 두터움은 관계의 두터움에서 비롯됩니다. 눈에 보이지 않는 신뢰의 끈이 있는 셈입니다. 모든 관계는 나름의 이해관계를 토대로 가치를 내재합니다. 바로 그 내재된 가치가 종합적으로 작용해 신용이 되는 것입니다. 따라서 신용이라는 블록의 센서는 비즈니스에 대한 기여도로 측정됩니다. 본질적으로 도움이 되어야만 비즈니스에서의 신용이 유지됩니다.

◆ Measure ×Analyze ×Innovate ◆

비즈니스 질문	센서	측정 방법	한영넉스의 사례
신뢰를 쌓는 비결은 무엇인가?	신용	사업에 대한 기여도	상대에게 도움이 되는 수준을 측정한다.

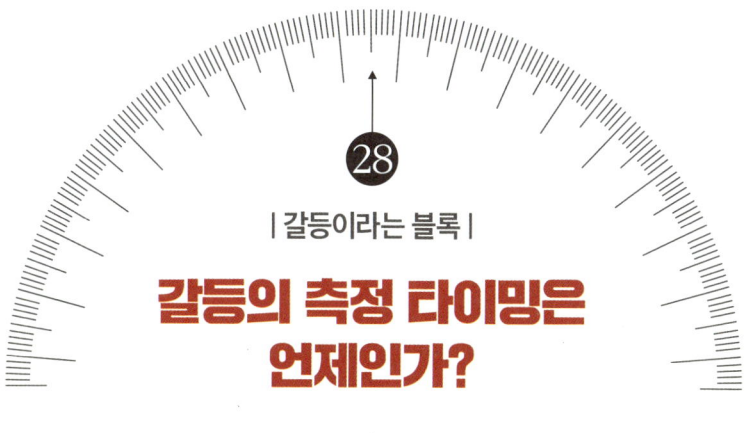

| 갈등이라는 블록 |

갈등의 측정 타이밍은 언제인가?

지능이 뛰어난 종족일수록 갈등이 큽니다. 모든 판단과 행동이 목표성을 갖기 때문입니다. 인간이 사회적 동물이라는 사실은 갈등의 여지를 전제로 합니다. 특히 교육 수준이 높은 한국인은 의견 차이가 크다는 것을 종종 느낍니다. 요즘 불거지는 갈등의 모습을 보며 그만큼 자유롭게 표현하는 시대에 접어들었음을 실감합니다.

협력 기능과 관련된 블록을 다루면서 갈등을 포함해 나의 경험을 소개합니다. 50년이라는 사업 기간 동안에 많은 갈등 요인을 마주했습니다. 그러나 되돌아보면 개인적으로 큰 부담이 됐던 갈등의 순간으로 기억되는 일이 별로 없습니다. 전자 제품을 다루는 업에 종사하다 보니 시스템적 관점에서 상황을 바라보기 때문입니다. 전체를 보면서 부분을 결정하므로 미리 예방하는 경우가 많았다고 회상합니다. 운이 좋았다고나 할까요. 결국 갈등은 표출되기 전에 예방의 관점에서 관리가 되어야 한다는 점을 강조하고자 합니다.

인천의 주안 공장을 증축하던 시기에 있었던 작은 해프닝을 소개합니다. 10년 전의 일입니다. 우리 회사의 상무와 부장이 증축 공사 업무를 담당하고 있었습니다. 추석 명절을 맞아 공사 현장을 순찰했습니다. 명절 기간에 공사가 중단될 것을 염두에 두고 진척 수준을 점검하는 것은 물론 현장 안전 관리를 확인하기 위한 목적이었습니다. 그런데 공사 인부들이 면담을 요청했고 두 사람은 건축 현장 사무소에 들어가게 됐다고 합니다.

사무소에 들어서자 작업자 여러 명이 화가 잔뜩 난 상태로 있었다고 합니다. 명절이 코앞인데 아직 급여를 받지 못했다는 것입니다. 공사업체에 따로 발주한 일이므로 우리 회사가 급여 처리를 할 필요는 없었습니다. 하지만 그날 두 사람은 새벽 3시까지 감금 아닌 감금을 당했습니다. 작업자들이 급여를 받지 않고서는 보낼 수 없다고 막무가내로 버텼던 것입니다. 나에게도 급히 전화가 올 정도로 사태는 심각하게 흘러갔습니다.

하지만 공사업체의 회계 담당이 실수로 급여를 처리하지 않고 명절을 지내러 출발해 생긴 단순한 해프닝이었습니다. 결국 서로 웃으면서 잘 해결됐지만 간단한 착오가 얼마나 쉽게 갈등으로 이어지는

지를 배웠습니다. 상호 간에 믿음이 부족한 관계에서는 일이 기대만큼 진행되지 않으면 나쁜 예감에 사로잡히기 마련입니다.

내가 오래전에 공동 번역한 책 《사장이 변해야 회사가 변한다》에서는 기업의 여신이 얼마나 중요한지를 강조합니다. 모름지기 사업을 할 때는 상대 회사에 어느 정도의 신용이 있는지를 정확하게 파악하고 있어야 합니다. 무턱대고 믿고 있다가 자칫 큰 낭패를 볼 수 있기 때문입니다. 오랜 거래 기간을 생각해 무작정 괜찮다고 생각하고는 물품을 납품했다가 거래처가 갑자기 도산이라도 하면 낭패를 당하게 됩니다. 거액의 외상 미수금이 남아 있는 경우에는 자사의 현금 회전에도 문제가 생길 수 있습니다. 자칫 연쇄 도산도 벌어질 수 있습니다.

신용 관리의 전문적 의미는 판매처에 대한 조사, 거래업체 선정부터 외상 매출 채권의 회수 상황 점검까지 관리하는 일련의 통제 활동입니다. 마지막 문구인 통제 활동에서 가장 중요한 것이 신용 한도액의 설정입니다. 은행에서 카드에 적용하는 한도액이 바로 여신 관리의 기본입니다. 믿고 거래하는 한계치를 분명한 액수로 사전에 결정해둔 것입니다. 비즈니스 세계에서 갈등을 예방하려면 일종의 여신 관리를 정확하게 해두어야 합니다. 모든 고객이나 협력사와 서로 불편 없이 거래할 수 있는 신용 한도를 고려해 움직이는 것입니다.

신용 한도는 금액을 의미하기도 하고 심리의 한도를 의미하기도 합니다. 약속한 사람이 오지 않는다면 기다리는 한계 시간도 일종의 임계치(threshold)입니다. 인간관계에서 화가 나는 경우도 한도를 미리 정해놓으면 어느 수준까지는 마음을 편하게 먹을 수 있습니다. 자신과의 약속을 스스로 알고 있기 때문입니다. 그러한 한도를 정해놓으면 갈등을 예방하는 큰 대비책이 됩니다. 자신이 감당할 만한 손실을 사전에 세팅한 것과 마찬가지이기 때문입니다.

갈등이라는 블록의 센서는 예방 시점과의 거리입니다. 예방 시점이 멀어질수록 비용은 커지고 치유 기간도 길어집니다. 품질 비용 이론에 1:10:100법칙이라는 것이 있습니다. 예방 비용, 평가 비용, 그리고 실패 비용의 상대적 비율입니다. 실패 비용이 예방 비용의 100배에 해당한다는 것을 기억해야 합니다. 그만큼 예방이 중요합니다.

회사 내외부의 다양한 이해관계가 얽힌 상황에서는 모든 상황이 예상대로 진행되지 않을 것입니다. 그래서 더욱 센서의 개념이 필요합니다. 특허권 분쟁이 좋은 사례입니다. 특허 출원 단계에서 얼마나 철저하게 준비하느냐에 따라 모든 후속 문제점을 예방하게 됩니다. 출원 시점에서 갈등의 센서를 측정할 수 있다면 모든 결정을 조금 앞당길 수 있을 것입니다.

◆ Measure ×Analyze ×Innovate ◆

비즈니스 질문	센서	측정 방법	한영넉스의 사례
갈등 해결의 결정적 요인은 무엇인가?	갈등	갈등의 예방성	예방 시점과의 거리로 판단한다.

29 | 상생이라는 블록 |
왜 모두가 상생을 선택해야 하는가?

"제품 불량도 많이 나고, 가격도 비싸고, 납기도 못 맞추고, 기능이나 성능도 변변치 못한 부족한 저희 제품을 아직까지도 팔아주셔서 감사합니다."

내가 1년에 한 번씩 정기적으로 개최하는 대리점 간담회에서 대리점 사장들에게 하는 첫 인사말입니다. 한 단어 한 단어씩 미안함을 담아 정중하고 공손하게 허리 숙여 진심을 담아 사과 인사를 합니다. 내가 잘하면, 조금만 더 노력했더라면 대리점 사장들이 마음고생 없이 우리 회사 때문에 돈을 잘 벌었을 것입니다. 항상 부족하기에 대리점 사장들에게는 늘 고마운 마음과 미안한 마음이 공존합니다.

지난 20세기가 경쟁의 시대였다면 지금은 공정과 상생의 시대입니다. 나 혼자서 잘 살기보다 함께 잘 살아갈 기반을 만들고 공유해야 되는 시대입니다. 요즘 유행하는 플랫폼이라는 키워드가 대표적입니다. 함께할 공간과 정보 공유 체계를 설계해 상생할 방안을 마련하는 것에 초점을 맞추고 있습니다. '빨리 가려면 혼자 가고, 멀리 가려면 함께 가라'는 아프리카의 속담처럼 격변의 시기에 나 혼자만 편해지자고 하면 결코 멀리 갈 수 없습니다.

오늘날에는 상생과 공존 같은 '함께'를 강조하는 것이 당연한 분위기지만 과거에는 갑과 을의 개념이 강했습니다. 기회를 제공할 수 있는 사람은 적었고 기회가 필요한 사람은 많았던 시기입니다. 자원과 기회가 부족한 상황에서는 상대적으로 열세인 사람이나 조직은 불리한 여건에 처하곤 합니다.

나는 사업 초기부터 본사와 대리점의 관계를 갑과 을이 아닌, 윈-윈 하는 파트너 관계로 삼아 존중하고 상생의 이념을 실천하고자 노력했습니다. 청년 창업의 강점이기도 합니다. 또한 부족한 것이 많아 늘 배우고자 했고 나를 도와주는 분들을 항상 고마운 사람으로 생각했습니다. 기업인의 자세도 당당하게 유지하고 싶었습니다.

한영넉스는 지금까지 단 한 번도 대리점에 재고를 밀어내거나 대리점을 경시하는 행위 같은 부당한 압력을 행사한 적이 없습니다. 한마디로 우리 회사의 판매량 목표치를 맞추기 위해 대리점을 수단의 개념으로 보지 않았던 것입니다. 상도의에 어긋나지 않는 범위에서 항상 대리점과 원만하고 좋은 관계를 유지하는 것을 중시 여겼습니다.

기업의 경영 성과는 매출이 결정합니다. 지금의 한영넉스가 성장하고 유지되기까지 수많은 대리점이 고객의 최접점에서 제 역할을 해줬습니다. 한영의 대리점은 제품 영업은 물론 물류 거점의 기능을 담당하고 있습니다. 그들이 신뢰를 주지 않았다면 아무리 좋은 제품을 만들어도 고객에게 전달되지 못할 것입니다.

대리점의 경쟁력이 곧 회사의 경쟁력이라고 할 수 있습니다. 오너십은 달라도 크게 보면 한영넉스의 일부에 해당됩니다. 젊은 시절에 이미 대리점과 자사가 일종의 생태계를 형성하고 있음을 이해할 수 있었습니다. 50년 전에는 생태계, 플랫폼, 파트너십, 윈-윈, 이노베이션, 가치사슬 등과 같은 멋진 현대식 경영의 키워드는 없었습니다. 그러나 용어적 설명이 다소 부족한 상황에서도 모든 기능이 제대로 작동했습니다.

예컨대 자사 대리점을 통해 시장의 최신 동향과 신제품에 대한 사용자 반응, 경쟁사 제품의 정보 등 자사 발전의 자양분이 될 귀중한 정보를 얻을 수 있었습니다. 연구개발 부서 및 생산 부서 등에서는 이러한 정보를 전달받아 곧바로 시정했습니다. 우리만 적극적이면 얼마든지 피드백을 통해 회사의 경쟁력 향상으로 선순환시키는 구조를 만들 수 있었습니다.

모름지기 파트너십은 둘 이상의 사람이나 조직이 짝을 이루어 협력하는 관계를 의미합니다. 협력 관계 자체는 변함이 없지만 협력하는 방식

은 무척 다양해지고 있습니다. 한영과 함께하는 다양한 조직과 관련된 구성원을 대할 때 파트너십 개념을 갖고 협력하는 방안을 모색하는 것이 중요하다고 판단해왔습니다.

자사와 대리점은 사업 초기부터 동반 성장을 해왔다고 볼 수 있습니다. 대리점은 크게 두 가지 역할로 구분될 수 있습니다. 하나는 단순 판매자로서 제품을 팔고 중간에서 마진을 챙기는 역할입니다. 소극적인 관점의 파트너입니다. 다른 하나는 독립 사업가로서 함께 비즈니스를 하는 협력적 관점의 파트너입니다. 단순 판매자는 제품의 이윤만 따라다니지만, 독립 사업가로서의 대리점은 공동 성장을 위해 열정을 가지고 지속적으로 기술 교육을 받기 위해 노력합니다. 이 또한 함께 미래를 준비하는 과정입니다.

본사의 관점에서 볼 때 간혹 대리점은 양립할 수 없는 상반된 요구를 동시에 하는 경향이 있습니다. 기본적으로 자기 사업이기 때문에 본사의 간섭과 통제를 받기 싫어합니다. 반면 본사의 관심과 지원이 부족하다고 항상 불만을 표출하기도 합니다. 간섭받기 싫어하고 지원을 바라는 상황은 비즈니스 실적에 여실히 드러납니다. 호경기 시절에는 간섭이 짜증 나고 불경기 시절에는 지원을 아쉬워합니다. 이는 모든 비즈니스 파트너십에 내재된 특성이기도 합니다. 한영넉스는 언제나 QCD, 즉 품질 좋고, 가격 싸고, 납기를 잘 맞추는 기업이 되려고 노력합니다. 그리고 가급적 동반 성장에 함께 힘을 합하는 긍정적인 관계를 지향합니다.

상생이라는 블록의 센서는 분명 비즈니스 효익일 것입니다. 효익(benefit)은 정성적 효과와 재무적 성과를 동시에 나타내는 용어입니다. 경영 성과를 너무 금전 수익에만 초점을 맞추어 해석하지 말 것을 강조하는 경우에 사용됩니다. 나는 QCD가 효익을 잘 나타낸다고 생각합니다. C(가격)는 수익에 직접적인 영향을 미치지만, Q(품질)와 D(납기)는 신뢰와 안정성이라는 효과를 제공합니다. 즉, 다른 회사 대비 우리의 QCD 수준이 높을수록 대리점의 효익이 커지며 만족도 또한 상승할 것입니다. 한영넉스가 QCD 수준을 상생이라는 블록의 센서로 생각하는 이유입니다. QCD에 의해 상생이라는 블록의 강건함이 결정됩니다.

♦ Measure × Analyze × Innovate ♦

비즈니스 질문	센서	측정 방법	한영넉스의 사례
상생의 본질적 의미는 무엇인가?	상생	파트너의 QCD 수준	제품 QCD의 상대적 수준을 측정한다.

| 일괄이라는 블록 |

일괄 생산의 필요 조건은 무엇인가?

한영넉스는 동종 업계에서 유일하게 사출, 프레스, 도금, 도장, 절삭가공, PCB ASSY, 조립, 금형설계, 열처리, 금형제작, 실크인쇄 공정을 담당하는 인도네시아 제조 법인을 보유하고 있습니다. 자사의 제품에 사용되는 가공 부품부터 최종 완성품까지 모두 자체 생산이 가능한 일괄 생산 시스템을 구축하고 운영 중입니다. 일괄 생산 시스템의 구축은 품질 경쟁력 확보를 위해 오래전부터 준비해온 숙원 사업 중 하나이기도 합니다. 이를 통해 외주 업체 생산에 전적으로 의존하는 경쟁사 대비 균일한 품질 유지와 납기 준수, 원가 경쟁력을 보유할 수 있게 됐습니다.

일괄 생산 시스템은 관리 요소가 그만큼 늘어난다는 것을 의미합니다. 각 생산 기능을 일종의 모듈로 보면 이해하기 쉽습니다. 물론 우리보다 생산성이 높아 더 저렴한 가격에 제공하는 회사가 있을 수 있습니다. 내부적으로도 각 모듈의 전문성을 균등하게 유지해야 하므로 인적자원관리 능력도 중요합니다.

현대 경영에서는 원가를 절감하기 위해 아웃소싱을 택해 핵심 부품을 조달하는 생산 전략을 구사하기도 합니다. 우리 회사는 비즈니스 영역을 점진형 모델로 관리함으로써 일괄 생산 시스템을 구축할 수 있었습니다. 즉, 기술력이 준비되지 않은 영역은 수익을 고려해 단기간에 진출하는 시도를 하지 않았던 것입니다.

한영넉스는 시간을 들여 단계적으로 일괄 생산 시스템을 구축했습니다. 인도네시아에 진출하기 전에는 경영 자산 효율화와 기술 역량을 극대화하기 위해 김포 지역에 있는 사출 공장과 부천 지역에 있는 스위치 제품군 조립 공장을 인천 주안 공장으로 이전시켜 통합했습니다. 생산 기지를 원거리에 두면 일괄 생산의 의미가 퇴색됩니다. 딜리버리(배송과 물류) 측면에서 이미 아웃소싱의 개념이 생겨버리기 때문입니다.

일반적으로 다른 경쟁사들은 사출, 금형 개발을 부가 요소로 여기기 때문에 아웃소싱을 많이 활용합니다. 그러나 나는 어렸을 때 기계 제작소에서 금형 가공 및 제작에 참여하여 기름때를 묻혀가며 기계도 다루어본 경험이 있습니다. 기계가 고장 나면 직접 수리했고 고장 난 부품도 다시 제작하거나 주변에 문의해 사용했습니다. 요즘은 기술이 발달해 금형 부품을 CNC(수치 제어) 자동 공작기계로 편하게 가공합니다. 하지만 자동으로 하느냐 수동으로 하느냐 여부와 안전성, 편의성만 증대됐을 뿐 부품 가공과 관련된 기계의 작동 원리는 같습니다.

그동안 서로 떨어져 있던 공장들을 한 곳으로 통합하니 사출 현장 직원과 본사 연구원 간의 소통이 증가하고 그동안 숨어 있던 낭비 요소들도 보이기 시작했습니다. 주안 공장으로부터 사출기가 입고되면 다시 본사가 주안 공장에 맞게끔 생산 수율을 조정했으며 자동 컨베이어 벨트를 설치해 사람이 일일이 부품을 담아 포장하는 작업을 대폭 감소시켰습니다. 주안 공장 1층에 사출 공정이 있어 2층 생산라인에 필요한 사출 케이스 및 부품의 공급도 즉시 가능했고 긴급 주문에 대한 대응도 빨라졌습니다. 눈으로 바로 확인할 수 있어 불필요한 과잉 생산도 저절로 줄어들었습니다. 무엇보다 한 공장 안에 관련 부서가 모두 모여 있어 불량에 대한 대응과 해결 속도가 일괄 생산 시스템 도입 이전과 비교할 때 획기적으로 빨라졌습니다. 균일 품질(one quality)의 부품을 적기에 생산할 수 있게 된 것입니다.

일괄 생산 시스템을 위해 프레스 라인과 CNC 머시닝 센터, CNC 자동선반 등 가공 부품 관련 장비도 주안에 도입했습니다. 초기에 투자비는 많이 들었지만 매년 인상되는 납품 단가, 불안정한 부품 품질을 고려하면 자체 제작하는 것이 낫다는 생각이 들었습니다. 또한 중장기적인 측면에서 봤을 때 자사 제품의 원가 구조상 플라스틱 사출물과 프레스 가공물의 비중이 높은 편이서 직접 생산하는 편이 품질 관리나 원가 경쟁력 측면에서 경쟁우위를 차지할 수 있었습니다. 한영넉스는 제품 종류가 많은 데 비해 소요 부품 종류는 소량이므로 신규 업체들은 수율을 문제 삼아 거래를 꺼리거나 높은 단가를 요구하기도 했었습니다.

도금과 도장을 제외하면 모두 본사에서 공정을 구축했습니다. 필요한 부품 수량만큼 자체 생산하니 불필요한 부품 재고가 감소하고 균일한 품질을 유지함으로써 품질에 대한 신뢰성을 확보할 수 있었습니다.

2004년에는 인도네시아에 제조 법인을 설립하면서 스위치 제품군을 생산하기 시작했습니다. 2013년도에는 인도네시아 공장을 확장하면서 도금, 도장 라인을 추가하고 금형제작도 본격적으로 시작했습니다. 이미 10년 전에 일괄 생산 시스템의 완성 단계에 이르게 된 것은 국내 생산 시절부터 꾸준히 관련 기술을 유지해온 덕분이라고 생각합니다.

분명 일괄 생산 시스템은 장단점이 있습니다. 무엇보다 균일 품질과 조달에 불확실성이 줄어든다는 것은 장점입니다. 다만 각 기능의 기술성, 전문성 및 효율성 유지가 쉽지는 않다는 점은 단점입니다. 기술 혁신이 빠르게 일어나는 시대에 여러 기능의 기술을 관리한다는 것은 기술 적응력 면에서 부담이 될 수도 있습니다. 한영넉스는 그러한 환경에서도 일괄 생산 시스템을 유지하고 있습니다. 다품종 변량 생산이라는 사업적 특성, 경영진과 관리자의 기술과 현장에 대한 이해도가 높은 덕분입니다. 안정적인 인적자원관리가 모든 것을 가능하게 만들었다고 생각합니다.

일괄이라는 블록의 센서는 안정성입니다. 생산 시스템 각 단위 기능의 인적 자원, 기술 자원, 관리 자원의 변화 관리가 가능해야만 비로소 일괄 체계의 효과가 극대화됩니다. 따라서 일괄 생산 시스템의 센서는 조직 운영의 안정화를 보는 것이 핵심입니다. 전문성을 갖춘 인력을 각 기능에 얼마나 안정적으로 확보할 수 있는가를 주목해야 합니다. 물론 자동화를 통해 각 기능의 안정성을 유지하는 것도 가능합니다. 그럼에도 불구하고 결국 경영 관리의 주인공은 사람입니다. 안정된 인력 수급과 관리 역량을 갖추는 것은 일괄 생산 시스템의 필수불가결한 성공 요인입니다.

♦ Measure ×Analyze ×Innovate ♦

비즈니스 질문	센서	측정 방법	한영넉스의 사례
일괄 체계의 장점은 무엇인가?	일괄 생산	일괄 체계 관련 조직의 안정성	인력, 기술, 환경의 안정성 수준을 확보한다.

7장

글로벌 사업
비전을
설계하는 힘

Global business is the promising path for future management.
글로벌 사업은 미래 경영의 긍정적인 활로다.

| 국제화라는 블록 |

국제화는 언제부터 생각해야 하는가?

　해외 생산과 진출은 한영넉스의 국제 경쟁력 강화와 생존을 위한 필수불가결한 선택이었습니다. 한영넉스는 공장 자동화 분야의 종합 제조 기업을 지향했습니다. 한영넉스의 제품군은 크게 네 가지로 구분할 수 있습니다. 단일 제품군만을 제조, 판매하는 경쟁사와는 달리 제품군을 다양하게 보유하고 있습니다. 생산 공정의 온도, 시간, 주파수 등을 계측 또는 제어하는 계측기 제품군, 제어부에 동작 신호 또는 정지 신호를 전달하는 스위치 제품군, 제품에 공급되는 전력량을 제어하는 전력 조정기 제품군, 대상 물체를 감지하는 센서 제품군 등입니다. 모두 공장 자동화에 필수적으로 사용되는 품목입니다. 사실 자동 제어 분야에서는 기술 및 제조 역량 등으로 인해 한 가지 제품군만으로는 사업을 영위하기가 쉽지 않습니다.

2000년대 초반, 한영넉스가 강세를 보이던 범용 스위치 제품군 시장에 국내의 후발 업체가 낮은 가격으로 진입을 시도했습니다. 그들은 한영넉스의 스위치 제품군보다 항상 낮은 가격으로 제품을 공급했습니다. 스위치 원가 구조상 국내에서는 그와 같은 가격으로는 판매할 수가 없습니다. 조사를 해보니 중국에 위탁 생산한 제품을 다시 수입해 판매한 것이었습니다. 이처럼 스위치를 중국에서 제조해 판매하는 업체가 한두 곳이 아니었습니다. 낮은 원가를 앞세운 국내 후발 업체들의 공세는 날로 심해졌습니다.

인건비, 재료비 상승분을 연도별로 반영해 향후 원가 행태를 분석해보니 바로 몇 년 후에는 원가가 역전될 조짐이 보였습니다. 스위치 제품군은 구조 및 특성상 기술 차별화를 꾀할 수 있는 제품도 아니었습니다. 스위치 제품군의 경우 규모의 경제를 통해 양산 역량에 바탕을 두고 제품을 대량 생산할 때 가격 경쟁력을 확보할 수 있습니다. 더구나 이미 국내 스위치 시장은 레드오션 시장으로 변해 제조 경쟁력이 없었습니다. 하지만 레드오션이라는 의미는 이미 검증된 수요가 있어 지속가능한 사업 아이템이 될 수 있다는 긍정적 신호로 해석할 수도 있습니다. 한영넉스는 레드오션에 혁신적으로 대응하기 위해 해외 진출을 본격적으로 모색하기 시작했습니다.

2000년대 중반 한영넉스가 전통적으로 강세를 보였던 계측기 시장에서도 위협의 신호가 감지됐습니다. 당시는 국내와 해외에서 후발 업체들의 기술 평준화가 가속화되던 시기였습니다. 저가의 제품을 앞세운 중국 등 신흥국 제조업체들이 계측기를 만들기 시작했습니다. 품질이나 성능 면에서도 자사 제품과의 격차를 판별하기 어려울 만큼 위협적으로 느껴졌습니다. 신흥 제조국들의 저가 공세에 대응하기 위한 특단의 대책이 필요했습니다.

신흥국들의 제품처럼 검증되지 않은 저가의 부품을 사용하거나 부품 수를 줄이는 식으로 생산하면 정상적으로 작동되어 이상은 없어 보일 수 있습니다. 하지만 계측기를 장기적으로 사용할 경우 품질과 신뢰성에 영향을 줄 수 있습니다. 한영넉스는 그와 같은 식의 원가 절감을 하지 않았습니다.

국내 계측기 시장에서 한영의 제품은 "단단하다", "탄탄하고 믿을 수 있다"라는 신뢰의 이미지를 갖고 있었습니다. 당장의 위기를 벗어나기 위해 자사 제품을 믿고 구매한 고객과 장기간에 걸쳐 구축한 신뢰 관계를 무너뜨릴 수는 없었습니다. 저가 전략에 맞대응하기보다 품질과 원가를 동시에 혁신할 수 있는 전략을 찾아야 할 시점이었습니다. 더불어 국내 내수 시장의 출혈 경쟁을 피하고 글로벌 시장 경쟁력을 확보하기 위한 발판으로서 전초적 생산 기지가 필요했습니다. 글로벌 생산 기지의 후보로는 중국과 인도네시아 두 국가가 물망에 올랐습니다.

1992년 한중수교 이전부터 비즈니스 및 관광 목적으로 중국에 자주 방문했습니다. 한국과 함께 동아시아 문화권에 속해 있고 한자를 사용하는 등 문화적 동질감을 느끼며 친숙한 국가이자 아시아의 대국이라 예전부터 관심을 가졌었습니다. 특히 거대한 소비 시장과 해외 기업에 대한 투자 환경과 인센티브가 매력적이었습니다. 한국의 중소기업들이 중국 진출을 본격화할 무렵, 본사도 중국 상하이에 진출해 공장을 설립했습니다.

2000년대 초반에는 국내 중소기업 중 최초로 자체 브랜드를 가지고 인도네시아에 진출했습니다. 그야말로 모험이었습니다. 자사 제품을 판매하는 인도네시아 현지인이 운영하는 대리점을 종종 방문했지만 대부분의 인구가 이슬람교를 믿는 인도네시아는 언어, 문화, 기후환경 등 모든 것이 낯설었습니다. 하지만 중국만큼 외국 투자 기업에 우호적인 분위기 덕분에 일본 및 한국 대기업들이 많이 진출해 있었습니다. 한국의 대기업 협력업체가 구축한 제조 인프라 덕분에 일종의 생태계가 조성돼 있어 인도네시아 투자를 결정할 수 있었습니다.

초기에는 중국과 인도네시아 해외 법인의 투자 금액을 각각 균등하게 배분해 작은 규모로 사업을 시작했습니다. 중국 법인에서는 계측기 제품군에 초점을 맞추었고 인도네시아 법인에서는 스위치 제품군에 주력했습니다. 제품군의 경쟁 환경을 감안해 생산 기지를 전략적으로 포지셔닝한 것입니다.

국제화라는 블록의 센서는 타이밍입니다. 늘 어려운 주제입니다.

너무 일찍 선택하면 리스크가 크고, 늦게 선택하면 경쟁에서 뒤처지기 마련입니다. 앞서 언급한 생태계라는 단어에 주목해야 합니다. 중소기업 정도의 투자 규모로는 시장의 생태계 자체를 선도하기가 쉽지 않습니다. 따라서 대기업과 해외 글로벌 기업이 조성하는 생태계를 늘 관심 있게 지켜봐야 합니다. 시장의 생태계가 어느 정도 마련되어 있다면 빠르게 움직여 중소기업 중 선두주자가 되어야 합니다. 시장의 모든 기업이 결단의 순간을 정조준하고 있다는 것을 기억해야 합니다. 타이밍을 놓치지 않도록 글로벌 생태계 변화를 직시하고 있어야 합니다.

♦ Measure ×Analyze ×Innovate ♦

비즈니스 질문	센서	측정 방법	한영넉스의 사례
언제 국제화를 시도해야 하는가?	타이밍	생태계 조성 수준	대기업과 글로벌 기업의 생태계 조성 상황을 살핀다.

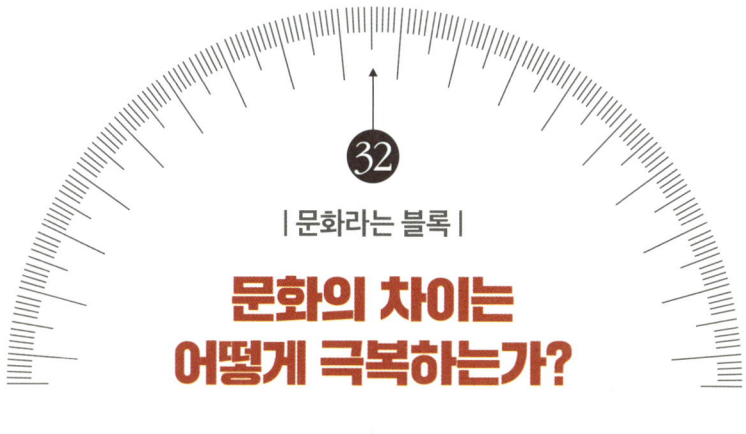

| 문화라는 블록 |

문화의 차이는 어떻게 극복하는가?

사업의 국제화 과정에서 문화를 고려하는 것은 국제화 전략에 대한 우선순위를 결정하기 위해서입니다. 국내에서 지방에 생산 설비를 확대할 때에도 지역적 특색을 고려합니다. 공장 시설, 채용, 제도, 환경 등을 모두 고려 대상에 포함시킵니다. 해외 공장이라면 고려해야 할 요소는 훨씬 더 다양해집니다. 그중에서도 특히 언어, 인종, 종교, 관습 등에는 생각보다 많은 차이가 있습니다.

한영넉스에서는 해외로 진출하기 전에 문화적 차이를 파악하기 위해 교육 훈련을 우선순위로 두었습니다. 현지에 파견될 한국 관리자는 물론 인도네시아 현지 관리자와 종업원까지 모두 교육 훈련에 포함시켰습니다. 서로 다른 환경의 지식을 배우는 가운데 문화라는 문제를 자연스럽게 해결하려고 노력했습니다.

우선 인도네시아에 진출하기 전, 현지에서 유학한 한국인 인도네시아 전문 강사를 본사로 초빙했습니다. 한영넉스 임직원 50여 명은 일주일에 두 번씩 아침 7시부터 8시 30분까지 집중적으로 언어와 문화 교육을 받았습니다. 이런 노력에도 불구하고 본사에서 인도네시아 현지 공장에 파견한 주재원과 현지인과의 의사소통은 원활하지 않았습니다. 현지에서는 생산 현장과 관련된 기계, 전자 관련 전문 용어를 주로 사용해야 하는데 한국에서는 고작 일상적인 생활 회화 교육을 받았기 때문입니다. 당연히도 기술과 관련된 전문 용어가 중심이 되는 대화를 할 수 없었습니다. 한국이라면 금방 처리할 간단한 업무도 인도네시아에서는 몇 시간씩 지연되는 것이 부지기수였습니다.

한국 사람도 자기 분야가 아니라면 전문 용어를 이해하기 쉽지 않습니다. 하물며 모국어도 아닌 인도네시아어를 배워 현지에 왔으니 제대로 소통이 될 리 없었을 겁니다. 실제로 인도네시아 생산 기지에서는 좀처럼 업무가 진척되지 않았습니다. 이를 해결하기 위해 생산 현장에서 자주 사용되는 단어와 표현들을 모아서 인도네시아 전문 강사에게 번역을 의뢰했습니다. 인도네시아 강사는 난색을 보였지만, 차츰 번역을 진행해 책자로 발간할 수 있었습니다. 현장에서 언제든 누구라도 들고 다니면서 활용할 수 있도록 주머니에 들어갈 수 있는 소책자로 제작했습니다.

　인도네시아 생산 기지 근로자들의 평균 나이는 24세였습니다. 한국 본사 근로자의 평균 나이인 56세와 비교하면 무척 젊습니다. 젊은 세대가 많은 만큼 근로자들 사이에서는 당시 인도네시아에서 인기를 끌던 한류에 대한 관심이 높았습니다. 한국 주재원이 인도네시아어로 더듬더듬 말을 이어가는데 갑자기 인도네시아 현지인이 한국어로 의미를 되물어봤습니다. 그는 한국에 가본 적은 없지만, 한국 드라마나 한국 노래를 통해 한국어를 배웠다고 했습니다. 인도네시아를 다시 찾을 때 그가 생각나서 한국 연예인과 아이돌 그룹 포스터 여덟 장을 구입해 선물로 주기도 했습니다. 며칠 후, 한국 연예인 포스터를 235장이나 더 구해달라는 요청을 받았습니다.

　많은 인도네시아인이 한류를 경험하며 한국에 대한 동경심을 키운다고 합니다. 나중에는 한국에 가보는 것도 꿈이라고 합니다. 한 인도네시아 근로자는 한국 드라마를 자막 없이 보고 싶다면서 한국어를 가르쳐달라고 요청하기도 했습니다. 퇴근 후 한 시간 정도 정식으로 한국어를 가르쳐줬습니다. 서로 다른 언어의 미묘한 틈새가 채워지는 순간이었습니다. 한국의 위상이 달라졌음을 느끼며 뿌듯하기도 했지만 언행에 더 주의를 기울여야겠다는 생각을 하는 계기도 됐습니다. 이제 현지에서도 한국 관리자들의 말을 알아들을 수 있으니까요.

　현지의 근로자들과 한데 어울려 일을 하기 위해서는 서로에 대한 이해가 필수입니다. 한국은 사계절이 있어 사람들이 변화와 빠름에 익숙합니다. 인도네시아는 건기와 우기의 두 계절만 있어 사람들이 매사 느긋하고 서두르지 않습니다. 한국 기업인의 시각에서 보면 현지인이 답답할 수 있지만, 문화나 환경의 차이를 고려해 기다림과 배려가 필요합니다. 감성적 공감대를 형성해 상호 간 신뢰를 구축하는 것이 선행되어야 합니다. 업무는 그다음입니다. 게다가 한국인은 인도네시아 문화에서 배워야 할 것이 있습니다. 바로 웃음입니다.

인도네시아 사람은 잘 웃습니다. 현지인 작업자에게 말을 걸면 웃음과 미소로 먼저 답을 합니다. 인도네시아 어딜 가도 대부분 웃음으로 맞이해줍니다. 반면 한국인은 웃음에 인색한 편입니다. 인도네시아 교민인 법인장이 한국을 오랜만에 찾아 지하철을 탔는데 무표정하고 무뚝뚝한 사람들의 표정을 보며 삭막함을 느꼈다고 합니다.

조사에 따르면 일반적으로 아이들은 하루에 평균 400번을 웃는다고 합니다. 반면 한국 성인은 하루에 평균 15회를 웃는다고 합니다. 인도네시아인이 평균 150회를 웃는다고 하니 한국 성인의 웃음 횟수보다 10배나 많은 것입니다. 비록 한국이 선진국 문턱까지 갔다고 해도 내면의 행복은 인도네시아인보다 못해 보입니다. 한국인은 행복해지기 위해 억지로라도 웃을 필요가 있습니다. 행복해 웃는 것이 아니라 웃을 수 있어서 행복해지기 때문입니다.

한편 이슬람교를 믿는 인도네시아인은 하루에 다섯 번 기도를 해야 합니다. 가끔 업무 시간 중에 기도를 하러 가는 현지 중간 관리자도 있습니다. 다행히 인도네시아 진출 전에 이슬람 교리에 관해 교육을 받았습니다. 또한 현지의 종교에 대한 존중은 당연하기에 업무에 크게 무리가 가지 않는 선에서 허용했습니다. 그럼에도 익숙지 않은 일들이 벌어지는 바람에 애를 먹은 적이 많습니다.

　공장에 회사 로고 간판을 설치하는 날에 있었던 일입니다. 영문 알파벳을 순서대로 붙이기만 하면 되는 작업이었습니다. 회사 로고는 회사의 얼굴이기에 현지 인부가 작업하는 광경을 지켜보고 있었습니다. 그런데 갑자기 다른 용무가 생겨 잠시 자리를 비워야 했습니다. 용무를 마친 후 간판 작업이 제대로 진행되고 있는지 확인하러 현장에 가보니 조금 전까지만 해도 작업 중이던 인부가 보이지 않았습니다. 인부를 찾기 위해 한참 동안 주위를 둘러봐도 찾을 수가 없었습니다. 잠시 후 멀리서 인부가 걸어오는 것이 보였습니다. 인부에게 어디를 갔다 왔냐고 물었더니 신(God)한테 간판을 어떻게 붙이면 좋을지 물어보고 왔다고 대답했습니다. 그래서 신이 어떤 답변을 주었냐고 물어보니 인부는 웃으면서 "신도 모르겠다고 답변했다"고 말했습니다. 신을 따르는 현지인과 관련된 작은 해프닝이었습니다.

**　현지인의 종교는 업무의 연속성, 효율성 면을 고려하면 다소 불편한 요소이지만 그들의 사적인 영역이기에 항상 존중해줘야 합니다. 게다가 현지에서 생활하다 보면 이곳의 특성이 정상이고 한국이 비정상적으로 빠르다고 생각되기도 합니다. 그러한 차별적 특성을 배울 수 있게 도와주는 것이 바로 문화입니다.**

글로벌 운영 체제에서는 문화적 혹은 언어적 차이로 인해 여러 가지 일이 벌어집니다. 15년 전 연구소에 근무하던 한 담당자가 중국으로 시장 조사를 갔다가 일행을 잃어버린 일이 있었습니다. 그는 연구소 담당자 열 명과 함께 중국으로 시장 조사 차 출장을 갔습니다. 동관, 포산, 원저우 지역의 대리점을 방문해 시장이 어떻게 형성되고 있는지, 한영 제품의 인지도가 어느 정도인지 등을 조사하기 위해서였습니다. 그런데 포산 지역의 시장 조사를 위해 대리점을 방문한 후 연구소 일행을 놓쳐버린 것입니다. 주로 판매점의 제품을 확인하기 위해 돌아다니다 보니 대리점 위치를 알지도 못하고 당황스러웠다고 합니다. 현지인과 대화도 되지 않는 데다 난생처음으로 방문한 지역이니 난감했을 겁니다. 그가 간신히 기억을 더듬어 대리점을 찾아갔지만 연구소 일행은 그곳을 떠난 후였습니다.

그는 대리점 직원에게 보디랭귀지로 사정을 전달했고 대리점 직원이 우리 측 일행에게 연락을 취해 한 시간 만에 다시 합류할 수 있었습니다. 길을 잃은 일행을 만나 반갑기도 하고, 한편 화도 나서 따지기도 했습니다. 이후 일행과 떨어지지 않도록 주의하며 중국 출장을 마무리하고 무사히 귀국했습니다. 요즘에는 스마트폰 통역기를 활용할 수 있으니 한결 수월할 것입니다. 이런 해프닝도 다 흘러간 옛날이야기가 됐습니다. 그럼에도 한영넉스가 글로벌 시장에 안착할 수 있었던 배경은 모든 직원의 헌신 덕분입니다. 회사를 위한 헌신이 글로벌의 척도인 것입니다.

해외 진출을 하다 보면 재미있는 사건도 발생합니다. 연구소의 한 직원은 평소에도 인도네시아인이냐는 농담을 종종 듣는 외모를 가지고 있습니다. 현지인과 많이 닮아 보여서 말을 하지 않고 있으면 인도네시아 현지인이라고 해도 의심의 여지가 없을 정도입니다. 그런데 인도네시아에서는 관광 명소를 출입할 때 외국인에게 입장료를 두 배에서 열 배까지 바가지 씌우곤 합니다. 그와 관련된 해프닝입니다. 한번은 그가 주재원들과 함께 관광지에 가서 입장료를 지불하는데 매표소에서 돈을 돌려주더랍니다. 그는 사람 수에 맞게 지불했다고 말했습니다. 매표소 직원이 그를 현지인으로 착각해 현지인의 가격을 받았던 것입니다. 그러면서 어차피 착오한 것이니 현지인 요금을 받겠다고 해 모두가 박장대소를 했다고 합니다. 그런데 즐거움도 잠시, 매표소 직원이 그를 뒤쫓아와서는 팁을 요구하는 바람에 할 수 없이 팁을 주게 됐고 어차피 비싼 요금으로 관광을 했다고 합니다.

또 다른 해프닝도 있습니다. 지금은 퇴사했지만 인도네시아 주재원으로 근무했던 한 직원 역시 까무잡잡한 얼굴에 깡마른 체형이라 현지인과 굉장히 닮은 사람이었습니다. 그런데 어느 날 인도네시아의 한국 업체에서 근무하는 어떤 한국인이 인도네시아 법인을 직접 찾아왔습니다. 그는 법인에서 근무하는 현지인에게 한국 주재원을 만나려면 어떻게 해야 하냐고 물었습니다. 하지만 그가 현지인이라고 생각한 그 사람이 바로 한국 주재원이었던 것입니다. 사실을 알게 된 그는 곧바로 우리 직원에게 미안하다며 사과를 했습니다. 드넓은 타지에서 생긴 우리들의 재미난 에피소드입니다.

문화라는 블록의 센서는 문화의 다름을 측정해야 합니다. 대부분 문화적 차이는 웃음의 소재가 되곤 합니다. 실수가 당연한 것이라 인정하면 모두 넉넉한 마음을 가질 수 있습니다. **서로가 다를 것이라 인정하면 그 차이를 예상할 수 있으므로 여유가 생깁니다.** 경쟁이 아니라 이해가 필요한 영역이기도 합니다. 그리고 문제가 해결되는 순간 모두 부드러운 마음을 갖게 됩니다. 따라서 문화라는 블록의 센서는 바로 그러한 다름을 웃음으로 만드는 척도입니다. 문화적 차이가 얼마나 긍정 요인으로 전환될 수 있는지가 문화 척도의 본질입니다.

♦ Measure × Analyze × Innovate ♦

비즈니스 질문	센서	측정 방법	한영넉스의 사례
해외 기업과의 사업에서 효과적인 교류 전략은 무엇인가?	문화	차이를 이해하는 수준	문화적 차이를 신기함과 웃음으로 바꾼다.

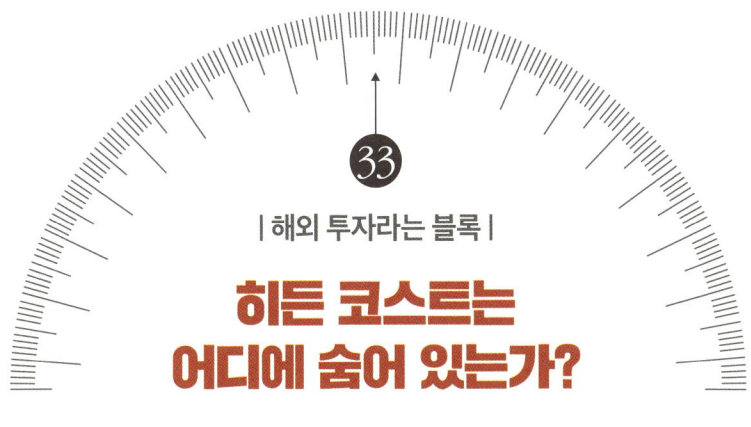

| 해외 투자라는 블록 |

히든 코스트는 어디에 숨어 있는가?

해외 생산 기지의 선정은 기업의 미래에 결정적인 영향을 미칩니다. 예상대로 순조롭게 저렴한 생산 원가를 유지하며 유력한 해외 시장에 진출해 성공적으로 사업을 확장하기도 하지만, 초기에 보이지 않던 숨은 비용 요소들이 시간이 거듭될수록 드러나 낭패를 보는 경우도 많습니다. 시장 접근성, 원부자재 조달, 생산 인력 확보, 물류의 용이성에 이르는 모든 비용이 입지 선정에 의해 결정된다고 해도 틀리지 않습니다. 국내에서도 쉽게 판단할 수 없는 문제인 만큼 해외 생산 기지를 선정할 때는 다양한 요소를 철저하게 확인해야 합니다. 그런 만큼 해외 투자는 중요한 블록으로 관리되어 마땅합니다.

인도네시아 진출 초기인 2004년에도 대기업 협력업체의 제조업 인프라를 이용하기 위해 브카시(Bekasi) 찌까랑(Cikarang) 자바베카(Jababeka) 산업공단의 표준형 공장에 입주했습니다. 인건비는 월 10만 원이 조금 안 되는 수준으로 한국과 비교하면 상당히 저렴했습니다. 다만 부품 단가가 한국에서 취급하는 단가와 비슷하거나 조금밖에 낮지 않아서 원재료 절감 효과는 크지 않았습니다. 비용 절감을 위한 전략이 필요해 보였습니다.

한영넉스는 부품 단가의 경쟁력 확보를 위해 부품 자체 생산을 고려하기로 했습니다. 문제는 표준형 공장이어서 공장을 개조하거나 증축할 수가 없다는 것이었습니다. 부품 가공을 위한 기계를 확보해 생산하기에는 공간이 터무니없이 부족했습니다. 이를 해결하기 위해 2008년에 부품 가공 및 생산을 담당할 델타실리콘 공단에 토지를 매입해 공장을 건설했습니다. 사출, 프레스, 및 절삭가공, 금형제작용 설비, PCB ASSY, 일부 반자동화장비를 갖추어 직접 부품을 생산했습니다.

하지만 이번에는 인건비가 발목을 잡았습니다. 공단 내 인건비가 매년 큰 폭으로 인상되기 시작한 것입니다. 당시 인도네시아는 사회, 정치적으로 점차 민주화되는 시기를 거치고 있었습니다. 이에 따라 노동자들도 자신들의 노동 권익에 대해 목소리를 높이기 시작했습니다. 그런데 과거 인도네시아에서는 최저임금을 대폭 인상하면서 영세한 중소기업은 일시적으로 유예를 허용해줬습니다. 이에 불만을 품은 노동자들이 2012년 중반부터 조직적으로 급여 인상 시위를 하기 시작한 것입니다.

또한, 여러 공장이 모여 있는 공단의 특성상 근로자들 사이에서 인건비에 관한 정보가 빠르게 돌았습니다. 한 공장에서 인건비를 올리면 옆 공장도 따라 올리고, 나머지 공장도 연쇄적으로 인건비를 올리는 현상이 지속됐습니다. 결국 한영넉스가 진출한 산업공단의 인건비가 인도네시아 수도인 자카르타 도심 지역의 인건비를 웃돌기 시작했습니다. 심지어 인도네시아의 전체 공단 중 인건비가 가장 빠르게 높은 수준에 이르렀습니다.

나는 인건비가 안정적인 기존 공단의 외곽 지역으로 이전을 검토하기 시작했습니다. 공장 입지를 검토하기 위해 직접 자카르타의 위성 도시인 수카부미(Sukabumi), 반둥(Bandung), 수방(Subang), 인드라마유(Indramayu), 땅그랑(Tangerang), 보고르(Bogor), 그리고 찌안쭈르(Cianjur) 지역을 방문했습니다. 해당 지역에서 한국인이 운영하는 공장을 방문해 제조 환경 및 인건비 등을 문의했습니다. 인드라마유 지역은 인건비가 제일 낮은 편이었지만 거리가 가장 멀어 높은 물류 비용이 발생할 수밖에 없었습니다. 최종적으로는 찌안쭈르 지역으로 이전을 확정했습니다.

찌안쭈르 지역은 방문 지역 중에서 두 번째로 인건비가 낮았습니다. 기존 공단 지역과 거리적으로 멀리 떨어져 있기 때문에 인건비 인상의 영향을 받지 않았습니다. 생산 가능 인력도 충분해 인력 수급을 걱정할 필요가 없었습니다. 다만 부품 경쟁력 확보를 위해 금형 제작, 도금, 도장 등 기존 공장에 없던 공정의 추가 설립을 계획했기 때문에 신규로 설립할 공장은 이전보다 넓은 부지가 필요했습니다. 찌안쭈르 면사무소에 농지 구매 의사를 전달하니 총 열다섯 명의 소유주가 나타났습니다. 다행히 큰 문제없이 토지를 구매할 수 있었습니다.

공장 설립을 위해 주민 동의를 받는 과정에서는 찌안쭈르 주민 대표 스무 명이 생산 제품이 어떤 것인지 직접 보고 싶다면서 현장을 방문했습니다. SMT 기계 같은 최신 기계와 생산 제품에 관해 설명하니 주민 대표들이 그 자리에서 흔쾌히 공장 설립에 동의해줬습니다. 지역 주민들은 자신들의 지역에서 최첨단 설비로 최신 전자 제품을 생산하게 된다는 사실에 자부심을 느끼며 우리를 반겨줬습니다. 우호적인 분위기 덕분에 기존 농업 용지를 산업 용지로 형질 변경을 하고 비교적 빠르게 저렴한 비용으로 찌안쭈르 공장 설립을 완료하게 됐습니다.

해외 사업을 추진할 때 발생하는 히든 코스트라는 블록의 센서는 인력 수급과 물류 비용입니다. 특히 지속가능성 차원에서 해당 요인들을 살펴볼 수 있어야 합니다. 현지 근로자들의 평균 인건비 수준을 검토할 뿐만 아니라 최근의 현지 노동 환경에 대한 정보를 검토하는 과정도 필수입니다. 더불어 지역 자치 단체와 주민의 관심을 지속적으로 받으며 긍정적인 관계를 유지할 수 있다면 인력 수급을 해결할 수 있습니다. 또 해외에서 생산한 제품을 원활하게 공급하기 위해서는 물류 비용을 꼼꼼하게 따져야 합니다. 애써 해외로 사업을 확장한 만큼 물류 문제는 인프라를 철저하게 살펴봐야 합니다. 절대 예상치 못한 히든 코스트에 발목을 잡혀서는 안 됩니다.

♦ Measure ×Analyze ×Innovate ♦

비즈니스 질문	센서	측정 방법	한영넉스의 사례
해외로 사업을 확장할 때 고려할 것은 무엇인가?	히든 코스트	인력 수급과 물류 비용	인력 수급과 물류 비용을 확인한다.

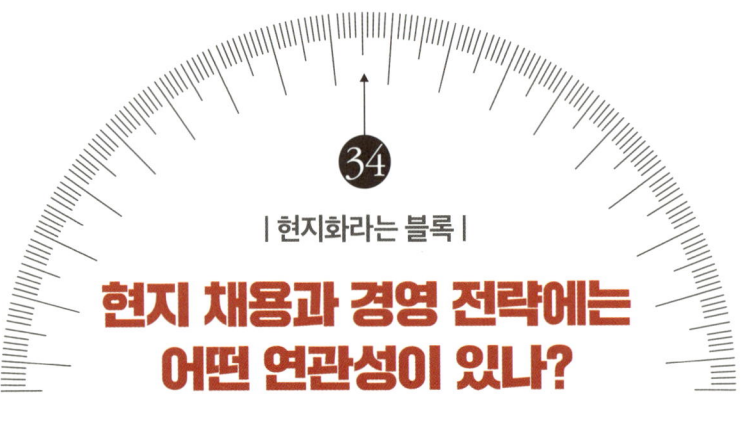

| 현지화라는 블록 |

현지 채용과 경영 전략에는 어떤 연관성이 있나?

인도네시아 법인의 현지화 경영을 준비하며 다양한 문제를 대비하기 위해 본사에서는 사전에 철저한 준비를 했습니다. 무엇보다 인도네시아의 생산 경영 현지화를 위해 경영 관리의 기능적 측면에서 세 가지 요인을 고려했습니다.

첫 번째, 생산, 부품 조달, 소싱의 현지화입니다. 한국에서는 결품, 부품의 불량이 발생해도 조치가 용이합니다. 인도네시아에서는 물류 비용의 절감을 위해 해상으로 부품을 운송해야 합니다. 결품이나 불량품이 발생하면 몇 주 동안 라인을 가동할 수가 없습니다. 이를 대비해 여유분의 부품 재고를 보내면 재고 비용이 상승합니다. 한영넥스는 이와 같은 문제점을 해소하기 위해 인도네시아 현지에서 부품을 자체 생산하기로 했습니다. 인도네시아 현지에서 불량품이 발생하면 현지에서 재가공해 생산라인에 투입한 것입니다. 또한 일부 원재료를 현지에서 조달해 본사와 인도네시아 간의 원가 및 물류 비용 감소와 납기를 단축했습니다.

두 번째, 인적 자원의 현지화입니다. 현지에서 생산하려면 제품에 대한 기술 교육이 필요합니다. 기술 이전 문제는 단순히 다수의 현지인 고용이나 주재원 파견으로 해결될 문제는 아닙니다. 한영넉스는 기술 이전 공백을 최소화하기 위해 인도네시아 산업 연수생 제도를 활용했습니다. 한국에서 저임금을 받으며 단순 근로를 하는 외국인을 상상하면 안 됩니다. 본사와 인도네시아 사이에서 생산 현지화의 가교 역할을 할 수 있는 핵심 인재를 육성하기로 한 것입니다.

인도네시아 근로자를 위한 산업 연수생 거주용 기숙사를 마련할 뿐만 아니라 한국의 추운 겨울에 대비해 내복도 무상 지원했습니다. 한번은 맹장이 터져 긴급 수술을 받아야 했던 산업 연수생도 있었습니다. 당시에 수술비도 모두 무상으로 지원해줬으며 건강검진도 받을 수 있도록 조치했습니다.

한국에서 교육 훈련을 받은 산업 연수생들은 주재원과 함께 인도네시아로 돌아가 인도네시아 생산라인을 셋업하고 신규 직원들도 교육시켰습니다. 2010년부터 2013년까지는 인도네시아 공장의 현지 직원 수가 증가하면서 좀 더 체계적인 관리가 필요했습니다. 인도네시아 공장에서 중간 관리자로 성장할 자질을 보이는 직원 열 명을 선발해 한국에서 1년간 생산 관리와 제조 기술을 집중적으로 가르쳤습니다. 인도네시아 현지에서 해결할 수 없는 기술적 문제가 발생하면 본사에서 기술자를 파견해 적극적으로 문제를 해소하도록 지원했습니다.

본사의 주부 사원들도 인도네시아 제조 법인을 방문해 인도네시아 직원들에게 기술을 전수해줬습니다. 또한 대규모 현지 공장을 운영한 경험이 있고 인도네시아에 진출한 한국 기업의 인사, 노무 관리 컨설팅 경력을 가진 현지 지역 전문가를 법인장으로 임명해 주재원과 현지 직원들이 생산 관리에만 전념할 수 있도록 했습니다.

세 번째, 연구개발의 현지화입니다. 현지화의 필요성은 오랜 기간 경영 전략의 일환으로 중시됐습니다. 종업원 충성도는 물론 해당 국가의 전폭적인 지원을 받기 위해서는 현지화가 필수 조건임이 틀림없습니다. 한영넉스도 인도네시아 현지에서 자체적으로 금형제작을 하기 위해 주재원을 파견해 기술을 가르쳐줬습니다. 지금은 금형 설계 부서에서 주재원의 도움 없이도 금형설계를 할 수 있을 정도입니다.

해외 사업일지라도 현지 채용과 교육 훈련 지원을 통해 역량의 격차를 줄일 수 있습니다. 안정적인 인력 확보는 본사의 경쟁력 확보를 위해서도 매우 중요한 요소입니다.

현지화라는 블록의 센서는 당연히 현지 종업원 중 몇 퍼센트가 채용됐는가로 측정될 수 있습니다. 직접적이고 자연스럽게 측정될 수 있는 척도입니다. 그러나 한영넉스에서는 현지인의 교육 훈련 몰입도를 현지화의 핵심이라고 판단합니다. 생산, 관리, 연구개발의 모든 영역에서 얼마나 진정성을 갖고 교육에 몰입하는지 여부가 중요합니다. 교육 훈련을 실시하는 회사의 노력도 중요합니다. 현지화를 쉽게 생각해서는 안 됩니다. 교육 훈련에 대한 몰입도 수준을 측정하고 끌어올리는 노력이 모든 결과를 말해줄 수 있습니다.

♦ Measure ×Analyze ×Innovate ♦

비즈니스 질문	센서	측정 방법	한영넉스의 사례
해외 사업의 현지화를 어떻게 이루는가?	현지화	현지인 교육 훈련 수준	생산, 관리, 연구개발에 대한 교육 훈련 몰입도를 측정한다.

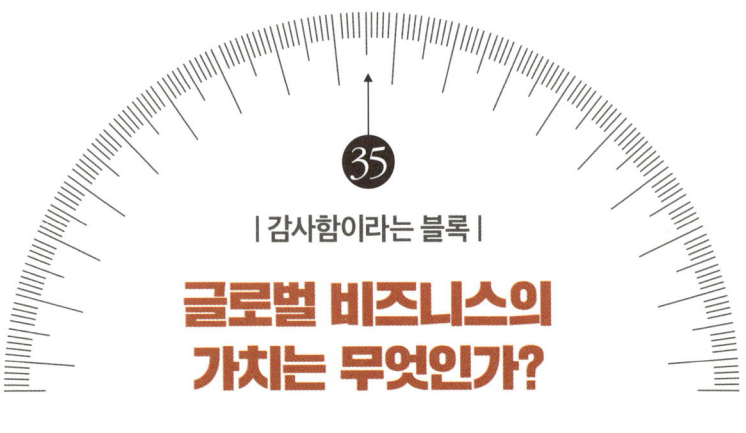

| 감사함이라는 블록 |

글로벌 비즈니스의 가치는 무엇인가?

한영넉스가 인도네시아 찌안쭈르 지역에 진출한 것은 참으로 고마운 일입니다. 인건비의 급격한 인상에 대처하기 위해 상대적으로 인건비가 저렴한 지방으로 공장을 이전해야 하는 상황에서 찌안쭈르 지역을 선택하게 됐습니다. 우리나라의 이천 지역처럼 찌안쭈르 쌀이라면 인도네시아 내에서도 생산량과 품질을 알아준다고 합니다. 주산물이 좋은 평판을 받는 지역이므로 주민의 인심이 넉넉할 수 있는 여건입니다.

땅 대부분이 논과 밭인데 논 한가운데 공장을 세운다니까 처음에는 의아해하는 주민들도 있었습니다. 점차 공장 건설이 구체화되어

가면서 지역 발전을 기대하는 분위기로 바뀌어갔습니다. 공장 건설 마무리 시점에는 인도네시아 중소기업청 장관이 공장 건설을 축하하기 위해 공장 방문을 하니 주민들의 기대가 더욱 높아져갔습니다. 몇몇 지역 노인들은 "자기가 이곳에서 태어나서 지금까지 살아왔는데 이렇게 높은 사람이 이곳에 온 것은 처음이다"라고 하면서 공장 덕분이라며 감격해 했습니다.

한영의 공장 덕분에 찌안쭈르 지역에 활기가 생기기 시작했습니다. 오후 시간이 되면 집 앞마당에서 할 일 없이 시간을 보내는 젊은 이들에게 일자리가 생긴 것입니다. 비록 일부이긴 하겠지만 지역 경제의 상징으로 자리 잡기 시작했습니다.

언어 소통이 완벽하진 않아 고마움을 표현하는 데 한계가 있지만, 마음만큼은 자연스럽게 가까워졌습니다. 이제 주변 주민들의 삶 속에 많이 다가서고 있는 모습입니다. 코로나 상황에서는 어려움에 처한 주민들에게 생필품을 지원했습니다. 공장 내 농장에서 수확한 과일, 달걀을 주민들과 나누고 상을 당한 주민들에게 회사 차원에서 지원을 해주었습니다. 건기에는 식수를 지원하고 학교, 마을회관 설립 지원 등 다양한 도움을 주며 한 가족처럼 느끼도록 노력했습니다. 사업을 한다는 것은 그 생태계와 끊임없이 소통하며 더불어 나아가는 것이 필수입니다.

"스포츠에서 우리는 인도네시아 팀을 응원하고 너희들은 물론 대한민국을 응원한다. 하지만 나와 내 가족의 삶을 위해서는 국가를 떠나 지금 내가 다니고 있는 회사가 우리에게 무엇보다도 중요하다. 회사가 잘되어서 우리의 삶도 같이 잘되도록 우리 같이 노력하자."

인도네시아 직원들의 마음속 이야기를 들노라면, 오늘도 감사하는 마음으로 성실히 근무하게 됩니다. 해외 사이트는 늘 이런 식으로 국가의 관점에서 생각하게 됩니다. 국가와 국가가 힘을 합해 비즈니스를 함께하는 상황이기 때문입니다. 인도네시아처럼 기후나 문화가 많이 다른 나라에서는 그런 감성이 더욱 강하게 느껴집니다.

2015년 인도네시아 우기에 있었던 일입니다. 현재 연구소에서 근무하는 한 직원은 생산라인이 찌까랑 공장에서 찌안쭈르 공장으로 이전되어 겨우 정상이 됐을 때 혼자 남게 된 적이 있습니다. 공장 이전 준비를 위해 본사에서 다섯 명의 특공대가 선발됐지만 이미 투입되기도 전에 두 명이 포기했으며 한 달 후에는 1명이 본사로 복귀했습니다. 석 달 후에는 나머지 한 명이 본사 복귀 명령을 받아 결국 다섯 명 중 그만 남았습니다. 그만큼 당시의 공장 이전은 어려운 여건 속에서 진행됐습니다.

당시 헌신해준 그의 경험담이 소중합니다. 우선 직원들과 소통이 쉽지 않았다고 합니다. 서너 살 아이 수준의 인도네시아어 실력과 보디랭귀지로는 한계가 있었을 것입니다. 특히 한영넉스의 동료라는 의식을 서로 느끼기에는 조금 이른 시기였습니다. 당시 그는 초승달 무늬 반팔 티셔츠를 입고 있었는데, 온통 땀에 젖은 모습이 영락없는 반달가슴곰 같았다고 합니다. 티셔츠 뒤쪽에는 땀에서 남은 소금기가 쌓이며 하얀 단층 무늬가 생기곤 했었다니 그 수고에 가슴이 찡합니다.

인도네시아는 하루에 두세 시간 하늘이 뚫린 것처럼 비가 옵니다. 하루하루 조금씩 비 오는 시간이 늦어지더니 어느 날 저녁에 폭우가 쏟아지기 시작했습니다. 공장 중간에 별안간 폭포가 만들어졌다고 합니다. 공장 바닥은 순식간에 폭포 밑 연못으로 바뀌었습니다. 그 순간 모든 현장 직원이 망설임 없이 물을 밀어내기 시작했습니다. 하지만 폭포 밑에서 공장 밖까지는 너무 멀었습니다. 순간 그에게 아이디어가 떠올랐습니다. 그는 인도네시아 동료들에게 큰 고무통과 수중펌프를 가지고 오라고 지시했습니다. 어디서 가져왔는지 모르지만 1분도 안 돼 모든 준비가 끝났습니다. 일부는 쓰레받기로 고무통에 물을 퍼 담고, 나머지는 대걸레를 들고 일렬로 나란히 서서 한 번에 우다다 달려들어 물을 밀어내기 시작했습니다. 몇 번을 왕복하며, 물을 밀어내기 위해 달리기를 했습니다. 미끄러지고 쓰러지고 그 야말로 난리가 난 상태에서 정신없이 물과 전쟁을 치렀습니다. 결국, 빠르게 공장 내부는 정리됐습니다. "그 순간, 인도네시아 친구들과 하나가 됐다는 느낌과 함께 감동이 밀려왔습니다. 엉덩이와 허리의 통증도 함께 느꼈지만요. 하하하" 그가 얘기한 당시의 풍경입니다. 먼 타지에서 하나가 된다는 의미가 무엇인지를 그 어느 때보다 생생하게 배웠다고 합니다.

글로벌 비즈니스 환경에서 감사함을 느낀다는 것은 벽을 뛰어넘는 것 만큼 어려운 일입니다. 모든 사람의 기대를 뛰어넘는 고마운 일이 진행되던지 함께할 수밖에 없는 처절한 어려움이 수반되어야만 겨우 체험할 수 있는 일입니다. 작은 마을에 정부 고위직이 나타나서 지역사회의 기대를 한껏 높였으며, 우리 직원이 홀로 인도네시아 현지 직원들과 땀에 푹 젖을 만큼 헌신을 하며 비로소 마음이 통하기 시작했습니다. 현지의 고마운 마음을 끌어내는 과정에 누군가의 희생이 필요하다는 것을 절감합니다. 사람의 마음을 얻는 일에는 예외가 없습니다. 글로벌에 대한 우리의 헌신 수준이 국가 간 고마움의 센서임이 틀림없습니다.

◆ Measure ×Analyze ×Innovate ◆

비즈니스 질문	센서	측정 방법	한영넉스의 사례
해외 기업과의 비즈니스에 필요한 기본 마인드는 무엇인가?	감사	감사의 상징	현지 발전에 대한 헌신을 측정한다.

── **8장** ──

정부 정책
글로벌 사업의 뒷배

Government support is a critical background for startups.
정부 정책은 창업을 위한 중요한 뒷배다.

| 제도라는 블록 |

정부 제도와 왜 친하게 지내야 하는가?

한영넉스 역시 초기에는 작은 계측기 제조업체에 불과했습니다. 당시 문래동의 풍경이 그러했습니다. 창업 초기에는 산업 촉진 관련 법과 관련된 정부, 협회, 연구기관 등의 역할과 기능을 지속적으로 파악하고 적극적으로 활용하는 것이 중요합니다. 특히 공업의 개념으로 시작해 산업으로 전환하는 과정에서 정부의 제도가 큰 도움이 된다고 생각합니다.

아이가 새로 태어나 걷기 시작하는 단계는 부모의 도움이 가장 필요한 시점입니다. 창업도 마찬가지입니다. 정부, 지자체, 공공기관에서는 창업과 산업 촉진을 위해 각종 지원 정책을 준비합니다. 모든 정책은 누군가 필요성을 강력하게 호소해 만들어진 것입니다.

설사 우리가 목소리를 직접 내지 않았다 해도 지원 정책은 관련된 모든 사람에게 충분히 도움을 주도록 설계되어 있습니다. 단지 참여가 소극적일 뿐입니다. 발상의 전환이 필요합니다. 각종 정책을 적극적으로 활용하기 위한 노력은 국정 리더십에 호응하는 것이자 정책의 성공을 지지하는 방식이기도 합니다. 올바른 도움을 받을수록 정부의 정책 리더십은 빛이 날 것입니다.

한영넉스에게 익숙한 법안을 시대순으로 몇 가지 소개합니다. 공업표준화법(1961), 계량법(1961), 산업표준화법(1962), 공산품품질관리법(1967), 품질경영 및 공산품 안전관리법, 전기용품 안전관리법(1974), 국가표준기본법(1999) 등이 대표적입니다. 모든 법규는 시장질서를 안정시키고 국제 무역과 산업 선진화를 위한 선제적인 노력의 수단입니다.

정부 지침을 소홀히 다룰 이유가 전혀 없습니다. 우리의 사업을 방해하는 요인이 아니라 무질서하게 난무하는 산업 내 시도들을 한 단계 끌어올리는 과정으로 보면 됩니다. 먼저 앞장서서 정책을 따르고 지침을 도입해 적용하면 선도기업이 되는 것입니다. 회사의 규모는 중요하지 않습니다. 시대의 요구에 대응하는 민첩한 대응력이 곧 회사의 경쟁력입니다.

1972년 한영전자를 창업할 당시, 정부는 제3차 경제개발 5개년 계획을 시작했고, 1973년에는 공업진흥청을 출범시켰습니다. 1962년에 시작된 경제개발 5개년 계획은 순차적으로 진행됐습니다. 제1차 계획은 주로 사회간접자본, 전력, 석탄 에너지 자원을 확보하는 데 초점을 맞췄습니다. 국가 기반 시설이 부족했기 때문입니다. 제2차 계획은 식량 자급화와 산림 녹화와 같은 기본적인 생활 수단을 확보하는 한편, 화학·철강·기계·건설 분야의 산업 고도화를 중점으로 진행됐습니다. 전쟁 이후 폐허에서 시작된 대한민국이라는 나라의 새로운 재건이라는 목표를 읽을 수 있는 전략 과제입니다.

제가 창업을 했던 1972년에는 중화학 공업화가 주요 목표였습니다. 1973년에 비록 석유 파동을 겪었지만 대한민국의 성장 모멘텀은 환경의 어려움을 거뜬히 뛰어넘었습니다. 각종 어려움을 겪으면서도 매년 9.7퍼센트라는 높은 성장률을 유지했습니다.

제1, 2차 5개년 계획을 마치던 시점에 한영넉스를 창업했다는 점에 주목할 필요가 있습니다. 당시는 정부에서 여러 분야의 산업화 촉진을 위해 국가적 차원의 지원을 시작했고, 이에 호응하듯 기업인들도 산업 설비 혹은 설비 투자 개념을 도입하기 시작하던 때입니다.

설비에 필요한 제품이 바로 온도와 습도를 측정하고 제어하는 컨트롤러입니다. 생산 설비의 온도와 습도를 모르면 시설이 과부하에 걸리는 것은 물론, 제품을 생산할 수 없습니다. 한영넉스의 제품이 산업화 촉진에 따라 수요가 폭발할 것은 불을 보듯 뻔했습니다. 마찬가지 이유로 생산 설비를 마련하려는 기업에서 외국산 제품, 특히 일본 제품들을 매우 고가에 구매하고 있었던 것입니다.

모든 제품은 품질, 표준, 기술에 대한 국가 혹은 국제 공인 규격을 준수해야 합니다. 사업하는 사람이 피할 수 없는 관문일 뿐만 아니라 일종의 보호 장치이기도 합니다. 정부는 수출을 염두에 두고 1962년에 한국표준규격협회를 창립했습니다. 그후 1993년에 한국표준협회를 출범시켜 KS표준 발간과 보급을 주도했습니다.

또한 정부는 품질관리기사를 양성해 생산 현장에 기사자격자를 배치하는 등의 조건을 법제화하며 산업화 과정에서 표준과 품질 제고를 주도했습니다. 회사 발전에 필요한 공통분모를 찾아 정부가 지원 정책을 주도적으로 펼쳐준다면 기업으로서는 참 고마운 일입니다.

특히 여유 인적 자원이 제한적인 중소기업은 관리 관점의 전문성 지원이 매우 중요한 이슈입니다. **내가 정부 정책이나 제도를 가까이하려고 노력한 배경이기도 합니다. 우리 회사 스스로 할 수 없는 일을 국가가 용케도 찾아내어 도와주려는 손길을 내밀고 있었기 때문입니다. 국가 제도라는 항공모함에 올라탄 사람만이 회사를 키울 수 있는 큰 바다로 들어설 수 있습니다.**

한영넉스는 1970년대의 품질과 표준화 인증제도, 1980년대의 국제통상 인증제도, 1990년대의 신기술 및 신제품 인증제도 등과 같은 대형 항공모함에 꾸준히 승선했습니다. 국가 산업 진흥을 위해 대한민국이 직접 만들고 세계를 향해 출항을 준비하던 시절의 이야기입니다. 그러한 정부 제도들 덕분에 한영넉스는 학습을 통해 미래를 준비할 수 있었습니다.

정부가 운영하는 인증 제도와 인정 제도에 따른 인증 마크가 고객 신뢰도를 향상시키고 제품 개발 과정의 기술 혁신을 주도하는 계기를 마련했습니다. 대표적인 인증 제도가 신기술인증(NT, NET), 신제품인증(NEP), KS 표시 인증, KC 안전 인증 제도 등이며 현재도 이를 활용 중입니다. NET(New Excellent Technology) 신기술 인증 제도는 국내 기업이나 연구 기관, 대학 등에서 개발한 신기술을 조기에 발굴해 우수성을 인증합니다. 이를 통해 개발된 신기술의 상용화와 기술 거래를 촉진하고 해당 기술을 활용한 제품의 신뢰성을 제고시켜 줍니다. 결과적으로 구매력 창출로 이어져 초기 시장의 진출 기반을 조성하고 있습니다.

한영넉스는 1989년에 사내 표준화 체계를 확립시켰습니다. KS 인증 제품은 디지털 온도지시조절계(제품명: DX) 4개 품목이고, KC 안전인증은 온도조절계, 타이머/카운터, 패널미터 등 14개 품목에 30여 종을 보유하고 있습니다. 기술 기업이라면 기업을 위해 추진되고 있는 정부의 각종 제도에 적극적으로 동참해야 합니다.

최근 정부는 각종 제도를 민간 부문에 맡겨 자율적으로 운용하도록 하는 정책을 펼치고 있습니다. 기본적인 제도들이 이미 정착된 이유도 있지만, 정부에서 변화무쌍한 시장의 변화에 발맞춰 기업의 공통분모를 찾아 정책으로 지원하기에는 역부족이기 때문입니다.

현재 정부와 민간 부문의 주도권을 누가 쥐고 있는지 잘 살펴야 합니다. 예컨대 미국은 표준과 품질 관련 인증 제도를 민간 부문에서 주도합니다. 미국의 민간 영역에서 전 세계 지식의 헤게모니를 확보해 움직이고 있어 정부가 별도로 나서지 않아도 선도적인 역할을 하기 때문입니다.

하지만 선진국이 주도하는 정책에 대응해야 하는 후진국일수록 여전히 정부 정책에 대한 의존도가 높습니다. 주도권이 누구에게 있는지를 보면 국가 경쟁력을 판단할 수도 있습니다. 반면 독일 같은 나라는 정부와 민간 부문에서 체계적으로 균형을 유지합니다. 그들은 정책의 실효성을 중시하기 때문입니다.

정부 제도라는 블록의 센서는 제도의 효과성입니다. 혹자는 정부 정책이 늘 뒷북을 친다고 말합니다. 제도의 도입이 늘 업계의 변화 흐름보다 늦는다는 것이 이유입니다. 정부에서는 당초 목표를 일정 수준 이룬 후에야 다음 목표를 위해 제도를 변경하는 경향이 있습니다. 따라서 늦깎이로 제도를 도입한 기업은 제도의 효과성을 제대로 누리기가 어려울 것입니다. 제도 도입의 타이밍을 앞당겨 효과성이 높은 시점에 참여할 필요가 있습니다. 정부 제도라는 블록의 센서로 효과성을 측정하는 안목을 갖추어야 합니다.

♦ Measure ×Analyze ×Innovate ♦

비즈니스 질문	센서	측정 방법	한영넉스의 사례
정부 제도를 활용하는 좋은 방법은 무엇인가?	제도	제도의 효과성	제도의 효과성에 대한 타이밍을 중시한다.

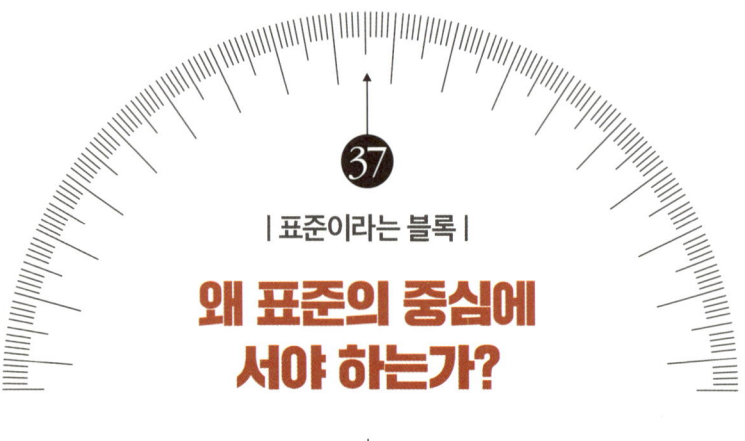

| 표준이라는 블록 |

왜 표준의 중심에 서야 하는가?

"표준은 총소리 없는 전쟁과 같습니다. 표준 영역을 확보하면 비즈니스의 고지를 점령하게 됩니다."

국내 시장은 국내 시장대로, 국제 시장은 국제 시장대로 시장 질서를 주도하는 표준 제도가 존재합니다. 예컨대 KS 마크를 떠올리면 이해하기 쉽습니다. 한국의 표준 인증 제도를 준수해 제품을 생산하면 국가에서 인정해주는 것입니다. 표준을 준수하지 않으면 품질이 아무리 좋아도 소용이 없습니다.

모든 건전지는 표준화를 따릅니다. A, AA, AAA. 그 치수를 정확히 맞추지 않으면 사용할 수 없습니다. 다른 제품도 건전지의 표준을 염두에 두고 제품을 제작하기 때문입니다. 표준이야말로 비즈니스 세계에서 서로를 이어주는 일종의 길(road)과 같습니다. 선발 주자가 길을 개척하면 후발 주자가 그 길을 따르게 됩니다.

한영넉스는 창업 초기부터 표준에 관심을 두고, 표준을 기반으로 기업의 지속가능한 성장을 계획하고 추진했습니다. 품질경영에 필요한 ISO9000, 9001, 9004 등의 9000계열, 수출 등 글로벌 경영을 위해 제품과 부품에 필요한 ISO/IEC와 일치하는 KS 표준 등의 산업표준, 정밀도 향상 등에 필요한 측정 표준 등을 현장에 도입해 성과로 연계하는 노력을 해왔습니다.

틈새시장 확보 등에 필요한 다품종 소량 생산 제품과 부품의 경우에는 각 기업의 특성에 적합한 단체 표준, 사내 표준 등을 적용해 공급을 추진하고 있습니다. 수출하는 제품도 예외는 없습니다. 국제 표준 적합성을 인증받아야만 수출할 수 있습니다. 당연히 모든 업무의 기본으로 작동합니다. 이렇듯 사업을 하는 과정에서 표준 체계를 통해 공동으로 협력하며 상호 간의 이익을 위해 노력하고 있습니다.

신기술을 적용한 제품 개발 단계부터 생산 비용 최적화 측면을 고려해 표준화를 최우선으로 생각하고 반영할 때 이익 창출로 이어집니다. 한영넉스에서 제조하는 모든 제품은 설계, 제조, 공정 표시 등까지 글로벌 표준에 맞게 제작되고 있습니다. 모든 제품의 수출을 염두에 둔 표준화 전략의 일환입니다.

반면 표준을 충분히 고려하지 않는 제품도 있습니다. 모든 부품이나 제품이 표준을 따라야 하는 것은 아닙니다. 표준을 요구하는 환경이 아니거나 판매 수량이 적어서 표준을 반드시 확보하지 않아도 되는 경우입니다. 특히 우리처럼 다품종 소량 혹은 변량 생산 시스템을 운용하는 기업이라면 더욱 그러합니다. 특정 사양을 반복적으로 활용하지 않을 경우에는 고객사에서 요구하는 사양에 맞춰 제공하는 정도로도 충분합니다.

한영넉스는 부품 표준화의 중요도를 감안해 아예 생산 프로세스의 일부로 접목하고 있습니다. 표준화 관리 대상의 제품을 부품별로 선정해 설계, 제조, 외주 조달, 지그, 공구, 표준 품질 담당자를 교육해 관리합니다. 최종 제품에 대해서는 고객 평가와 불만 처리(VOC, Voice of Customers) 시스템을 갖추고 있습니다.

신제품 생산 단계의 표준 관리를 살펴보겠습니다. 준비 단계에서부터 품질 문서 등 기본 사항에 대한 표준 점검을 실시합니다. 이후 자재 구매 검사, 생산 설비 검사, 제품 제조 검사, 포장 표시 검사, 판매 불만 처리 및 서비스 절차 등까지 표준화를 적용하고 있습니다. 또한 국제 표준 관점에서도 주요 단계를 관리합니다. 만약 판매 협상이나 제품 인도 이후에 표준 체계 준수 여부로 문제가 발생해 뒤늦게 후회하면 이미 늦습니다.

1992년 〈중앙일보〉에 소개됐던 기사는 표준화를 해야만 생산 비용 절감이 가능하다는 것을 강조하고 있습니다.

"업종별로 많이 쓰는 부품의 표준 규격화가 제대로 이뤄지지 않고 있다. 국내 업체가 신상품을 개발할 때 상품 설계를 하고 다시 부품 설계를 해서 이를 하청 공장에 주어 부품 공급을 받아야 하는 데 비해 미국 등 선진국은 규격 부품에 맞게 상품 설계만 하면 바로 조립 공정에 착수, 생산을 개시할 수 있어 국내 업체 경쟁력 향상의 발목을 잡고 있다. … 외국의 경우, 사내 표준 규격, 단체 규격, 국가 규격, 지역 표준(유럽의 표준 규격), 국제 규격으로 단계적으로 이행하는 데 비해 한국은 국가 규격 우선으로 출발하는 바람에 업종별 단체 규격 등이 상대적으로 뒤떨어져 있다. 또한, 국내 업종별 협회의 활동이 미약한 데다 전자·자동차 등 주요 업종마다 이미 3~4개의 주력 업체들이 자리를 잡아 어느 한 부품을 표준 규격으로 지정하면 설비의 대폭 교체가 불가피한 타 회사의 심각한 반발로 단체 규격의 제정이 갈수록 힘든 실정이다."

지난 30년간 우리나라는 표준 분야에서 크게 발전했다고 생각합니다. 정부도 많이 노력했고 수출을 주도하는 기업들도 현장에서 발생하는 각종 표준 관련 문제점을 해결하기 위해 앞장선 결과입니다. 우리 회사 역시 계측기 관련 국제 표준 관리에 큰 관심을 갖고 나름의 리더십을 발휘하고 있습니다.

국제 표준과 관련해 한영넉스가 추진한 독특한 기능과 노력 중에서 각종 계측기기 KOLAS 공인 교정 기관(Calibration Laboratories)

운영이 대표적입니다. 쉽게 말해 온습도 등과 관련하여 표준 준수 여부를 시험하고 확인하는 기능을 아예 우리가 자체적으로 운영하고 있습니다. 그만큼 국내에서 선도적인 지위를 가지고 있음을 의미합니다. 공인 규정을 자체적으로 확보하고 있는 덕분에 측정기의 정밀·정확도를 지속적으로 유지하면서 제조 공정에서 제품의 균질성과 성능을 보장할 수 있습니다. 시험 및 연구 기관에서 산출하는 측정 결과를 통해 대외적인 신뢰도를 확보하는 것은 자연스러운 부산물입니다.

국제 표준이나 국제 규격 제도는 무역에서 발생하는 기술 장벽을 해소하는 노력의 일환입니다. 국제 규격에 부합하기 위해 국가 간 제도 및 적용 규격의 차이점을 해소하고 무역 과정에서 발생하는 불이익을 사전에 대비할 수 있도록 적합성 평가 제도를 운영하는 것입니다.

공정한 상거래를 위해서는 국제적으로 약속된 국제 표준 단위(SI unit)에 의한 측정의 소급성을 유지하고 측정 결과의 신뢰성을 확보해야 합니다. 무역 강국들은 자국 산업과 소비자, 안전 및 환경 보호 등을 위해 기술 표준 장벽을 점차 높이고 있습니다. 한영넉스도 KOLAS 공인 교정 기관으로서 국제 수준에 버금가는 표준으로 향상시키기 위해 노력하고 있습니다. 이를 토대로 국제 인정 기구 간 상호 인정 협정을 활용해 비즈니스를 진행하고 있습니다.

공인 교정 기관의 필요성에 대해 조금 더 부연 설명하고자 합니다.

모든 계측기는 주위 환경, 사용 빈도, 부품의 열화, 마모 등의 요인으로 일정 기간 동안 사용하고 나면 측정치에 미세한 오차가 발생합니다. 계측기기의 오차는 균일한 품질 유지를 방해하며 심지어 기업 이미지를 훼손하기도 합니다. 정기적인 계측기 교정은 필수입니다.

간혹 기업에서 일부러 계측기를 초기화하지 않았더라도 오차로 인해 오해를 받을 수 있습니다. 예컨대 고기의 무게를 측정하는 저울에 오차가 있다면 고객은 같은 돈을 내고도 상대적으로 적은 양의 고기를 살 수도 있습니다. 판매자가 의도하지 않았어도 얼마든지 이를 왜곡해 판단하는 이슈가 될 수 있습니다. 이렇듯 올바른 계측기의 검·교정은 모든 거래의 기본입니다.

정기적인 계측기의 교정은 생산 제품의 품질 유지를 위해 매우 중요한 과정입니다. 교정은 모든 제조 공정의 기초가 되는 계측장비의 건강 상태를 진단하는 것이라 생각하면 됩니다. 산업 현장에서 사용 중인 계측기기를 더욱 정밀하고 정확한 상위 표준기의 결과와 비교해 피교정기기의 오차를 구하는 절차입니다.

한영은 공장 자동화 제어기기 제조업체의 선두주자로서 제품의 신뢰성 및 정확도 향상에 힘써왔습니다. 1990년 12월 공업진흥청으로부터 국가교정기관으로 지정을 받은 이후, 지금까지 제품의 신뢰성 및 정확도를 높이기 위해 사내 계측장비의 자체 교정 및 외부 계측기기들을 교정하고 있습니다. 자사 기준기의 소급성을 유지하기 위해 한국표준과학연구원 등 대외적으로 공신력 있는 기관의 더 정확한 표준기를 기준으로 정기적으로 계측장비의 교정 검사를 받고 있습니다.

사내에서 국가교정기관을 운영하는 의미는 상당합니다. 그 덕분에 제품 구입과 동시에 KOLAS 교정, 제품 수리 및 조정 서비스, 사후 관리까지 한곳에서 한 번에 신속하고 편리하게 이용할 수 있는 원스톱 서비스를 제공하고 있습니다. 사실 교정 사업은 많은 수익을 내는 사업은 아닙니다. KOLAS 교정 기관을 유지하기 위해 보유하고 있는 기준기가 워낙 고가이므로 대량의 교정 수행을 하지 않으면 수익을 내기가 힘듭니다. 그러나 표준화를 통한 국가 경쟁력 강화 및 계량 산업 발전에 기여하는 것은 물론, 신뢰성 및 정확도 높은 제품을 고객에 제공할 수 있기에 앞으로도 정부와 고객에게 감사하는 마음으로 교정 기관을 유지하고자 합니다.

표준이라는 블록의 센서는 주도권이라고 말하고 싶습니다. 자신의 사업과 관련된 표준에 어느 정도 주도권이 있는지를 인지해야 합니다. 그리고 가능하다면 표준을 주도할 위치에 서기 위해 노력해야 합니다. 표준이 미래 사업의 크기를 결정하기 때문입니다.

♦ Measure ×Analyze ×Innovate ♦

비즈니스 질문	센서	측정 방법	한영넉스의 사례
비즈니스의 주도권을 어떻게 확보하는가?	표준	표준의 범위	가급적 빠른 시점에 표준을 사업에 반영한다.

| 특허라는 블록 |

왜 중소기업에서 특허를 중시해야 하는가?

사업을 하면서 처음부터 일본 기업을 경쟁 대상으로 삼은 것은 큰 행운입니다. 경쟁은 말일 뿐, 온통 벤치마킹의 대상이었습니다. 벤치마킹이라고 할 일도 아니었습니다. 똑같이 복사품 혹은 모사품을 생산하고 싶었지만 말처럼 쉽지 않습니다. 당연히 그들의 기술이 부러웠습니다.

기술의 격차는 공식적으로 보유한 특허에서 차이가 확인됩니다. 기술 격차에 대한 현실적 부러움의 수준은 특허의 차이로 측정할 수 있었습니다. 중소기업 제품일수록 시장의 지위가 약합니다. 대기업이 진입하는 순간 모든 기술이 짧은 시간에 따라 잡힐 수 있습니다. 우리는 두세 명이 하는 일을 그들은 적어도 열 배 이상의 인력과 장비를 투입해 진행시키기 때문입니다. 기업의 규모가 작을수록 확실하게 존재감을 갖추고 기술을 객관적으로 확인해야 합니다. 그래서 사업 초창기부터 특허에 눈을 뜨게 됐습니다.

남들과 다른 전략을 추진하기 위해서는 반드시 해당 분야에서 오랜 기간 활동하며 전문적 식견과 비전을 가진 사람이 필요합니다. 회사 내부에서 특허 관련 전문가를 찾기는 어려운 상황이었습니다. 마침 특허청에서 정년 퇴임을 하신 분을 알고 있었습니다. 여러 가지 면에서 배울 점이 많은 분이라 그분이 근무하는 변리사 사무실과 특허관리 업무 협약을 맺었습니다. 특허를 경영의 한 축으로 생각하는 계기가 됐습니다. 특허 관련 직원 교육 및 전반적인 조언을 들은 후에 특허 200건 갖기 운동을 대대적으로 전개했습니다. 전사적인 동참이 필요한 운동이었습니다.

경영을 하며 배운 점이 있다면 직원들은 이벤트를 통해 학습한다는 사실입니다. 조용한 메시지는 시간이 지나면 잊힙니다. 반면 대표가 요란을 떨고 강조한 운동은 기업에게 일종의 나이테를 만들어줍니다. 직원들의 머리에 선명하게 운동의 의도와 결과가 새겨진다는 것을 여러 차례 확인했습니다.

특허도 예외가 아닙니다. 한영의 직원들과 함께 특허 200건 갖기 운동 배지도 만들고 표어도 만들어 회사 곳곳에 부착했습니다. 지금도 당시에 인연을 맺은 변리사 사무실과 업무를 진행하고 있습니다.

기술은 인내심을 가져야 하는 영역입니다. 대표부터 직원까지 모든 이해관계자가 관심을 가져야 합니다. 기술적 차별화는 관심의 차별화에서 시작되기 때문입니다.

창업 초기부터 노력한 끝에 한영넉스는 현재 많은 특허를 보유하게 됐습니다. 제품 디자인이 가장 많고 상표와 제품에도 특허를 다수 보유하고 있습니다. 기술 개발과 실용화를 통해 중소 제조 기업에서 제품을 시장에 출시하면 주요 기업사에 인도하기까지 동종 업체와 고유의 기술, 디자인, 상표를 놓고 경쟁을 피할 수 없습니다. 기본적으로 동종 업계 내에서 경쟁할 경우에는 기술의 높은 수준도 중요하지만 우리 제품에 필요한 기술을 반영한 특허가 분쟁을 피하게 도와줍니다. 또한, 안정적으로 매출과 연계할 수 있어서 매우 효용 가치가 높습니다.

현재 우리는 로열티를 지불하지 않고 있습니다. 로열티를 지불하면서 더 혁신적인 제품을 만들어냈다면 높은 매출을 기록했을지도 모릅니다. 하지만 내실 없는 외연 확장은 수익 관리의 어려움을 초래할 뿐입니다. 겉으로는 제아무리 이윤을 남기는 듯 보여도 안으로는 기술 로열티를 지불하면서 남 좋은 일을 할 뿐입니다. 결국 수익은 기술에서 나옵니다.

기계, 전기, 전자 장비의 부품과 제품을 많이 사용하다 보면 일부 제품에서 디자인 특허도 매우 중요합니다. 제품은 호환성, 조립과 분해 용이성, 재질 등을 잘 고려해 디자인해야 합니다. 또한 제품의 기본 성능, 품질과 함께 디자인은 사출기, 압출기, 항온항습기, 리플로우, 포장기기, 오븐, 열처리로 등의 성능을 끌어올리는 핵심 역할을 한다고 생각합니다.

특허의 성격도 중요한 요소입니다. 일반적으로 특허 관련 서류의 맨 마지막 부분에 '청구의 범위'란 항목이 존재합니다. 각각의 소항목에는 특허를 통해 보호하고자 하는 구체적인 내용들을 기입해야 합니다. 발명을 통해 탄생한 물질이면 물질 특허, 무언가를 만드는 방법이면 제법 특허, 새로운 용도이면 용도 특허, 효과를 증진하는 방법이면 제형 특허 등으로 구분됩니다. 각각의 독창성과 활용성 등을 고려해 인정해주는 제도인 만큼 특허를 통한 기술력 확보는 섬세한 관리를 수반합니다.

4차 산업혁명 시대에는 대기업은 물론 중소기업도 특허 전쟁을 피할 수 없습니다. 효과적인 기술을 더 많이 보유하고 있는 기업이 시장에서 지위와 영향력을 확보합니다. 미국 MIT 공대의 경우, 매년 특허 관련 기술료로 우리 돈으로 약 1,000억 원의 로열티를 받고 있다고 합니다. 국내 대학에서도 특허와 지적 재산권의 중요성을 인지하고 특허 전쟁에 대비하고 있다고 합니다. 이미 100억 원에 가까운 지적 자산 수입을 올리는 대학들이 등장하고 있습니다.

우리는 기술, 특히 특허가 이미 경쟁의 무기인 시대를 살고 있습니다. 따라서 특허라는 블록의 센서는 관련 기술의 효과성으로 판단되어야 합니다. 한영넉스는 제품 설계와 관련된 특허에 높은 우선순위를 두고 있습니다. 설계 단계에서의 차별화를 시작하기 위해서입니다. 기업마다 중점을 두는 사항이 다를 것입니다. 특허 관리에도 전략이 필요합니다. 기술 경영 시대에 발맞춰 경영진도 특허 관리를 통해 리더십을 발휘해야 합니다.

◆ Measure ×Analyze ×Innovate ◆

비즈니스 질문	센서	측정 방법	한영넉스의 사례
무엇이 중소기업의 경쟁력을 높이는가?	특허	특허의 효과성	제품 설계 단계의 특허를 중시한다.

| 포상이라는 블록 |

국가로부터 인정받는다는 의미는 무엇인가?

　기업을 운영하다 보면 상을 받을 기회가 있습니다. 요즘은 포상 제도가 넘쳐나는 분위기라 상이 흔하다는 비판의 목소리도 큽니다. 포상 제도를 활용해 비즈니스를 유지하는 일부 단체가 있다는 소리도 들었습니다.

　한영넉스는 정부 공인의 포상 제도를 중시합니다. 물론 정부 포상 중에서도 회사의 비전과 중장기 발전 방향에 도움이 되는 제도에 초점을 맞춥니다. 치열한 업계 내 경쟁을 피할 수 없는 중소기업의 특성상 안팎으로 내실을 기하기 위한 다양한 방법이 필요합니다. 국가 공인의 포상에 집중하는 것도 구성원에게 분명한 목표를 제시하고 정부 정책의 선두주자가 되기 위한 평판 관리 전략의 일환입니다.

한 기업이 오랜 기간 사업을 하려면 브랜드 파워가 필요합니다. 명성이 높을수록 시장에서 인정하는 신뢰 수준도 높아집니다. 대기업은 고객이나 사회와의 접점이 많습니다. 자신들의 기술을 널리 알리고 사회 공헌에 대한 이미지를 부각시키기 위해 홍보실을 별도로 두거나 사회 공헌 부서를 설치해 브랜드 관리를 하는 기업이 대부분입니다.

기업의 이미지 관리 자체도 일종의 사회적 책임에 포함됩니다. 친절을 강조하는 기업, 상생을 중시하는 기업, 차별 철폐를 홍보하는 기업, 창의성을 돋보이게 하려는 기업 등 각자 목적과 장기적 안목을 가지고 노력합니다. 사회의 구성원이기도 한 기업이 소비자는 물론, 국가에 유무형의 도움을 주고 있다는 것을 강조하기 위한 일종의 전략입니다.

한영넉스처럼 기업을 고객으로 삼는 기업은 일반 고객과의 접점이 제한적입니다. 그만큼 기업의 미션을 노출할 수 있는 접점이 제한적이라는 뜻입니다. 한영넉스의 직원들이 우리 사회에 얼마나 기여하고 있는지를 쉽게 확인할 기회도 드뭅니다. 따라서 우리가 맡은 미션을 최고 수준으로 달성하기 위해 최선을 다하고 있다는 것을 알 수 있는 기준은 포상이 전부입니다. 또한 정부에서 인정을 받으면 임직원은 자부심을 가질 수 있습니다. 정부의 포상은 기업을 평가하는 직접적인 척도에 해당되기 때문입니다.

지난 50년간 한영넉스는 정부의 상훈 제도를 통해 많은 훈·포장을 받았습니다. 너무나 감사한 일이고, 한영 직원들이 쏟은 노력의 결과입니다. 모든 훈·포장이 소중한 상입니다. 특히 금탑, 은탑, 동탑, 석탑 훈장은 기업을 경영하는 사람으로서 큰 자부심을 갖게 해줍니다. 지속가능한 경영을 통해 기업이 잘하는 사업 분야에서 글로벌 기업으로 우뚝 서달라는 국민적 요구의 상징이라고 생각합니다.

국가 포상은 한영넉스 구성원에게 주는 보상이기도 합니다. 대표 혼자서 하는 일은 아무것도 없습니다. 그런 만큼 내부에서 구성원들이 고생해 만든 결과물이 외부에서 마땅한 인정을 받도록 대표는 노력해야 합니다. 그것이 바로 비즈니스의 외적 환경을 맡아 사업을 이끌어가는 경영진의 책임 영역입니다. 한영의 구성원들이 회사를 위해 노력한 공로에 더없이 감사할 따름입니다.

2022년 한국표준협회는 60주년을 맞아 행사를 치렀습니다. 한영넉스는 기념 행사에서 품질을 대표하는 중소기업으로 인정을 받았습니다. 또한 나를 중소기업의 대표 경영자로 선정해 기념 영상물도 제작해줬습니다. 국가 품질 정책을 주도하는 기관에서 60년 업적을 정리하며 만든 영상에 한영넉스가 포함될 수 있었던 것도 좋은 평판이 있었기에 가능했다고 생각합니다.

포상이라는 블록의 센서는 사회에서의 평판과 영향력으로 압축됩니다. 평판과 영향력은 여러 가지 관점에서 정의될 수 있습니다. 벤치마킹의 대상으로 도약할 수 있다는 시그널이기도 합니다. 또한 제품과 서비스는 물론 훈·포장을 통해 기업 이미지와 평판은 한층 더 상승합니다. 훈·포장은 기업이 갖고 있는 평판에 좋은 옷을 입히는 것과 비교될 수 있습니다. 무엇보다 조직 구성원이 자신들의 영향력에 얼마나 만족하고 있는지가 중요합니다. 그들의 자부심이 평판을 판단하는 간접 척도가 되어줄 것입니다.

♦ Measure ×Analyze ×Innovate ♦

비즈니스 질문	센서	측정 방법	한영넉스의 사례
왜 국가로부터 인정을 받아야 하는가?	평판	평판에 대한 자부심	임직원의 자부심에 미치는 영향력을 본다.

| 울타리라는 블록 |

정부는 울타리인가, 방해꾼인가?

　모든 조직은 각자의 울타리 안에서 성장합니다. 그 울타리는 국가일 수도 있고 특정 지역일 수도 있습니다. 한영넉스는 대한민국의 발전과 함께했기에 정부가 가장 중요한 울타리 역할을 했습니다. 우리 회사는 창업기, 성장기, 혁신기, 선도기의 네 단계를 거쳐 성장했다고 봅니다.

　한영넉스의 창업 단계는 창업 이후 1990년까지로 구분할 수 있습니다. 이 시기에는 정부의 공업진흥 지원 제도를 적극 활용했습니다. 1973년 정부에서는 공업진흥청을 출범시켜 국가의 산업화를 적극 촉진했습니다. 그보다 1년 먼저 창업한 우리 회사는 가뭄에 단비를 만난 듯 공업진흥청으로부터 큰 힘을 얻었습니다. 공업진흥청은 새로 창업한 회사를 위해 기술과 표준 지원, 품질 교육, 기술 개발 정책 자금 등을 제공해줬습니다. 또 제품 개발에 대한 시험 분석을 지원하는 국립표준공업시험연구소, 표준과 품질을 지도하고 자문하던 한국공업규격협회 등은 매우 든든한 버팀목이 됐습니다.

창업 초기에는 모든 것이 부족한 시기입니다. 정부나 지자체 혹은 대학 같은 공인 기관에서 지원하는 정책을 잘 반영해야 합니다. 전문가와 공식 제도에 기초해 설계된 지원 체계이므로 해당 시점에서 그 역량은 최고의 수준이라 판단할 수 있습니다. 그러한 지원을 가치 있게 받아들이는 능력은 온전히 창업하는 기업의 몫이라 하겠습니다.

성장 단계는 1991년부터 25년 정도로 요약할 수 있습니다. 이 기간에는 중소기업 지원 제도를 적극 활용했습니다. 한영도 어느 정도 중소기업의 틀을 갖추게 됐으며 정부 또한 중소기업 정책을 고도화시키던 시점입니다. 흐름을 잘 타면 모든 것이 순조롭습니다.

1996년에는 공업진흥청이 중소기업청으로 개청됐습니다. 단순한 공업진흥을 넘어 대기업과 차별화된 정책으로 정교하고 전문적인 지원을 펼쳤습니다. 중소기업의 공장 자동화, 정보화 기술 지도, 그리고 제조 공정에 필요한 시설 자금의 장기 저리 융자, 신기술 및 신제품 개발에 필요한 정책자금 지원 등은 중소기업에게 매우 유용했던 정책 지원이었습니다.

정부가 내민 도움의 손길이 국가 발전과 더불어 전문화되고 있다는 것을 현장에서 느낄 수 있었습니다. 그 덕분에 우리 회사도 제품 개발은 물론 기술 개발에 대한 중장기 로드맵을 구상할 수 있었습니다.

2015년 즈음부터 시작된 혁신 단계는 4차 산업혁명의 영향을 크게 받았습니다. 선진국과 대기업에서 산업 4.0에 대한 새로운 변화를 주문하기 시작했고 우리나라에서도 중기청을 중기부로 확대 개편해 대응하기에 이르렀습니다. 우리도 스마트 공장(Smart Factory) 구축의 필요성을 크게 느끼며 정부가 주도하는 사업에 동참해 적절한 지원을 받으면서 일부 공정을 스마트 시스템으로 선진화했습니다.

2020년에는 산업통상자원부 산하 연구 기관인 한국전자기술연구원(KETI), 시험연구 인증 기관인 한국기계전기전자시험연구원(KTC)과 업무협약(MOU)을 맺어 글로벌 스마트 제조 시스템(Global Smart Manufacturing System)을 구축했습니다. 국가 전문 기관에는 시험 장비는 물론 중소기업이 확보하기 어려운 석박사급 전문가들이 포진해 있습니다. 우리는 전문적인 협력 체계를 활용해 차세대 핵심 부품 연구개발, 신제품 신뢰성 검증, 기술 실용화 등 전 과정에 걸쳐서 전문성을 확보하며 4차 산업혁명에 대응하고 있습니다.

해외 진출을 시도하면 국가 경쟁력을 피부로 느끼게 됩니다. 대한민국은 반도체, 자동차, 스마트폰, 가전 등 우수한 전자 제품의 생산국이라는 좋은 국가 이미지를 갖고 있습니다. 그 덕분에 인도네시아, 베트남, 중국 등에 진출하기 위한 준비와 기획 단계에서는 순항할 수 있었습니다. 국가에 감사하는 마음이 저절로 생겼습니다. 그럼에도 불구하고 실제로 현지 공장 건설을 위한 허가, 설계 시공, 준공과 관련해서는 인도네시아 법과 제도, 문화, 종교, 종업원의 특성 이해 등에 따르는 많은 애로 사항도 있었습니다.

준공 이후 현지에서 주요 부품의 설계, 제조, 조립, 검사, 포장 등에 따르는 일련의 작업은 반드시 극복해야 할 과제였습니다. 그 해결 방안의 일환으로 교육 훈련, 연수 프로그램, 현지화, 지역 사회 봉사와 공헌 등을 수행하며 점차 안정화될 수 있었습니다. 수많은 중소기업이 비슷한 절차를 거치고 있지만 각 기업들이 일일이 고생하며 비슷한 경험을 했을 겁니다. 국가 차원의 교류가 제한적이라는 의미이기도 합니다. 우리의 울타리가 더욱 넓어져서 단순한 브랜드가 아니라 구체적인 행정 체계까지 영향력을 미치기를 기대합니다.

대한민국의 기업가로서 국가가 자랑스럽고 국가에 고맙게 생각하는 마음을 갖고 있습니다. 만약 대한민국이 아니었다면 가능했을지를 생각하면서 큰 자부심을 느끼기도 합니다. 우리나라는 현재 대단위 아파트 단지는 물론 공업 단지 등에도 초고속 인터넷 인프라를 완벽하게 갖추고 있습니다. 저비용 고품질의 인터넷을 사용할 수 있다는 것은 기업이 업무 처리에 최소 비용 대비 최대 효과를 볼 수 있다는 말이기도 합니다. 너무나 당연하면 고마움을 느끼지 못하는 법입니다. 이번에 글을 쓰면서 국가에 대한 고마운 마음이 한없이 커졌습니다.

또한 공단의 위치적 특성상 다양한 일이 발생할 수 있음에도 직원이 안전하게 출퇴근하고 근무할 수 있도록 안전한 지역 사회 유지에 애쓰는 경찰, 소방서, 관련 공직자 등에게도 참으로 감사합니다. 가족, 직원, 국민이 모두 적은 비용으로 질 좋은 의료 서비스를 받을 수 있는 국가 체계 덕분에도 기업 경영에 매진할 수 있습니다. 코로나 사태에 주야로 수고하신 의료진, 방역 종사자 등 관련 분야 종사자들에게도 경의를 표합니다. 한국이라는 울타리를 벗어나 느꼈던 소소한 애국심입니다.

  우리의 부모님 세대는 해방, 전쟁 등의 역사 속 어려운 시기를 극복하기 위해 희생으로 자식 교육에 헌신하셨습니다. 그런 덕분에 나는 정부가 국가 경제 발전에 대한 목표와 비전을 수립하고 추진하는 시기에 기업을 창업할 수 있었습니다. 정책 제도와 지원의 도움을 받아 기업가 정신을 발휘할 수 있었습니다. 오늘의 한영넉스를 성장시킬 수 있었다는 사실에 감사한 마음을 갖습니다.

  국가 이외에도 주변에는 작은 울타리들이 있습니다. 한국표준협회가 주관하는 표준과 품질 교육, CEO 리더십 포럼 세미나 등 다양한 행사에 참여해 많은 것을 배웠습니다. 그것들을 경영에 반영함으로써 지금의 동반자적 성장을 이룰 수 있었던 것을 항시 고맙게 생각하고 있습니다. KS 표준 관련 정보를 획득해 사용하며 제품을 개발하고, 직원의 품질 교육을 했던 것이 매우 큰 도움이 됐습니다.

  매달 열리는 조찬 세미나도 기업인에게 매우 유익하리라 생각합니다. 하계 제주도 포럼 행사 등의 최고 경영자를 위한 세미나는 리더십, 소통, 건강 관리, 문화 체험 등 다양한 프로그램을 통해 휴식, 힐링, 충전의 매우 좋은 기회를 제공해줬습니다. 다양한 분야의 리더를 만나며 구축한 네트워크는 기업 경영에 소중한 참고점이 되고 있습니다. 2022년 3월 한국표준협회 60주년 행사 또한 매우 뜻깊은 자리가 돼주었습니다. 돌아보면 표준협회 또한 한영넉스의 좋은 울타리 역할을 톡톡히 해줬습니다.

국가는 기업의 울타리입니다. 국가 정책을 대행하는 기관도 울타리 역할을 해줍니다. 울타리의 평판이 곧 기업의 가치를 결정합니다. 우리나라를 벗어나 해외에 나가 보면 울타리의 평판을 피부로 느끼게 됩니다. 글로벌 시장에 진출하면서 한국이라는 국가의 울타리를 고맙게 생각합니다. 또한 중소기업을 지원하는 강건한 글로벌 사업의 플랫폼이 돼주길 기대합니다. 한국표준협회처럼 전문 영역에서 울타리 역할을 해준 공공기관에게도 감사함을 느낍니다. 국가든 단체든 그들의 국제적 평판과 명성이 곧 우리 기업의 평판을 결정짓습니다. 더불어 함께 노력해야 할 것입니다.

♦ Measure × Analyze × Innovate ♦

비즈니스 질문	센서	측정 방법	한영넉스의 사례
국가는 기업에 어떤 의미인가?	울타리	울타리의 평판	지속적인 관계성을 중시한다.

9장

현장

누구나 현장에서 사업을 시작한다

The unique and first signal of business, field.
현장, 비즈니스의 독특한 첫 시그널

| 현장이라는 블록 |

현장이 경영의 시작과 끝인 이유는 무엇인가?

경영은 가치사슬에 의해 촘촘히 연결되어 있습니다. 우수한 역량을 가진 직원이 제품을 생산하면 고객에게 판매해 고객만족도와 충성도를 확보함으로써 재무 가치인 매출과 수익 증대에 초점을 맞춥니다. 생산과 판매의 연쇄 활동이 이뤄지는 무대가 바로 현장입니다. 영어로는 필드(field)라 부릅니다. 모든 비즈니스는 현장에서 시작됩니다. 현장의 상태를 정확하게 파악하고 효율적으로 작동하도록 관리하는 것은 경영진의 가장 중요한 역할입니다.

나의 현장은 경영의 시작과 끝을 모두 아우릅니다. 사업 초기에는 나 혼자 모든 프로세스를 담당했습니다. 제품을 만들고, 판매하고,

사후 관리도 직접 했습니다. 시간이 지나 회사가 커가는 과정에서도 공장은 물론 판매 현장인 대리점까지 우선순위를 두어 관심을 가졌습니다. 현장에서 기업의 모든 가치가 결정되기 때문입니다.

 사업을 통해 현장을 바라보는 나만의 노하우가 자연스럽게 생겼습니다. 나는 관리자들과 동일한 방향, 동일한 시선이 아닌 반대 방향, 즉 반대 관점에서 관찰합니다. 언제나 익숙한 것은 눈에 쉽게 들어오지 않습니다. 새로운 것을 보고 혁신을 주도하려면 익숙하지 않은 시각에서 바라봐야 합니다.

 늘 현장에서 활동하는 사람들은 현장 안정화를 위해 반복적인 시각으로 현장을 바라보며 작업합니다. 그래야만 품질을 유지할 수 있습니다. 반면 잠시 현장을 돌아보고 점검하는 경영진은 다른 각도에서 바라볼 수 있어야 합니다. 그래야만 혁신의 분위기도 함께 유지됩니다.

 세계적인 경영학자 피터 드러커는 "생산성은 노동자의 책임이 아니라, 경영자의 책임이다"라고 말했습니다. 현장은 이론과 체험 면에서 모두 경영의 핵심입니다. 관리의 책임 또한 경영진에게 있습니다. 경영진은 보고를 통해 언제든 원하는 자료를 원하는 시간에 받아보고 들을 수 있지만, 현장에서 직접 눈으로 확인하고, 만져보고, 생생한 소리를 직접 들어야만 문제를 미연에 방지하는 의사결정을 할 수 있습니다. 즉, 경영진이 현장 상황에 대한 정보를 파악하는 속도가 곧 경영의 속도를 좌우합니다. 그런 만큼 현장 경영은 경영 리더십의 필수 항목입니다.

한번은 현장을 방문했다가 영업 사원과 현장 관리자 간의 대화를 듣게 됐습니다. 영업 사원이 생산 관리자에게 긴급하게 물건을 부탁했는데 출고가 안 됐던 모양입니다.

"약속을 했으면 약속을 지켜야지. 고객에게 납품 약속을 했는데 어떻게 하라는 겁니까?"

"출고하려고 했는데, 담당 작업자의 아이가 갑자기 학교에서 사고를 당해서 오후에 퇴근했어요. 작업이 안 되는데 전들 어떻게 합니까?"

생산 관리자의 답변 또한 틀린 말은 아닙니다. 현장에서도 언제든 급한 사정이 생기기 마련입니다.

또 언젠가 저녁 시간에 한 주부 사원이 오버 타임 근무를 하며 투덜대고 있었습니다. 일감도 마땅치 않은데 왜 지원을 했냐면서 관리자가 불편함을 줬던 모양입니다. 수당이 좀 필요했던 직원 입장에서는 관리자의 대응이 속상했을 것입니다.

두 가지 사례는 경영자가 현장에 가보지 않으면 나중에야 보고를 받을 수 있는 일들입니다. 관리자가 현장의 목소리를 신속하고 정확하게 보고하는 것도 대단한 용기를 내야 하는 일입니다. 자칫 자신이 관리하고 있는 현장에 문제가 있다는 것을 스스로 인정하는 것과 다름없으니까요. 그래서 경영진이 가끔씩 현장을 직접 방문하는 것이 중요합니다.

저는 앞서 말한 두 가지 상황을 보고 들으면서 기능의 고착과 관련된 문제점을 보았습니다. 한 사람이 하나의 역할을 할 수밖에 없는 구조에서 문제가 생기면 담당자는 별다른 대안을 찾을 수 없습니다. 당시 우리 현장은 온도계, 전력 전자, 타이머, 카운터, 스위치, 센서 등의 아이템별로 라인이 구성되어 있었습니다. 만약 온도계 라인에서 주문이 많이 밀려버리면 온도계 라인만 오버 타임 근무를 하고 다른 라인은 퇴근하는 식이었습니다.

두 현장의 애로 사항을 해결하는 해법은 현장의 다기능화였습니다. 작업자들이 자신의 아이템만 작업하는 구조에서 누구든 여러 가지 아이템을 작업할 수 있는 구조로 개선한 것입니다. 작업자들은 2~3개월 주기로 라인을 이동해 작업하는 다기능화 전환에 동참해 줬습니다. 다기능화 추진 과정에서 작업자들도 '나' 중심에서 '우리'라는 동업자 의식을 받아들이는 계기가 됐습니다. 작업 시간이 부족하게 느껴지면 다른 사람에게 도움을 요청하는 협업 문화가 자연스럽게 정착됐습니다.

"우리 문제는 현장에 답이 있다."

우문현답 같지만 모두가 알고 있는 말이기도 합니다. 생각의 깊이는 현장을 오가는 경영진의 마음에서 생깁니다. 단순히 보고만을 받는 경영진은 생각을 준비하고 마무리하는 시간을 갖질 못합니다. 관리자로부터 보고를 받은 순간 결정하고 바로 다음 안건을 처리해야 합니다. 그러나 현장을 방문하면 생각의 과정부터 달라집니다. 현장을 방문하러 갔다가 돌아오는 내내 현장의 문제에 대해 생각을 할 수 있습니다. 바로 그러한 준비와 마무리 시간에 리더십과 관련된 아이디어와 우선순위가 많이 결정됩니다.

학생들이 공부하는 과정도 마찬가지입니다. 집에서 온라인으로 공부하면 이동 시간도 줄어서 좋을 것 같지만 학습 효과는 뚝 떨어집니다. 학생들이 공부를 하기 위해 준비하는 마음이 없기 때문입니다. 땀을 흘리며 학교를 오가는 등하굣길이 배움의 퀄리티를 높여주는 본질입니다. 현장을 방문해 그곳에서 해답을 찾고자 하는 경영자 혹은 관리자의 마음도 준비하는 과정에서부터 시작됩니다.

한번은 휴식 시간에 현장을 찾게 됐습니다. 현장에 도착하자 현장 바닥에 누워 있는 작업자도 있고, 커피나 음식을 먹는 작업자도 있었습니다. 심지어 절전을 위해 작업장의 전기를 내리다 보니 현장이 캄캄해져 안전이 걱정될 정도였습니다. 관리자를 불러 휴식 시간의 환경을 개선하도록 지시했지만 업무 회의 시간이어서인지 빠르게 개선되지 않았습니다.

당시 현장은 3~6인의 셀로 분할 공정이 이뤄지는 'ㄷ'자 형태의 라인이었습니다. 작업자들에게 할당된 부품 박스와 조립 제품을 쌓으면 셀 간에 시야를 제대로 확보할 수 없는 환경이었습니다. 그런 환경에서 작업자의 개별 행동을 관리하기란 매우 어렵습니다. 좀 더 확실한 변화가 필요해 보였습니다. 넓은 시야를 확보하도록 공장 라인의 구조를 바꾸었습니다. 작업 라인을 '-'자 형태로 변경해 시야를 확보하고 바닥과 벽의 색상도 흰색으로 변화를 줬습니다. 물론 휴게실을 넓고 쾌적하게 만들어 휴식 시간에는 작업자 스스로 편히 쉴 수 있도록 환경과 의식 개선을 유도했습니다. 휴게실에는 발 마사지기와 커피 자판기 등도 설치했습니다.

현장 개선에는 다양한 아이디어가 필요합니다. 교육 훈련, 환경 개선, 현장 회의, 안전 관리 등 다양한 분야를 위한 개선책은 회사 사정에 따라 다를 것입니다. 하지만 모두 리더의 인식이 현장의 눈높이에 맞춰져 있어야 한다는 사실은 다르지 않습니다. 기업에서도 탁상공론이 쉽게 나타나는 현상이 있음을 경계해야 합니다. 책에서 얻은 아이디어들이 현장에서 빛을 발하려면 현장에 대한 경영자의 안목이 정확해야만 합니다.

경영자가 현장을 모른다면 어떤 말도, 어떤 지시도 할 수 없습니다. 한영넉스는 1993년에 한국능률협회로부터 독일 TUV 라인란드의 ISO9001 컨설팅을 받고 1994년에는 ISO9001 인증을 획득했습니다. ISO9001을 통해 책임과 권한을 분명히 하고 업무 분장과 문서 관리 등 기업 관리에 필요한 요소들을 한층 업그레이드시켰습니다.

한편으로는 시스템화를 통해 모든 절차를 지키려 하다 보니 처리 결과가 늦어진다는 단점도 있었습니다. 하지만 현장에서 직접 보고 지시하는 방식으로 전환하니 문제를 신속하게 파악하고 처리할 수 있었습니다. 작업대를 하나 옮기는 문제도 현장의 원활한 작업 환경 개선에 도움이 됩니다.

또한 긴급 결재 건이 발생하면 현장에서 스마트폰 전자 결재로 대처했습니다. 스마트 경영을 할 수 있는 환경일수록 경영진의 관심은 더욱 현장에 초점을 맞춰야 합니다. 또한 경영진이 현장을 방문하면 자연스럽게 현장 문제에 대해 즉시 소통할 수 있으므로 담당자가 스스로 결정해도 좋다는 자신감을 갖게 됩니다. 현장의 자부심은 곧 회사의 자부심으로 직결됩니다.

현장 경영이라는 블록의 센서는 현장의 목소리를 듣는 횟수에 있지 않습니다. 현장의 우선순위가 핵심입니다. 현장 방문을 위해 오가는 길에 경영진와 관리자가 무슨 생각을 하는지 파악해야 합니다. 현장에 대한 몰입도가 바로 현장 경영의 척도입니다. 현장으로 출근하고 현장에서 퇴근한다는 자세로 경영해야 합니다.

♦ Measure ×Analyze ×Innovate ♦

비즈니스 질문	센서	측정 방법	한영넉스의 사례
경영의 시작과 끝은 무엇인가?	현장 관리	현장 방문 몰입도	현장 방문의 퀄리티를 본다.

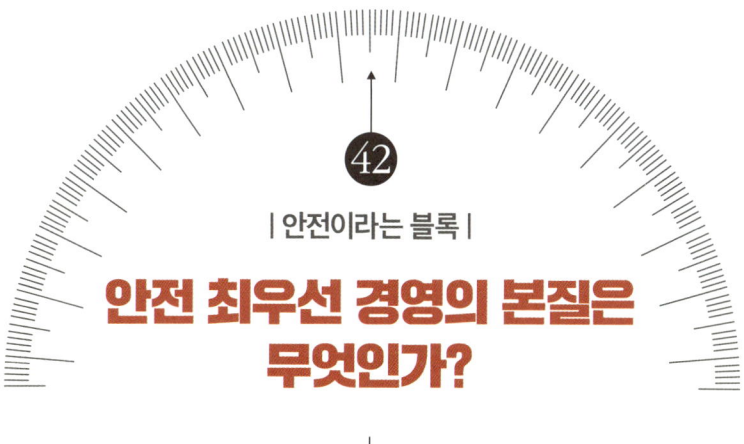

| 안전이라는 블록 |

안전 최우선 경영의 본질은 무엇인가?

　각종 안전사고와 중대재해 관련 법안 시행으로 인해 안전에 대한 경각심이 높은 시대입니다. 4차 산업혁명에 발맞춰 CCTV와 센서의 기술도 발달해 모니터링 수단이 고도화됐습니다. 그럼에도 불구하고 안전에 관한 이슈는 여전히 해결되어야 할 주제입니다. 그만큼 안전에 대한 눈높이가 까다로워지고 있음을 의미합니다.

　안전사고 관련 문제해결의 첫 단추는 임직원의 개인적인 컨디션 관리라고 생각합니다. 사고나 실수를 저지르고 싶은 사람은 아무도 없습니다. 컨디션이 나쁘면 집중력이 무너질 수밖에 없습니다. 안전사고라는 악마는 늘 우리 주변을 맴돕니다. 오죽하면 '악마는 디테

일에 있다'라는 표현이 있겠습니까. 안전도 예외는 아닙니다.

직원이 건강해야 회사도 건강합니다. 저는 "올바른 가정 생활이 중요하다. 가정이 건강해야 사회도 건강하다"라는 말을 자주 합니다. 가정과 관련된 이야기를 할 경우에는 "배우자한테 잘하라. 평생 같이할 사람은 배우자밖에 없다"라는 말도 종종 합니다. 가정이 안정되어야 근로자의 심신 컨디션 관리가 가능합니다. 아침에 부부싸움을 하고서 회사로 출근하면 일이 제대로 손에 잡힐 리 없습니다. 직장만의 일이 아니라 사회생활도 마찬가지입니다. 컨디션 관리가 곧 삶의 행복지수를 측정하는 척도입니다.

회사에서 근로자 개인의 컨디션 관리를 도와주려면 쾌적한 업무 환경을 제공하고 각 개인의 건강 관리를 챙기도록 여건을 만들어야 합니다. 한영넉스는 인근 병원을 지정하고 병원 의료진이 매월 1회 회사를 방문하도록 하고 있습니다. 직원들이 상담과 기초 진료를 받도록 유도하고 건강검진 결과를 토대로 지속적인 관리가 필요한 직원들은 정기적으로 관리하고 있습니다. 또한 직원들의 스트레스 해소와 업무 집중력을 감안해 업무나 작업 환경도 늘 개선하기 위해 노력하고 있습니다. 품질, 즉 퀄리티를 중시하는 회사는 근무현장의 퀄리티 역시 높은 우선순위에 두고 관리해야 합니다.

안전 이슈는 절대 만만한 주제가 아닙니다. 늘 지속적으로 관심을 갖고 철저하게 준비해야만 치명적인 오류를 미연에 방지할 수 있습니다. 우리는 전기 안전을 위해 설비와 관련된 부분은 전기 전문 업체에 위탁 관리를 의뢰해 사전 예방과 위험 차단을 유도하고 있습니다.

전문성이 필요한 영역은 관련 비용을 확보해 집행해야만 안전을 담보할 수 있습니다. 또 직원들이 안전에 대한 의식을 갖출 수 있도록 점심시간을 이용해 식당 대형 스크린과 TV 모니터를 통해 시청각 교육을 수시로 실행하고 있습니다. 하지만 이러한 조치로도 충분하지 않습니다. 한영넉스가 중시하는 안전 경영에 대한 관점은 크게 세 가지로 압축될 수 있습니다.

첫째, 자동화 팀 운영입니다. 사고는 크든 작든 작업장에서 많이 발생하게 됩니다. 안전 교육을 실시하고 경고 안내판이나 안전 펜스를 설치하지만, 근본적인 해결책은 아닙니다. 좀 더 근본적인 원인을 해결하기 위해 도입한 것이 자동화 팀입니다. 자동화 팀은 연구개발 부서에서 기술 개발을 마치면 제품 양산에 들어가기 전에 자동화 및 지그를 제작해 위험하거나 복잡한 공정의 위험 요인을 제거하고 있습니다. 이를 통해 작업자의 사고는 물론, 생산성과 공정 불량률을 낮춤으로써 작업자의 만족도를 높일 수 있습니다.

둘째, 1인 셀 운영입니다. 여러 사람이 일하는 다자 작업대를 운영하다 보면 주의가 산만해지고 집중력이 떨어져 안전사고로 이어질 위험이 있습니다. 작업 중 대화는 언제나 리스크의 원인이 됩니다. 또한 속도 중심의 흐름 작업으로 인해 앞사람의 작업 불량을 다음 사람이 발견하지 못하면 최종 검사에서 문제를 해결해야만 했습니다. 이러한 문제를 근본적으로 해결하기 위한 방법으로 1인 셀을 운영하게 됐습니다. 1인 1작업대를 사용하고 모든 공정에서 1인이 집중력을 가지고 전적으로 책임지는 작업을 할 수 있도록 환경을 개선했습니다. 덕분에 생산성도 높아지고 불량률도 줄고 안전사고도 낮아지는 효과가 있었습니다. 업무와 휴식을 철저히 구분하는 접근 방식이라고 보면 됩니다.

셋째, 자체 점검과 현장 관리 습관화입니다. 안전을 확보하려면 직원 단위에서 스스로 점검하는 기능을 갖춰야 합니다. 한영넉스에서 자체 제작한 자동화 설비 및 지그에는 모두 셀프 테스트(self test) 기능이 포함돼 있어 작업 시작 전에 자체 점검을 실시합니다. 특히 매주 금요일 오후를 안전 점검의 날로 정하고 3정 5S 활동(3정: 정위치, 정품, 정량 / 5S: 정리, 정돈, 청소, 청결, 습관화)을 점검하고 있습니다. 또 매주 돌아가면서 부서장 한 명을 지정해 각 부서에 대한 암행 방문을 실시합니다. 만약 3정 5S를 지키지 않는 곳이나 위험에 노출된 부분이 있다면 해당 부서장에게 개선의 필요성을 설명하고 사진으로 촬영해 사내 문서 관리 시스템인 팀즈(Teams)에 공지합니다. 팀즈를 통해 개선 요청 통보를 받은 해당 부서장은 곧바로 문제를 해결하고 개선 결과를 팀즈에 올려야 합니다.

안전을 위한 현장 개선도 끊임없이 추진되어야 합니다. 불편한 사항도 습관이 되면 불편을 모르듯이 작업 현장에도 그런 예가 많습니다. 자재과 직원 한 명이 자재를 챙겨 이동하는 모습을 본 적이 있습니다. 그 직원은 문턱이 있는 문을 만나자 자연스럽게 수레 한쪽을 들어 통과했습니다. 가벼운 자재여서 큰 무리는 없었지만 만약 무거운 자재나 물건의 양이 많을 때는 자칫 위험할 수 있습니다.

나는 수레를 끌고 있던 직원을 불러 "무거운 것을 옮길 때는 위험하고 불편하지 않은가?"라고 물었습니다. 직원은 무거운 물건을 옮길 때는 빙 돌아 문턱이 없는 곳으로 가면 된다고 했습니다. 다시 나는 직원에게 "이 문턱을 없애주면 어떤가?"라고 물었습니다. 그러자 직원은 "그렇게 되면 좋지만 그게 가능한가요?"라고 답했습니다. 이후 작업 현장의 모든 문에서 문턱을 없애 아예 문제점을 없애버렸습니다.

지난 50년간 안전과 품질을 연계하며 현장 개선에 매진했습니다. 하지만 놀랍게도 매일 개선을 하지만 항상 부족한 것이 눈에 들어옵니다. **결국 안전 문제는 임직원의 눈높이에 따라 좌우된다고 생각합니다. 아무리 노력해도 충분하지 않은 강적입니다. 안전이라는 블록의 센서는 자가 진단 기능으로 정리하고 싶습니다. 사전에 안전 지수, 즉 리스크 인덱스를 파악하지 못하면 리스크를 미연에 방지하지 못합니다.** 한영넉스가 다루는 제품들의 특징이 바로 측정과 컨트롤입니다. 기업이라면 언제나 안전을 측정해야 합니다.

♦ Measure × Analyze × Innovate ♦

비즈니스 질문	센서	측정 방법	한영넉스의 사례
안전 최우선 경영의 본질은 무엇인가?	안전	안전 척도	자가 진단 기능을 강화한다.

| 발상이라는 블록 |

자유로운 발상의 3대 조건은 무엇인가?

"나는 한 번도 이성적인 생각을 하는 도중에 창의적 발견을 한 적이 없다."

기존의 틀 안에서는 창의적인 생각이 나올 수 없다는 점을 강조한 아이슈타인의 말이라고 합니다. 새로운 세계를 체험하지 못한 사람이 많았던 시절에는 학교마다 시청각실 만들기가 유행했습니다. 당시에는 먼 나라 이웃 나라 이야기를 보고 듣게 하는 것이 중요했습니다.

우리 세대와 달리 MZ세대의 강점은 창의력입니다. MZ세대는 주입식 교육보다 창의와 개성을 중시하는 환경에서 교육을 받았습니다. 세상을 바라보기 시작할 때부터 인터넷을 통해 모든 것을 접했고 이제는 온라인 교육을 통해 원하는 지식을 모두 실시간으로 확인할 수 있습니다. 차를 타고 다니면서도 스마트폰으로 교육 훈련에 참여할 수 있는 시대를 살고 있습니다.

현대 경영에서는 구성원의 창의적 발상을 활용하는 수준에 목표의식을 맞춰야 합니다. 회사 발전의 도움을 위해서가 아닙니다. 요즘처럼 우수 인재들이 회사에 많이 들어오는 환경에 대한 예의입니다. 창의적인 업무 환경을 조성하지 않으면 인재들이 한영넉스와 함께하고 싶은 마음을 갖지 않을 것입니다. 나뿐만 아니라 우리 모두를 위해 발상이라는 블록에 대한 새로운 생각을 품어야 합니다. 창의적인 인재에 적합한 회사를 만들기 위해 한영넉스가 중시한 키워드는 세 가지입니다.

첫째, 자율적인 조직 문화입니다. 기업의 구성원들이 통제형 경영 방식에서 벗어나 조직의 방침 관리 목표를 향해 모두 동참할 수 있도록 직무를 세분하고 자율성을 부여하는 것입니다. 모든 권한을 부서장에게 위임해 직무를 세분하고 업무의 중복을 피함으로써 업무의 신속한 처리와 성과를 높이기 위해 노력했습니다.

둘째, 소통 융합입니다. 지금 우리는 자고 일어나면 새로운 정보가 쏟아질 만큼 빠르고 복잡하게 변화하는 세상을 살아가고 있습니다. 이러한 환경의 변화 속에서 엘리트 한 명의 지식과 리더십만으로 경쟁력을 확보하는 데는 한계가 있습니다. 기업 구성원의 지식을 융합하고 창조성을 발휘하기 위해서는 소통이 원활해야 합니다. 한영넉스의 구성원들 간에 자유스러운 소통의 장을 마련하기 위해 만든 것이 바로 팀즈입니다. 팀즈에서는 직원 누구나 의견을 올리고 대화를 나누고 자료를 올릴 수 있습니다. 회의 내용의 실시간 녹화는 물론 해외 근무자와 화상 회의도 할 수 있습니다. 자신이 직접 참여하지 못한 회의의 내용도 볼 수 있고 누가 어떤 업무를 했는지도 알 수 있습니다. 또 한영의 구성원이 책을 보거나 커피를 마시며 담소를 나눌 수 있는 힐링 장소이자, 시간에 구애받지 않고 미팅이나 회의를 할 수 있는 힐링 북카페도 만들었습니다.

셋째, 즉시 실행입니다. 무엇이든 실행하지 않고서는 아무것도 얻을 수 없습니다. 즉시 실행하면 결과를 바로 확인할 수 있다는 장점이 있습니다. 실패는 결코 기업에 손실만을 주지 않습니다. 당장은 손실이겠지만, 실패를 통해 이전에는 결코 알 수 없었던 새로운 진실을 발견하게 됩니다. 창의적인 새로운 시도를 꺼리는 것은 평가에 대한 두려움이 있기 때문입니다. 그러한 태도는 위험을 감내하며 무리한 모험을 하기보다 평범하게 중간에 머물면 조직에서 오래 살아남을 수 있다는 그릇된 생각에서 비롯합니다. 따라서 실행, 특히 즉시 실행할 수 있는 여건을 만들어야 합니다. 구성원 각자가 자유로운 도전 의지를 펼칠 수 있도록 회사에서 지원을 해준다는 인식을 심어줄 수 있어야 합니다.

한영넉스의 제품 중에는 에폭시를 사용해 제작하는 제품들이 있습니다. 섭씨 60~80도의 환경에서 2~4시간 정도의 경화를 거쳐야 하는 에폭시 작업을 위해 열풍 건조 룸도 만들어 운영하고 있습니다. 건조 룸은 반드시 필요하지만 불편한 점도 많습니다. 여름철이면 작업자가 고온의 열기와 에폭시 냄새에 시달립니다. 또한 건조 룸이 고정돼 있다 보니 현장 레이아웃을 변경할 때면 동선이 꼬이기도 합니다. 안전과 작업 효율을 만족시키기 위한 아이디어에서 탄생한 것이 바로 이동식 건조기입니다. 이동식 건조기를 사용함으로써 작업자가 원하는 온도로 쉽고 빠르게 조정할 수 있게 됐습니다. 현장의 레이아웃이나 에폭시 냄새 문제 등도 일거에 해소됐습니다.

이동식 건조기는 한영넉스 구성원의 창의적인 발상에서 탄생한 결과물입니다. 이동식 건조기처럼 회사의 창의적 발상 역시 유연해야 합니다. 서로 도와주고 격려하고 활용하는 조직 문화를 갖춰야 합니다. 물이 고이면 썩듯이 아이디어도 유연하지 못하면 고착되기 마련입니다. **누군가의 생각에서 아집과 집착이 보인다면 그것은 그의 발상에 자물쇠가 채워졌다는 의미입니다. 창조는 불편함에서부터 시작됩니다. 불편함을 느끼는 안목이 곧 창의적인 발상의 시작입니다.**

세상에 등장한 많은 제품들이 불편함을 해소하는 혁신을 통해 탄생했습니다. 특히 아날로그에서 디지털로 넘어가는 시기에 많은 제품이 개발됐습니다. MP3도 당시에는 혁신적인 제품으로 인정받았습니다. 1990년대까지는 CD 플레이어나 워크맨으로 음악을 들었습니다. 그런데 2000년대로 넘어오면서 MP3 파일이 등장하자 사람들은 자신이 듣고 싶은 음악을 무제한으로 다운받아 들을 수 있게 됐습니다. MP3는 워크맨과 카세트 플레이어의 모든 불편함을 해결하며 파격적으로 시장을 선도했습니다. MP3의 탄생과 함께 사람들은 어디서나 편하게 음악을 들으며 이것이 바로 디지털 시대라는 것을 실감하게 됐습니다. 하지만 그처럼 혁신적이었던 MP3 역시 2010년대에 스마트폰이 등장하면서 시장에서 점점 사라져갔습니다. 기술 발전에 따른 빠른 시대 변화를 생생하게 경험하면서 성장한 세대가 바로 MZ세대입니다. 발상의 자유로움이 제한되는 환경을 견딜 수 없는 새로운 인재들입니다.

자유로운 발상이라는 블록의 센서는 즉시 실행하는 수준으로 측정합니다. 구성원의 다양한 시도를 인정하고 새로운 대안을 찾는 문화에 관심을 가져야 합니다. 고정된 발상에 머물러 있다면 유연하게 생각하는 자세를 가져야 합니다. 지금 우리는 구상과 설계의 다양성(diversity)이 주도하는 시대를 살고 있습니다. 다양성을 담을 수 있는 포용력, 즉 수용성(inclusion)을 점검할 수 있어야 합니다.

♦ Measure ×Analyze ×Innovate ♦

비즈니스 질문	센서	측정 방법	한영넉스의 사례
자유로운 발상을 중시하는 회사는 어떻게 만드는가?	창의력	실행력 지원 수준	즉시 실천력에서 창의력을 판단한다.

| 연구개발이라는 블록 |

연구개발의 지분은 얼마인가?

회사가 지속적으로 발전하기 위해 매출의 일부분을 연구개발, 즉 R&D에 재투자하는 것은 기본입니다. 모든 기업이 미래를 준비하고 있습니다. 다만 그 수준과 시점을 결정하는 것은 경영진의 큰 과제입니다. 중소기업이나 소상공인에게는 기본적인 R&D 투자가 멀게 느껴지는 경우가 많습니다. 눈앞의 현실이 언제나 빠듯하기 때문입니다. 그래서 미래에 대한 준비가 당연한 것을 알면서도 행하지 못하는 것입니다.

사과나무 묘목을 한 그루 심고 사과를 수확하기까지도 3~4년은 족히 걸립니다. 제법 긴 시간에 걸쳐 거름도 주고 소독도 하고 가지치기도 해야 합니다. 사과를 따지는 못하더라도 자원과 시간은 똑같이 필요합니다. 기업도 마찬가지입니다. 신제품 하나를 만들기까지 정말 많은 정성과 투자가 필요합니다.

R&D 투자를 1년만 멈춰도 시장에서는 3~4년 정도 뒤처지게 됩니다. 상품 R&D에 2~3년 정도 소요되고 생산 및 판매에 또다시 1년 정도 소요되기 때문입니다. 한영넉스는 R&D에 최소한 매출의 7~15퍼센트 정도를 투자해야 글로벌 경영이 가능하다고 판단하고 있습니다. 기술이 중요한 회사이므로 연구개발을 멈추면 새로운 미래는 우리와 함께하지 않을 것입니다.

부품 소재 기업으로 유명한 3M과 같은 회사는 최근 4년간 개발한 신제품에 매출액의 30퍼센트를 쏟아붓기 위해 노력한다고 합니다. 끊임없이 신제품을 개발하겠다는 의지인 동시에 연구개발에 높은 우선순위를 두겠다는 전략입니다. 평소 직원들에게 업무 시간 중 15퍼센트 정도를 자율시간으로 줄 만큼 자기계발과 연구개발형 조직 운영을 중시합니다. 구글 역시 직원의 업무 시간 중 20퍼센트를 비슷한 개념으로 활용하도록 하고 있습니다. 흔히 말하는 오픈 이노베이션 시대의 대표적인 기업들입니다. 연구개발 자체의 소싱을 허용하면서 연구개발의 문호를 활짝 열어놓으려는 시도들이기도 합니다. 경영진의 의지만 있으면 연구개발은 얼마든지 가능합니다.

한영넉스가 연구개발을 회사의 DNA로 받아들인 과정은 결코 쉽지 않았습니다. 1980년대 초만 해도 국내 산업의 일본 제품에 대한 의존도는 아주 높았습니다. 특히 산업용 계측기의 경우 유럽보다 일본 제품의 선호도가 훨씬 높았습니다. 당연히 우리도 일본 제품에 주목할 수밖에 없었습니다. 일본에서 전시회가 열리면 연구원들을 데리고 전시회를 찾는 일이 잦았습니다.

당시에 일본 제품은 이미 고품질 혹은 정밀 생산이라는 이미지를 갖고 있었습니다. 그만큼 믿고 쓸 수 있는 제품으로 인정받고 있었던 것입니다. 1960년대 이전까지 일본 제품은 국제적으로 가격이 싼 짝퉁 제품으로 알려져 있었습니다. 하지만 일본은 거대한 내수 시장을 기반으로 제조 노하우와 품질을 확보하기 시작했습니다. 때마침 1970년대에 세계 3위 경제 대국으로 거듭나면서 품질 면에서 미국과 대등한 위치까지 도달했습니다. 순식간에 미국 시장을 잠식하는 데도 성공했습니다. 1980년대 우리가 일본 제품을 벤치마킹한 것도 이러한 배경을 보고 배우기 위해서였습니다.

한영넉스의 벤치마킹 팀은 일본으로 출장을 가면 아키하바라를 종종 방문합니다. 좋은 일본 상품을 한꺼번에 볼 수 있는 대표적인 장소입니다. 그곳에서 최신 제품의 디자인, 기능, 적용 기술 등을 접하고 나면 많은 것을 얻었다는 뿌듯함과 흐뭇함을 느꼈습니다. **기술 격차를 인지한 자체를 고맙게 생각할 정도로 우리 회사는 신기술에 매달려 있었습니다. 기술 확보가 곧 한영의 미래라는 사실에 모두 공감하고 있었던 것입니다.**

우리 연구원들이 어렵게 연구개발한 소중한 기술을 지키고 우리의 기술 제품을 보호하려면 특허 취득밖에 방법이 없다고 생각했습니다. 그런 이유로 2002년도에 특허 200건 갖기 운동을 전사적으로 추진했던 것입니다. 대한민국이 월드컵으로 들떠 있던 해에 우리도 특허에 승부를 거는 우리들만의 경기에 매진하고 있었습니다.

또한 문래동에 한영넉스 AI 연구소를 마련해 연구개발에 박차를 가했습니다. 초기 제조 현장을 완전히 현대식으로 재건축해 미래를 준비하는 공간으로 만든 것입니다. 연구개발이라는 블록의 센서는 특허 건수입니다. 더불어 매출과 수익에서 신제품이 차지하는 비율을 분석하고 관리해야 합니다. **연구개발은 무엇보다 상용화가 중요합니다. 투입의 과정이 아니라 연구개발 결과로 판단해야 합니다. 그래야만 오픈 이노베이션 개념을 적용해 다양한 접근방식을 활용할 수 있습니다.** 유연하게 과정을 관리하고 시장에서 결과를 인정하도록 만들어야 합니다. 연구개발은 시장에서 미래 가치로 평가받아야 합니다.

◆ Measure ×Analyze ×Innovate ◆

비즈니스 질문	센서	측정 방법	한영넉스의 사례
사업의 미래가치는 무엇으로 평가하는가?	연구개발	연구개발 경쟁력	특허 건수를 지속적으로 늘린다.

| 전통이라는 블록 |

회사의 역사란 어떤 의미인가?

한영넉스의 50년 역사는 그동안 헌신한 직원들과 우리 제품을 아껴주고 사랑해준 고객, 그리고 협력사 및 대리점들의 도움 덕분에 만들어졌습니다. 모두의 도전, 헌신, 땀과 눈물, 그리고 열정이 쌓아 올린 아름다운 금자탑이라고 자부합니다.

한영넉스가 최초로 내놓은 제품은 산업용 온도 컨트롤러였습니다. 1972년 당시의 온도 컨트롤러 제품은 전자식 무지시(HY1000, 2000)와 아날로그미터(HY5000, 4500) 유형이 주류였습니다. 온도 설정점을 손으로 조작하는 제품들입니다. 디지털 숫자로 제어할 수 있는 국산 제품은 전혀 없었고 외국산이 소소하게 보급되던 시절입니다.

1978년에는 디지털(HY8000, 72D) 온도 컨트롤러를 출시했습니다. 비례 제어 혹은 온·오프(On-Off) 제어 방식의 제품들입니다. 1980년대 말 무렵에 비로소 오토튜닝 PID(Auto Tuning PID) 온도 컨트롤러(DX SERIES)를 국내 최초로 출시했습니다.

DX시리즈는 당시 소비자들이 원하는 디자인과 제어 기능 및 성능 등을 두루 갖춘 파격적인 신제품의 상징이었습니다. 시장에서도 대단한 인기를 누렸습니다. 이 제품 덕분에 '한영전자 하면 온도 컨트롤러'라고 말할 만큼 시장과 소비자에게 강한 인상을 남겼습니다. 그 후 디지털 프로그램(HY P100) 온도 컨트롤러, 다채널 온도(MC9) 컨트롤러, 온습도(TH500, TH300) 컨트롤러, 온도(GR100, GR200) 기록계 등 다양한 제품을 연이어 출시했습니다.

1984년까지 국내의 온도 컨트롤러 제품들은 대부분 비례제어 혹은 On-Off 제어 방식으로 작동했습니다. 비례제어 방식으로 온도를 조절하면 반드시 오프셋(offset) 편차가 수반됩니다. 쉽게 말해 설정값과 실제 온도 사이에 차이가 생기는 것입니다. 이를 보완하기 위해 비례제어 온도 컨트롤러에는 목표치와 보정 편차를 함께 조작해 편차를 소멸시키는 리셋볼륨(reset volume)이 있습니다. 하지만 목표치를 변경할 때마다 리셋볼륨도 함께 돌려 맞춰야 하므로 다소 불편했습니다.

오프셋 편차를 소멸시키고 리셋볼륨 조작의 불편함을 혁신한 제품이 PID 제어 방식입니다. 미적분을 통해 비례제어 방식에 정밀한

편차 제어를 자동화시키는 데 맞추고 있습니다. 1986년, 한영넉스는 2년이 넘는 개발 기간을 거쳐 국내 최초로 수동 PID 온도 컨트롤러 개발에 성공했습니다. 두 모델(AT96과 AT72)을 야심 차게 출시했지만 의외로 시장의 반응은 싸늘했습니다. PID 작동에 필요한 I값과 D값의 설정이 너무 어려웠던 것이 원인이었습니다. 수동 PID는 전문가가 설정하기에도 시간이 오래 걸릴 정도로 사용하기 어려웠습니다. 설정값을 정교하게 조작하면 잘 작동했습니다. 다만 PID의 기초 개념이 없는 일반 사용자가 목표치 세팅을 하기에는 다소 어려움이 있었습니다. 결국 AT시리즈는 신제품 개발이라는 선구적 역할을 했음에도 불구하고 회사에 큰 수익을 안겨주지 못했습니다.

또다시 3년여의 연구개발 끝에 출시한 제품이 바로 오토튜닝 PID 컨트롤러입니다. AT시리즈의 자동 PID 모델인 DX시리즈로 시장에 선보인 제품입니다. 자동 PID 컨트롤러는 한영넉스라는 존재를 전국에 빠르게 알린 효자 제품이자 지금도 소비자의 많은 사랑을 받고 있는 제품입니다. 창업 20년을 앞둔 1990년대 즈음부터 본격적으로 온도조절계 분야에서 국내 강자로 인정받은 것입니다.

호기심 많은 독자라면 한영의 제품명에서 영문 이니셜과 숫자의 조합을 발견했을 것입니다. 그렇습니다. 누구나 쉽게 부르고 기능을 기억할 수 있도록 영문과 숫자로 제품명을 구성했습니다. 영문 이니셜이 제품의 특징이고 숫자는 제품의 사이즈를 나타냅니다.

예컨대, MC9는 멀티 컨트롤러(Multi Controller)의 이니셜이고 숫자

'9'는 글로벌 표준인 IEC 61554 규격 기준을 의미합니다. '9'라는 숫자는 패널 컷 아웃이 92×92임을 의미합니다. 패널 사이즈가 없는 것들은 GR200처럼 기억하기 좋게 100 단위 혹은 1,000단위를 사용했습니다. 여기서 GR은 그래픽 리코더(Graphic Recorder)의 이니셜입니다.

디지털 시대를 선도하는 전자 산업 업계에서는 고객이 쉽게 제품의 의미를 이해하고 기억할 수 있도록 많은 노력을 하고 있습니다. 신제품이 어떤 기능을 하는지를 쉽게 설명하기 위한 방법이기도 합니다. 최근에는 많은 기업에서 이니셜을 활용하거나 쉬운 작명법을 사용하지만 50년 전에 한영에서 이러한 작명법을 사용하게 된 것도 글로벌 제품을 끊임없이 벤치마킹한 덕분입니다.

창업 초기 20년 동안의 도약기를 평가해볼까 합니다. 물론 당시 시장에도 요즘처럼 플랫폼과 서비스 중심의 사업 덕분에 단기간에 세계를 호령하는 기업이 등장했었습니다. **그러나 철저하게 기술로 승부하는 제조 기반 기업은 사람의 성년에 해당하는 20년 정도 사업을 영위해야 겨우 명함을 내밀 수준에 도달할 수 있다고 생각합니다. 인내심을 가지고 집요한 연구개발 과정에 지치지 않는 근성을 보여야 합니다.**

한영넉스에 항상 좋은 일만 있었던 것은 아닙니다. 크고 작은 어려움과 시련도 많이 겪었습니다. 리니어 트랜스와 관련된 예가 대표적입니다. 2000년도 이전에는 계측기의 전원을 대부분 리니어 트랜스

(100-220V의 교류를 저전압 교류로 변환하는 기능)로 사용했습니다. 2000년대부터는 전압 전환 경량화와 효율화 혁신을 이루어 스위칭 전원으로 대체되기 시작했습니다.

기존의 리니어 트랜스를 사용하면 단가와 제품 구현에 용이했지만 한영넉스도 트랜스의 무게와 주파수 문제를 감안해 과감하게 스위칭 전원을 적용하기로 했습니다. 그런데 새로운 전원 변환 시스템을 이용해 계측기의 수명 시험을 하던 중에 화재가 발생했습니다. 다행히 빠르게 진압하긴 했지만 일부 계측기가 손상되는 등 제법 큰 피해를 입었습니다. 그럼에도 불구하고 우리는 빠르게 기술 혁신에 대응하며 지속적인 성장을 이룩할 수 있었습니다.

이력서(履歷書)는 인간이 살아온 발자취를 기록하는 서류입니다. '신발을 신고 발걸음으로 걸어온 자리를 기록한 것'으로 풀이됩니다. 한 기업의 전통도 모든 구성원의 열정과 헌신을 바탕으로 세상에 발자국을 남기는 과정을 통해 만들어집니다. 인간이 세상에서 이력을 쌓는 여정과 똑같습니다. 특히 제조업은 그 여정에서 세상에 선보인 제품에 대한 평판으로 그 이미지가 새겨집니다.

한영넉스 본사에는 우리의 발자취를 정리해 공유하는 역사관이 있습니다. 외부에서 방문한 손님은 물론 회사의 신입사원들이 한영넉스의 전통을 보고 듣고 느끼는 장소이기도 합니다. 남들이 보지 않아도 우리는 자신의 얼굴과 외모를 단정히 가꾸면서 자신의 이력을 가다듬습니다. 자신에 대한 존중감을 갖고 살아가는 기본 자세입니다. 그런 마음가짐을 가질 때 어느 곳에서도 담담하게 대응하며 일을 해나갈 수 있습니다.

 전통이라는 블록의 센서는 시장에서 인정하는 한영넉스의 제품입니다. 제품 중에는 베스트셀러도 있고 스테디셀러도 있습니다. 고객들이 우리의 제품을 인정하는 이유를 평가해야 합니다. 제품을 통해 우리의 전통을 확인해야 합니다. 나만 생각하는 전통이 아니라 한국, 더 나아가 글로벌 차원에서 공감하는 전통을 쌓아야 할 것입니다.

♦ Measure ×Analyze ×Innovate ♦

비즈니스 질문	센서	측정 방법	한영넉스의 사례
회사의 역사를 어떻게 인지할 것인가?	전통	전통의 상징	한영 제품의 시장 인지도로 측정한다.

10장

책임

우리는 왜 사업을 하는가?

Set free your responsibility with social contribution.
사회적 기여로 책임감에서 해방돼라.

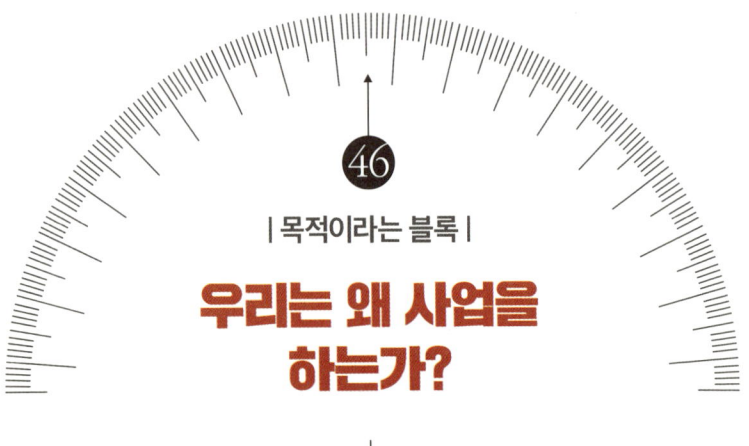

46

| 목적이라는 블록 |

우리는 왜 사업을 하는가?

세상에서 가장 어려운 단어가 '왜(Why)'일 것입니다. 사업을 하는 사람에게 '왜 사업을 하는가?' 혹은 '왜 기업을 하는가?'라는 질문은 언제나 날카로운 핵심인 동시에 우문(愚問)이기도 합니다.

톨스토이와 같은 대문호는 물론 피터 드러커와 같은 경영학자에 이르기까지 많은 사람이 '왜'라는 질문에 대답하려고 애썼습니다. 《목적이 이끄는 삶》이라는 베스트셀러가 등장할 정도로 사람들은 '왜'라는 질문과 목적이라는 키워드에 매달려왔습니다. 오랜 시간 사업을 하다 보면 누구라도 사업의 목적이라는 개념과 자주 만나게 될 것입니다.

한국이라는 가난한 나라에서 사업을 시작한 당시의 목적은 당연히 생존이었습니다. 아무리 근사한 경영 철학을 내걸었어도 모두 그렇게 읽었습니다. "하면 된다"라는 문구도 "노력하면 남들처럼 잘살 수 있다"로 읽혔습니다. "세계 경영"을 대문짝만 하게 입구에 걸어놓아도 "수출해야 먹고산다"라고 읽히는 식입니다. 심지어 "정도 경영"을 추구해도 "딴짓 안 해야 오래간다"라고 해석됩니다. 그만큼 생존이라는 단어는 원천적이고 본능적입니다.

어느덧 우리나라도 이제 선진국 수준에 진입했습니다. 전 세계 어디를 다녀봐도 한국과 같은 곳을 찾기가 쉽지 않습니다. 시설, 환경, 치안, 서비스 등에서 정말 좋은 환경입니다. 지방을 다녀보면 이제 지자체들도 디자인에 신경을 많이 쓰는 것을 발견합니다. 건축물, 도로, 조경 등을 보면 먹고사는 생존을 위한 치열함보다 보고 즐기는 여유가 느껴집니다. 우리 삶의 목적이 바뀌고 있는 풍경입니다. 무사히 여기까지 올 수 있었던 모든 것에 감사합니다.

회사가 어느 정도 기반을 잡으면서 나는 건강한 삶을 자주 강조했습니다. 개인의 건강, 가정의 건강, 회사의 건강, 그리고 사회의 건강 모두를 의미합니다. 나는 건강이라는 말이 참 좋습니다. 영어의 헬스(health)가 담지 못하는 넓은 의미를 품고 있는 것 같습니다. 헬스는 다분히 하드웨어에 국한되는 느낌이 강합니다. 건강은 체육 분야에서 흔히 말하는 지덕체(智德體) 개념에 가장 가깝습니다.

건강이 지향하는 바는 각자 처한 환경과 삶의 철학에 따라 다를 것입니다. 나는 사내에서 체육대회와 등산대회 등을 틈나는 대로 추진했습니다. 회사 로고를 단 체육복을 반듯하게 차려입고 함께 뛰었습니다. 건강한 삶과 건강한 직장은 서로 동떨어져 있지 않습니다. 함께 추구하면 누구라도 즐길 수 있는 일상 속 보물입니다.

최고의 글로벌 프랜차이즈 기업인 맥도날드는 최소 2년의 현장 경험을 거쳐야 점포의 오너십을 허용한다고 합니다. 고객 서비스 현장의 경험을 통해 건강한 리더십 마인드를 갖추길 요구하는 것입니다. 또한 친절, 청결, 배려, 정직, 윤리 등의 자질을 갖춘 직원만이 고객 존중이라는 회사의 미션을 건강하게 이끌 수 있다고 판단합니다. 회사의 구성원 한 사람 한 사람이 고객 경험 혹은 고객 체험의 현장에서 사업의 목적을 정립할 것을 주문하고 있는 것입니다.

최근 경영 환경에서는 생존보다 건강한 목적으로 사업을 시작하는 사업가들이 즐비합니다. 3D 프린터 연구 및 개발업체 메타몰프의 김명각 대표가 좋은 예입니다. 그는 창업을 결심하기에 앞서 다른 스타트업에서 3D 프린팅 기술의 연구개발을 맡았다고 합니다. 그러던 중 우연치 않은 기회에 자신이 고객의 경험에 도움이 될 만한 분야를 발견하고 창업을 결심했다고 합니다.

그는 자신이 몸담고 있던 회사가 제약 그룹에 매각되어 일을 그만둔 후부터 아직 해결하지 못한 3D 프린팅 기술 문제에 심취하기 시작했습니다. 특히 당시 임플란트 3D 프린터는 개발 과정에서 해외 제품을 모방하는 데 급급한 수준이었다고 합니다. 하드웨어는 흉내를 내고 있었지만 소프트웨어는 정교하지 않았던 것입니다. 심지어 전문 인력만이 사용할 수 있는 제품을 일반 소비자에게 판매하는 현실을 보며 사업에 뛰어들었다고 합니다.

김 대표는 300여 개에 달하던 국내 3D 프린터 업체가 20개도 채 남지 않은 것에 주목했습니다. 다른 업체들은 소프트웨어 문제를 해결하지 않고 무조건 판매만 서두르다 보니 고객만 낭패를 보고 말았던 것입니다. 그는 자신과 비슷한 문제로 고민을 하던 공동 창업자를 만나 창업을 결심했다고 합니다. 그들의 사업 목적은 '고객의 불편함을 해소하는 것'이었습니다. 먹고사는 것이 목적이 아니라 사회 전체를 아우르는 삶의 질을 보기 시작한 것입니다. 이처럼 사업 초기부터 건강한 사회와 국가를 위해 도전하는 후배 사업가들이 있어 든든합니다. 우리 사회의 가치관이 건강하게 발전하고 있는 모습입니다.

사업의 목적이라는 블록의 센서는 가치(value)에 대한 공감도입니다. 유럽이나 일본을 보면 100년 혹은 200년이 넘는 기업들도 많이 활동 중입니다. 그들의 공통점은 가족 전체가 함께 가업으로 승계한다는 것입니다. 달리 말하면 첫 창업주가 추구했던 사업 목적을 대대로 이어 전수하면서 더욱 가치를 키우고 있는 것과 같습니다.

"큰 부자는 하늘에 달렸고 작은 부자는 부지런함에 달렸다"라는 말이 있습니다. 세상 모두가 도와줘야만 큰 부자가 될 수 있다는 의미입니다. 그렇다면 어떤 사람이 오래가는 부자가 될까요? 바로 주변 사람들을 이롭게 만들면서 사업하는 사람입니다. 경영 가치에 대한 공감 수준이 사업 목적이라는 블록의 센서인 것도 그 때문입니다. 가족은 물론 주변으로부터 회사의 가치를 인정받아야만 비로소 사업의 목적이 세대를 넘어 존중받습니다. 결국, 사람의 마음을 얻어야 합니다.

♦ Measure ×Analyze ×Innovate ♦

비즈니스 질문	센서	측정 방법	한영넉스의 사례
사업 목적은 어떤 방향으로 설정해야 하는가?	가치	사업 가치의 포커스	결국 사람을 위한 기업이 된다.

| 공헌이라는 블록 |

사회 공헌의 본질은 무엇인가?

　기업인은 종종 사회 공헌이라는 키워드를 마주합니다. 까다로운 용어입니다. 중소기업의 특징은 회사의 안정을 장담하기 어렵다는 사실입니다. 항상 생존이 걱정되어 긴장의 끈을 놓을 수 없습니다. 그러한 상황에서 사회 공헌, 즉 공동의 사회 발전을 위해 헌신하라는 주문은 무겁게 들리기 쉽습니다.

　사업하는 사람이 더 많이 벌고 싶다는 욕심을 내는 것은 당연합니다. 그러한 기질이 있기에 사업가가 된 것입니다. 그러나 돈벌이가 오로지 자신의 주머니를 채우기 위한 목적이라면 경영은 머지않아 위기를 맞을 것입니다. 기업 전체의 가치를 키우겠다는 생각을 염두에 두고 경영에 임해야 합니다.

　요즘에는 경영적으로 손실을 보면서도 높은 기업 가치를 가진 회사들도 많습니다. 투자자들이 그만큼 다양성을 가지고 미래 지향적으로 본다는 뜻입니다. 사회 공헌은 우리 사회가 기업에게 함께 가치를 높여달라는 주문에 해당합니다. 공동체 의식을 요구하는 일반 시민의 목소리인 셈입니다.

　사회 공헌은 여러 가지로 해석될 수 있습니다. 요즘처럼 환경, 사회적 가치, 지배구조까지 고려하는 ESG를 중시하는 시대에는 훨씬 폭넓게 해석될 수도 있습니다. 한영넉스가 중시하는 사회 공헌은 지역 사회에 대한 기여도를 중점으로 삼고 있습니다. 특히 창업 초기에 터를 잡았던 문래동에는 당연히 남다른 애착과 책임감을 갖고 있습니다. 불우이웃돕기 성금은 당연하고 서울상공회의소 영등포구상공회 모임에 참여하면서 지역 소공인 발전을 위해 다양한 일에 동참했습니다. 한영넉스가 꾸준히 납세의 책임을 다한 덕분에 영등포세무서 명예 세무서장에 임명되기도 했습니다. 자랑하거나 내세울 일은 아닙니다. 그저 지역을 대표하는 경영인이 해야 할 기본적인 역할이라 생각합니다.

　인천이나 해외 법인에서도 사회 공헌에 이바지하기 위해 노력했습니다. 한영넉스가 자리를 잡고 사업을 하는 지역에 최선을 다하는 것은 물론 사회의 기대에도 부응해야 합니다. 봉사의 손길이 필요한 곳곳에 남들보다 반 발 앞서서 적극적으로 대응해야 합니다.

규모 7.4의 강진과 최대 6미터 높이의 쓰나미가 인도네시아를 덮쳤던 2018년에 술라웨시섬 팔루와 동갈라 지역에서는 4,000여 명이 죽거나 다치는 처참한 피해를 당했습니다. 당시 내가 회원으로 활동하고 있는 대한적십자 인천지사와 함께 인천지역 청소년들이 인도네시아 팔루 지역의 청소년들에게 학용품을 담은 우정의 선물상자를 전달하도록 도와줬습니다. 또 함께 현지를 방문해 봉사 활동도 펼쳤습니다. 세계 청소년과 함께하는 레드 크로스 투게더(Red Cross Together)라는 적십자 공식 활동의 일환입니다. 사회 봉사는 더불어 배우는 특징을 가지고 있습니다. 인도네시아 봉사를 할 당시에도 청소년들이 보여준 따뜻한 마음을 통해 많은 것을 배웠습니다. 우리가 함께 살아가는 지구라는 공간의 밝은 단면을 볼 수 있었습니다.

한편 2020년에 급속도로 확산된 코로나19 바이러스로 인해 많은 글로벌 기업이 위기의 시기를 겪어야만 했습니다. 영업을 잠정 중단하거나 공장을 멈춰 세워야 하는 피해가 세계 곳곳에서 발생했습니다. 우리는 팬데믹 초기부터 인도네시아 전 직원들에게 사회적 거리두기, 실내 출입 시 체온 측정, 손 씻기, 마스크 착용을 지키도록 권고했습니다. 필요 시에는 마스크도 제공하고 제로 감염을 최대한 유지하기 위해 노력했습니다. 팬데믹의 여파로 경제 침체와 외출 제한에 고통받는 인도네시아 현지 주민에게 생필품을 전달하는 등 위기 극복에 동참했습니다. 당시의 노력을 인정받아 찌안쭈르 경찰청으로부터 모범 기업으로 선정되기도 했습니다. 하지만 포상을 떠나 세계 어디서든지 지역 사회와 함께하는 것이 기업의 주요 역할임을 기억해야 할 것입니다.

회사의 본사, 공장, 혹은 해외 법인 등이 지역 사회에서 좋은 평판을 유지하는 것은 기업 경영에서 중요한 숙제입니다. 게다가 장기적 관점에서 볼 때 탄탄한 회사를 안정적으로 운영하는 기본 미션이야말로 사회를 위한 가장 큰 공헌인 셈입니다.

점차 기업의 수명이 줄어들면서 도산하는 업체나 공장들이 더욱 늘어나는 상황입니다. 이는 지역 사회를 크게 불안하게 만들고 위축시키는 요인들입니다. 정도 경영을 통해 많은 이해관계자가 현실적으로 편안함을 느낄 수 있도록 만드는 것이 기업 경영의 가장 큰 가치일 것입니다.

기업을 경영하면서 섣부른 체면치레를 위해 자칫 조직의 긴장감을 늦추게 만드는 것은 경계해야 합니다. 올바른 경영진이라면 조직 운영의 변수를 줄이도록 섬세하게 기업을 관리해야 합니다. 이를 위해 조직 운영 시스템, 고객 심리, 생산 현장의 변동 요인, 이해관계자의 관심 등 경영 전반에 걸쳐 균형적인 관점을 가져야 합니다.

모름지기 경영자라면 사회와 주변 이해관계자의 기대에 성실히 부응하는 한편, 비즈니스를 지속가능한 상태로 유지해야 할 의무가 있습니다. 사회 공헌을 위한 침착한 접근 방식은 기업 경영의 변수를 줄이고 사회 안정화를 이끄는 원동력을 유지하는 것입니다. 또한 감성적으로 접근해선 안 되고 이성적으로 판단하는 사회의 일원으로서 모든 활동에 참여해야 합니다. 한영넉스와 나는 창업 초기부터 지금까지도 한결같은 입장으로 사회 공헌에 대응하기 위해 노력하고 있습니다. 기업은 자신의 위치에서 본연의 미션을 충실히 완수해나갈 때 가장 가치 있는 사회 공헌에 기여할 수 있습니다.

사회 공헌이라는 블록의 센서는 공헌의 방향성입니다. 지역 사회에 대한 봉사 활동을 중시한다면 지역 사회와 함께하는 회사가 되겠다는 시그널을 보내야 합니다. 국가적 혹은 지역적 위기에 적극적으로 나서서 힘이 되겠다는 자세 역시 공헌의 기본입니다. 주인의식을 갖고 지역을 지키겠다는 책임감을 보여줘야 합니다. 교육이나 기술 전수를 통해 역량을 전수하는 것도 좋은 공헌의 방향입니다. 먼 미래를 보고 경쟁력을 전수하는 좋은 전략입니다.

한영넉스는 기술 중시형 중소기업입니다. 우리 회사는 우리의 강점을 활용해 좋은 기술 인력 양성에 초점을 맞추는 전략을 추구하고 있습니다. 그러한 전략을 통해 회사는 기술 선진화에 집중할 수 있으며 미래를 준비하는 젊은 세대에게는 새로운 희망을 제시하며 도움을 줄 수 있습니다. 일시적인 자선을 기대하는 지역 사회가 아니라, 함께 땀의 가치를 공유하는 사회를 만들고자 합니다.

♦ Measure × Analyze × Innovate ♦

비즈니스 질문	센서	측정 방법	한영넉스의 사례
기업이 추구하는 사회적 공헌의 의미는 무엇인가?	공헌	공헌의 방향성	지역의 인재 양성을 통해 기업과 사회에 기여한다.

| 중소기업중앙회라는 블록 |

조합을 통한 협력은 무엇을 의미하는가?

    중소기업중앙회를 중요한 블록으로 생각하는 이유는 모든 사업이 국가적 차원의 생태계 조성에 의존하고 있기 때문입니다. 세상에서 가장 무서운 불확실성은 생태계 자체의 변동입니다. 지구 온난화가 우리들의 삶에 얼마나 치명적인 영향을 주며 다가오고 있는지를 생각하면 자명한 일입니다. 코로나바이러스나 각종 자연재해도 마찬가지입니다.

    기업인도 생태계를 위협하는 요인을 사전에 인지해야 기업 경영에 필요한 전략을 세워 대응할 수 있습니다. 변동 요인 자체를 최소화하는 데에도 동참해야 합니다. 내가 참여해 활동했던 중소기업중앙회와 합성수지가공기계공업협동조합 모두 비즈니스 생태계의 변동 요인을 점검하고 시대에 맞게 조정하기 위해 노력하는 단체들입니다. 한영넉스 입장에서는 일종의 울타리 역할을 해주는 조직이기도 합니다.

우리나라의 산업은 1980년대 중후반까지 정부가 주도한 중화학공업 위주의 정책을 통해 성장함으로써 대기업과 중소기업 간의 양극화가 심화되고 있었습니다. 그중에서도 고무와 플라스틱으로 대표되는 합성수지 산업 업종은 전체 제조업을 통틀어 업체 수, 생산량, 부가가치 등에서 1퍼센트에도 못 미칠 정도로 열세를 띠는 산업입니다. 하지만 한영전자로서는 놓칠 수 없을 만큼 매우 중요한 산업 부문이었습니다.

합성수지 산업에서는 주 원료로 고무와 플라스틱을 사용하므로 열처리 공정이 포함된 가공 기계를 많이 활용합니다. 따라서 정교한 온도조절계가 필수품입니다. 나는 합성수지 산업의 성장이 곧 한영전자의 시장 규모를 결정할 것이라고 판단했습니다. 더욱이 한영에서 생산하는 제품 역시 플라스틱으로 외관을 처리하므로 합성수지 산업의 성장이 한영의 품질에도 큰 영향력을 미쳤습니다.

창업 이후 10년을 넘기는 시기에 나름대로 성장의 기반 구축에 성공한 나는 "작은 것도 뭉치면 큰 힘을 발휘할 수 있다"는 신념을 갖게 됐습니다. 그때부터 플라스틱 가공기계 업체의 조직화에 관심을 두고 업계의 동반 성장에 힘을 쏟기 시작했습니다. 하지만 당시 플라스틱 가공기계 업체들은 한국기계산업진흥회의 10개 업종별 분과위원회 중 한 개 분과위에 속해 있었지만, 활동 면에서는 유명무실한 수준이었습니다.

마침 1986년 가을에 정부는 플라스틱박람회 참관을 기회로 삼아 나를 비롯해 몇몇 업체 대표들을 유럽 산업 시찰단에 포함시켜 파견을 보냈습니다. 경영자들이 단체로 해외로 나가 미래를 구상할 좋은 기회였습니다. 덕분에 유럽 산업 시찰단을 계기로 한국플라스틱가공기계협의회가 발족됐습니다. 이후 협의회는 한국합성수지가공기계공업협동조합이라는 독립된 경제 단체로 크게 성장했습니다.

한편 88서울올림픽 개최를 계기로 모든 산업에서 수요가 폭발적으로 증가했고, 가공기계업의 업체 수와 생산량도 크게 늘었습니다. 더불어 품질 경쟁력 향상은 물론 해외시장으로 눈을 돌리는 전환기를 맞았습니다. 1990년에는 새해를 맞아 조합 설립 준비위원회를 구성했습니다. 내부적으로 중소기업중앙회의 협조 아래 조합 운영의 근간이 되는 정관 및 규정 등을 마련했고, 500여 개의 플라스틱 기계 업체들을 방문해 조합 설립 취지를 설명하면서 회원 가입을 독려했습니다. 1991년 4월, 35개 업체가 참여한 가운데 창립 총회를 개최했습니다. 그해 6월 17일에는 산업자원부로부터 설립 인가를 받아 한국합성수지가공기계공업협동조합이 공식 출범하게 됐습니다. 본격적으로 단체 조합이 뿌리를 내리게 된 것입니다.

그 후 조합은 조직 확대와 공동 구매 및 판매 사업에 심혈을 기울여 활성화되는 듯했습니다. 하지만 내수 침체가 이어지고 1997년에는 IMF를 맞으면서 자금난에 빠져들었습니다. 내부적으로 불협화음까지 생기면서 조합은 위기를 맞게 됐습니다. 이듬해인 1998년 7월, 위기 극복 차원에서 열린 임시총회에서 나는 조합원의 추천으로 제4대 조합 이사장으로 선출됐습니다. 영광스럽고 과분하지만 큰 책임감을 느낄 수밖에 없는 자리였습니다.

나는 조합원 수 확대, 품목별/지역별 조합원 간담회를 통한 정부 법령 대응, 업계의 애로 사항 해결을 위한 대정부 건의 등을 주도했습니다. 정부의 정책 방향과 각종 지원 제도를 실시간으로 제공해 업체의 경영 계획 수립도 도왔습니다. 조합원들의 판매 증진 사업에도 심혈을 기울였습니다. 내가 판매 증진 전략으로 선택한 방법은 국내외 전시회를 적극적으로 개최하는 것이었습니다.

전시회는 참가 기업 제품의 품질과 기술 수준을 눈으로 보고 체험하는 무대여서 기업의 경쟁력 향상은 물론 새로운 제품 개발 및 구매 가능성을 높여주는 절호의 기회입니다. 먼저 전시 전문 업체인 한국이엔엑스(Korea E&X)와 공동으로 주최하고 있는 국내 전시 사업인 KOPLAS의 규모 확대를 통해 해외 바이어를 유치했습니다. 단일 품목 전시회도 필요하지만 유관 산업과 동시 개최를 하면 시너지 효과도 생기고 전시회 권위 자체를 높일 수 있습니다. 우리는 한국이엔엑스와 합의해 금형 및 냉동공조 전시회와의 통합 전시회를 개최하는 데 성공했습니다. 결국 뭉치면 큰 힘을 발휘할 수 있다는 것을 몸소 체험하며 앞으로 나아갈 수 있었습니다.

국제플라스틱기계전시회 참여에도 많은 노력을 기울였습니다. 이 전시회는 정부로부터 전시장 준비비의 50퍼센트를 보조받아 한국관을 구성해 참가하는 사업입니다. 업계에는 참가비 부담을 줄여줄 뿐만 아니라 개최국 권역 국가로 시장을 개척할 수 있다는 큰 이점이 있습니다. 2000년 이후 매년 1천여 기업이 참가한 큰 전시회입니다. 단순한 숫자에 불과하지만 업계 활성화에 얼마나 크게 기여해왔는지를 알 수 있는 수치입니다.

중소기업의 권익 대변과 경제적 지위를 높여 국민 경제의 균형 발전을 도모하는 나의 활동은 단순히 업종 조합 활동에 그치지 않고 전 중소기업을 대상으로 범위를 넓히고 있습니다. 그중 대표적인 활동이 우리나라 전 중소기업을 대변하는 경제단체인 중소기업중앙회 활동에 참여한 것입니다.

1962년 36개 협동조합을 회원으로 설립된 중소기업중앙회는 현재 729만 중소기업을 대표하는 경제단체로 성장했습니다. 숫자만으로도 충분히 엄청난 조직입니다. 중앙회는 중소기업의 조직화와 권익 보호, 대기업과 중소기업의 동반 성장을 위한 납품단가 연동제, 공정거래질서 확립과 경제 민주화, 중소기업 적합 업종제 도입 등 기업들이 경영에만 전념할 수 있도록 경제 환경을 조성하기 위해 노력하고 있습니다. 나는 2007년에 중소기업중앙회 제23대 이사로 선출되어 중앙회에서 활동했습니다. 2008년에는 제23대와 제24대 부회장으로 선출되어 2015년까지 8년간 회장단의 일원으로 활동했으며 현재는 중앙회 윤리위원장의 소임을 맡아 봉사하고 있습니다.

현재 국내 기업의 총매출액은 대기업과 중소기업이 52퍼센트 대 48퍼센트 비율로 엇비슷하게 균형을 이루고 있습니다. 하지만 기업 수로 보면 전체 기업의 99퍼센트가 중소기업입니다. 영업이익에서는 대기업이 57퍼센트, 중소기업이 25퍼센트로 벌어지면서 양극화가 갈수록 심해지는 양상입니다.

중소기업과 소상공의 중요성은 지속적으로 강조되어온 이슈입니다. 내가 속한 단체의 활동은 일종의 책임의식을 가지는 일입니다. 나에게 피와 살을 나눈 가족이 있는 것처럼 한영이 속한 업종의 협동조합과 중소기업중앙회도 나에게는 함께 미래를 준비해야 할 파트너이자 가족과도 같은 존재입니다.

에디슨은 전기로, 포드는 자동차로, 파이어스톤은 타이어를 통해 미국의 산업 발전을 주도했습니다. 그들은 서로 다른 분야에서 국가를 대표하는 기업을 성장시켰지만, 종종 만나서 함께 산책하고 대화를 통해 마음을 맞추는 시간을 가졌다고 합니다. 대중 강연자로 유명한 나폴레온 힐은 미국 전역을 누비며 '마스터 마인드'로 함축되는 그들의 행보와 함께 마음을 먹으면 못 이룰 일이 없다는 상생의 메시지를 사람들에게 전했습니다. 등산이나 마라톤에 참가하면 그런 마음을 이해하게 됩니다. 혼자 가려면 엄두가 나지 않을 일도 함께 시도하면 쉬워집니다. 분명 목적지까지의 거리는 똑같습니다. 하지만 서로 이해하고 공감하는 마음이 따라다니기에 어려운 목표도 쉽고 편안하게 받아들일 수 있는 것입니다.

중소기업중앙회와 같은 협회나 단체라는 블록의 센서는 마스터 마인드입니다. 수많은 사업가가 비슷한 과제를 안고 전진하는 과정을 보면 저절로 힘이 납니다. 언제든 대화를 나눌 수 있고 조언을 얻을 수 있는 경영 리더십 환경을 갖고 있으면 마음이 든든해집니다. 마스터 마인드가 탄탄할수록 협력 단체의 센서는 자신의 동역 상태를 측정하는 수단을 제공합니다.

간혹 차별화를 중시하며 개별적 행동만을 강조하는 기업들도 있습니다. 차별화는 유사한 기반 위에서 더욱 빛을 발하는 요소입니다. 유사한 업체들이 모여 산업의 인프라를 조성하는 것은 단기적으로는 손해처럼 보일지 모르지만 길게 보면 기업의 가치를 극대화시켜주는 디딤돌이 되기도 합니다. 어떤 분야든 기본이 튼튼해야 멀리 갈 수 있습니다.

◆ Measure ×Analyze ×Innovate ◆

비즈니스 질문	센서	측정 방법	한영넉스의 사례
중소기업중앙회는 왜 중요한가?	마스터 마인드	동역자의 경영 리더십 확인	마스터 마인드를 측정한다.

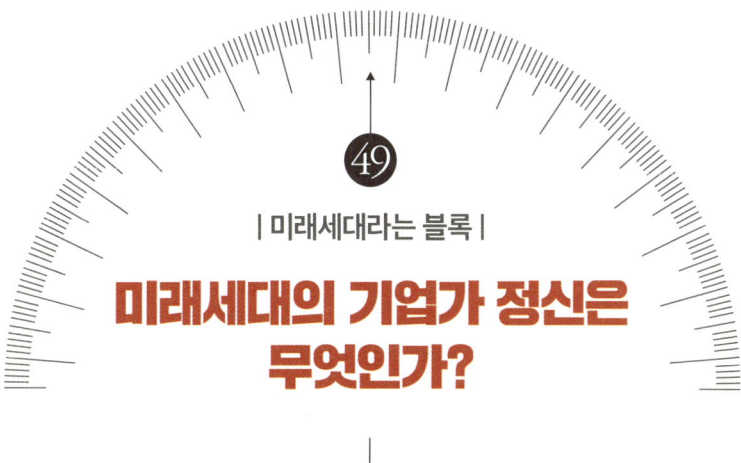

| 미래세대라는 블록 |

미래세대의 기업가 정신은 무엇인가?

경제협력개발기구(OECD) 통계에 따르면 2018년 현재 한국 전체 실업자에서 25~29세가 차지하는 비중은 21.6퍼센트로 36개 OECD 회원국 가운데 가장 높은 수준입니다. 우리나라 전체 실업자 가운데 20대 후반이 차지하는 비율은 10년 연속 OECD 1위를 기록하고 있습니다. 2030세대에 대한 특단의 조치가 필요한 이유입니다. 만약 이들이 앞다투어 창업을 시도한다면, 우리나라는 분명 밝은 미래가 함께할 것입니다.

요즘의 세대는 어떻게 창업하고 있는지를 알아보기 위해 몇 가지 사례를 검색했습니다. 우선 프로그래밍에 푹 빠져 IT 창업이라는 막

연한 계획만 갖고 삼성전자를 박차고 나온 김건우 스마트잭 대표의 경험담이 눈길을 끕니다. 우연히 대학 실험실을 방문한 것이 창업의 계기가 됐다고 합니다. 그는 실험실 연구원들이 1,000여 개의 시약을 사용하면서 일일이 A4 용지에 손으로 기재해 관리하는 것에 주목했습니다. 수기로 진행하면 철자를 틀리거나 유해 물질에 대한 잘못된 정보를 기입하는 일이 빈번해 자칫 위험한 사고로 이어지기도 합니다.

2019년 김 대표는 랩 매니저라는 연구실 물품 관리 솔루션을 개발해 본격적으로 창업을 합니다. 현재 랩 매니저는 다수의 대학과 정부 출연 연구소에서 널리 쓰이고 있다고 합니다. 샤넬코리아, 유한양행, 중외제약, 삼양사 같은 기업까지 포함하면 누적 연구실 가입자 수가 5,500곳이라고 하니 빠르게 성공한 셈입니다.

하지만 창업의 과정은 쉽지가 않았던 모양입니다. 김 대표는 창업하기 전 12년간 삼성전자에서 TV 상품 기획을 했다고 합니다. TV 개발은 크기의 변화만 줄 수 있을 뿐이어서 개발에 식상함을 느낀 그는 2년간 대학생에게 주말마다 안드로이드 프로그래밍 과외를 받았다고 합니다. 취미 삼아 시작한 일이었지만 그것이 계기가 되어 동료와 동창을 포함한 세 명이 의기투합해 창업하기에 이르렀습니다. 작은 옥탑방에서 함께 시작했다고 하니, 비록 장소는 좁았을지라도 그 여정만큼은 즐거웠을 것입니다.

김 대표는 초기에 투자를 받기가 어려웠다고 합니다. 그는 투자금을 모으기 위한 과정의 일환으로 스파크랩이라는 액셀러레이터(스타트업 투자·육성 업체)의 13기 프로그램에 지원했습니다. 이후 프로그램을 통해 아이디어가 채택되어 초기 투자금 5,000만 원을 받고 3개월간 교육을 받으면서 비즈니스 모델을 다듬는 과정을 거쳤습니다. 삼성동 코엑스에서 진행된 데모데이 발표에서는 드디어 샤넬코리아를 첫 번째 고객으로 맞았습니다. 그리고 8개월에 걸쳐 솔루션을 공동 개발해 처음으로 시스템을 납품했다고 합니다. 과거에 비하면 창업에 필요한 시간이 대폭 줄어든 것을 알 수 있습니다. 그만큼 인프라가 좋아졌다는 의미이기도 합니다.

김봉진 우아한형제들 이사회 의장도 배민 애플리케이션을 개발해 서비스에 성공하며 스타트업의 대명사로 이름을 알렸습니다. 김 대표는 원래 디자이너였습니다. 단순히 자신만의 브랜드를 만들고 싶다는 생각으로 재미있는 서비스 개발에 뛰어들었다고 합니다. 가벼운 마음으로 사업에 참여하게 된 경우입니다. 특별한 준비도 없이 서울 강남 지역의 전단지를 수집해 그대로 애플리케이션으로 옮기는 작업을 시작으로 사업을 구체화했고 시간이 지나면서 우아한형제들로 발전했습니다.

그는 다른 사람과의 차별점을 찾기 전에 자기다움을 먼저 찾아야 한다고 강조합니다. 자기다움을 찾으면 일이 더욱 즐거워지고 후회할 일이 줄어든다는 생각입니다. 또한 창업은 단순히 돈을 버는 일이 아니라 자신의 창의성을 표현하는 예술이라는 철학을 가졌다고 하니 박수를 보내고 싶습니다. 50년간 사업을 해온 내게도 본보기가 되는 창업 교훈입니다.

김 대표는 반짝 주목을 받는 젊은 창업자를 찾아가 배우는 것도 좋지만 50년 혹은 100년을 넘긴 세계적인 장수 기업을 배워야 한다고 강조합니다. 이 책을 통해 한영넉스의 50년 여정을 후배 사업가들에게 공유하려는 나의 의도와 같은 맥락입니다.

단편적인 사례들이지만 두 사람을 보면서 두 가지를 떠올리게 됩니다. 하나는 예전보다 창업이나 사업 인프라가 분명 좋아졌다는 것입니다. 하지만 그만큼 경쟁자도 많아졌을 것이 틀림없습니다. 사업이 어렵기는 시대를 불문하고 똑같은 것인가 봅니다. 또 다른 하나는 미래의 창업은 모든 지식과 환경의 영향을 알고 시작할 것이라는 점입니다. 실시간 정보 공유가 제한적이었던 과거의 창업 환경과 비교하면 나이와 연륜의 차이가 상대적으로 좁아질 미래가 될 것입니다.

투자 인프라가 정교화되고 미래 창업자들의 역량이 평준화될수록 우리 사회는 미래를 맡길 인재에 대한 관심이 커질 것입니다. 또한 비즈니스 리더십 시대가 도래할 것입니다. 이미 각 분야의 선도적 기업들은 수익과 상관없이 지향하는 가치관이 원대합니다. 테슬라, 파타고니아, IKEA 같은 기업을 보면 **사업의 수익률을 떠나 친환경적이며 밝은 미래를 선도하는 리더십을 발휘하는 기업에 투자자들이 몰리고 있습니다.** 즉, 미래세대 창업의 핵심은 경영자가 어떤 가치관을 갖고 사업을 추진하는지에 달려 있습니다.

미래세대라는 블록의 센서는 차세대의 잠재력입니다. 창업이나 경영 환경이 고도화되면 더욱 업(業)의 본질이 부각될 것입니다. 즉, 건강한 기업가 정신(Entrepreneurship)이 미래세대의 잠재력입니다. 누구와 사업을 할지, 혹은 어떤 사람을 후원할지 고민이라면 미래세대라는 블록의 센서를 작동시켜야 합니다. 한마디로 사업의 장기적 명분이 미래의 성과를 좌우합니다.

한편 경영자라면 미래의 경쟁 여건을 사전에 인지해 스스로 예방할 수 있어야 합니다. 국제 무역 제도와 정부 정책의 방향을 늘 경청하고 변화를 예의주시해야 합니다. 내가 경청이라는 단어를 쓴 이유는 잘 듣고 행하지 않으면 모든 손해와 불편함이 고스란히 회사와 임직원들에게 넘어오기 때문입니다.

대외 활동에 대한 나의 개인적 사고방식을 정리하면 2P2C로 압축할 수 있습니다. 열정(P: Passion)을 갖고 참여(P: Participation)하고 소통(C: Communication)하고 협력(C: Collaboration)하는 자세를 경영자의 기본으로 생각하고 있습니다. 법을 제정하고 운영하는 정부기관, 관련 법에 근거해 설립된 연구기관, 인증기관, 협회단체 등에 모두 적용되는 접근 방식입니다.

2P2C 자세로 오랜 기간 봉사하다 보니 한국표준협회 감사와 한국기계전기전자시험연구원의 이사로도 활동하게 됐습니다. 국제표준, 품질, KS인증, KC인증과 관련해 지근거리에서 상황 변화를 가장 먼저 인지하게 된 것입니다. 이러한 대외적인 활동을 통해 한영넉스가

환경 변화에 전향적인(proactive) 자세로 대응하는 기업으로 성장할 수 있었다고 생각합니다.

나는 중소기업중앙회 부회장 역임, 한국무역협회 부회장, 한국벤처기업협회 부회장으로도 활동하고 있습니다. 기업의 사회적책임(CSR, Corporate Social Responsibility), 글로벌 무역 환경, 중소벤처기업 지원 제도 등에도 의견을 낼 수 있는 위치에 선 것입니다. 그 덕분에 어느 시점부터 생각을 바꾼 측면도 많습니다. **정부나 국제 법규와 제도를 미리 알고 활용하는 것도 중요하지만, 우리나라 중소기업과 수출 경쟁력에 도움이 되는 법 제도 시스템을 구축하기 위해 사전에 좋은 제안을 해야 할 필요성을 깨달았습니다.**

나는 회사의 대표로, 혹은 관련 정부 조직의 임원으로서 대통령이 주최하는 행사에 여러 차례 초청을 받기도 했습니다. 전국에서 초청된 기업인들과 함께 나라를 위해 일해줘서 감사하며 더욱 힘내달라는 당부 말씀을 듣기도 했습니다. 자랑스러운 일이기도 하지만 무거운 책임감을 느낍니다. 한영넉스는 물론 미래의 창업자, 혹은 중소기업 경영자들이 더욱 보람을 느끼며 사업을 할 수 있는 친기업적 환경 조성을 위해 최선을 다할 것입니다.

◆ Measure × Analyze × Innovate ◆

비즈니스 질문	센서	측정 방법	한영넉스의 사례
앞으로 기업가는 무엇으로 승부해야 하는가?	미래세대	미래세대의 잠재력	미래에 대한 가치관에 주목한다.

| 100년 기업이라는 블록 |

100년 기업이란 무엇인가?

지난 50년의 사업 여정을 정리하면서 자연스럽게 100년 후로 시선을 돌립니다. 사실 멀리 내다보는 일은 힘듭니다. 앞서 수차례 설명했듯이 사업은 현재 시점에서 최선을 다하는 것이 최대 과제입니다.

세계복싱연맹 주니어페더급 챔피언 홍수환 선수의 강의를 들은 적이 있습니다. 주제는 '나도 한 방이 있다'였습니다. 그는 아침마다 남산 공원에서 계단을 뛰어 올라가는 훈련을 했었습니다. 단숨에 올라가는 훈련이었는데 그게 너무나 어려웠습니다. 계단 끝에 도착했나 싶어 고개를 드는 순간 무릎에 힘이 빠지며 숨이 가빠졌습니다. 허리는 저절로 굽혀지고 숨을 쉴 수밖에 없는 상태가 된 것입니다.

코치는 고개를 들지 말고 무조건 뛰라며 그를 닦달했습니다. 고개를 들지 않아야 정상까지 단숨에 갈 수 있기 때문입니다. 경영도 마찬가지입니다. 50년의 여정을 달려오는 과정에서 쉼표는 큰 의미가 없습니다. 우리는 오늘과 내일 또다시 어제처럼 고개를 들지 않고 끝까지 달려야 합니다. 하지만 적어도 100년 후 한영넉스의 모습을 우리들의 가슴에 담아둘 필요는 있습니다. 한영넉스의 50주년을 기념하는 우리들의 마음에 새로운 50년에 대한 구상이 함께하길 기대합니다.

지난 50년간 한영넉스는 QCD의 완성을 위해 노력했습니다. 초기 몇 년간은 제품의 절반 이상을 폐기해야 하는 척박한 여건에서 출발했습니다. 하지만 이제 상당한 수준에 도달했다고 자부합니다. 그럼에도 QCD 관점에서는 영원히 고객의 기대 수준을 충족하기 위해 도전해야 할 것입니다.

새로운 50년도 비즈니스의 본질은 크게 바뀌지 않을 것입니다. 단, 본질을 달성하는 방식은 크게 변화하고 진화할 것입니다. 시대와 환경의 변화에 완고한 태도를 보여선 안 됩니다. 경영의 본질적 가치를 지키면서도 목표 달성을 위한 수단에는 유연하게 대응해야 한다는 점을 강조하고자 합니다.

미래에는 인공지능을 이용한 MTC의 시대가 열립니다. 제어기기가 딥러닝 등의 기계학습 알고리즘을 활용하여 사람처럼 측정(measure)하고 추적(trace)하며 제어(control)할 것입니다. 즉, 숙련된 작업자 없이도 제어기기 스스로 최적의 값을 산출하여 균일한 품질과 높은 생산성을 달성할 수 있는 무인 자동화 공장 운영이 가능합니다. 한영넉스의 제품은 그 시대에도 사회에 기여할 것입니다. 빅데이터, 자동화, AI, 디지털트윈 등이 더욱 활성화되어 사람의 생활 방식 자체가 변화시킬 것입니다. 그럼에도 온도, 습도, 각종 위해 요인을 측정하고 추적하면서 소비자가 희망하는 조건을 충족시키기 위한 제어 기능은 바뀌지 않을 것이기 때문입니다. 한영넉스의 향후 50년 역시 QCD의 기본을 중시하면서 수단의 개념에서 MTC의 개념으로 이동하며 기술 중심 시대의 리더가 될 것을 희망해봅니다.

본질은 같지만 과정은 진화해야 합니다. 품질-가격-납기의 본질은 지키되 제품과 서비스를 제공하는 우리의 측정-추적-제어 역량은 시대를 앞서가야 합니다. 창업 후 50년, 그동안 내가 배운 측정에 대한 마인드를 공유하는 것으로 마무리합니다. MTC 개념의 혁신이 한영넉스는 물론 우리나라, 더 크게는 세계의 행복에 좋은 영향을 미치길 기대합니다.

♦ Measure ×Analyze ×Innovate ♦

비즈니스 질문	센서	측정 방법	한영넉스의 사례
100년 기업의 성공 조건은 무엇인가?	새출발	혁신의 시그널	MTC로 국가 발전에 기여한다.

· 감사의 글 ·

많은 분의 각별한 도움으로 책을 출간하게 되어 매우 기쁘고 그간에 수고하신 모든 분께 깊은 감사의 말씀을 드립니다.

2022년 10월에 한영넉스는 창업한 지 50년을 넘겼습니다. 그동안 각 분야에서 열정과 사명감으로 함께해주신 임직원 덕분에 작지만 강한 글로벌 기업으로 성장할 수 있었습니다. 신제품 개발을 위해 연구개발에 힘써주시고, 우수한 품질의 제품 생산, 판매 및 서비스할 수 있도록 그간 헌신하신 한영가족 모든 분께 깊은 감사를 드립니다.

창업 이래 어렵고 힘든 시기에도 세 아들을 잘 성장시키고, 손주들과 함께 따뜻하고, 행복하고, 아름답게 가정을 이끌어온 나의 내조자이자 한없는 사랑의 동반자인 아내 조희권에게 가슴과 머리로 뜨거운 고마움을 전합니다. 여러 면에서 든든한 기둥이 되고 있는 아들 한상민, 상호, 상훈, 그리고 사랑스러운 며느리 노미라, 박진주, 임성희에게 항상 고마움을 갖고 있습니다. 미래 세대의 주역으로 잘 성장하고 있는 손녀, 손자인 한승아, 승연, 승윤과 귀엽게 잘 자라고 있는 승재, 승우가 있어서 기쁘고 감사한 일입니다.

어려운 경영 환경 속에서도 신뢰를 갖고, 좋은 품질의 부품, 장비 등을 적기에 납품하기 위하여 적극적으로 노력해주신 협력사 임직원님, 그리고 한영넉스 제품의 판매 신장을 위해 각고의 노력을 다해주시는 대리점 임직원님을 비롯한 모든 분께도 깊은 감사를 드립니다.

창업과 성장 시기, 한 단계 도약을 위한 글로벌 진출 등의 중요한 시점마다 한국합성수지가공기계공업협동조합, 중소기업중앙회(KBIZ), 한국무역협회(KITA), 벤처기업협회, 서울상공회의소 영등포구상공회, 자랑스런 중소기업 협의회(자중회), 한국표준협회(KSA), 한국전자기술연구원(KETI), 한국기계전기전자시험연구원(KTC), 한국산업기술시험원(KTL), 한국계량측정협회(KASTO) 등 다양한 기관에서 제공한 협력과 지원은 한영넉스의 지속가능한 발전에 매우 큰 힘이 되었습니다. 아낌없이 도움과 격려를 베풀어주신 모든 분의 존함을 일일이 밝히는 것이 예의입니다만, 지면에 모두 담지 못하는 것에 대해 양해를 구합니다. 다시 한번 존경하는 모든 분께 깊은 감사를 드립니다.

이 책은 품질경영의 석학으로서 한국품질경영학회장을 역임하시고, 기업에 꼭 필요한 리더십과 품질경영 서적을 다수 저술하신 성균관대학교 신완선 교수님의 도움이 없었다면 세상에 빛을 보지 못했을 것입니다. 중소기업의 경영자로서 책을 출간하는 데 두려움이 있었지만, 한영넉스의 50년 여정을 거시적 관점에서 객관적으로 볼 수 있도록 시간의 스펙트럼과 블록으로 균형감 있으면서도 감동적으로 정리해주심에 매우 감사드립니다. 책을 저술하고 정리하는 소통 과정에서 지난 50년을 조명하고, 미래 50년 경영의 큰 길을 안내해주신 신완선 교수님께 존경과 경의를 표합니다.

  마지막으로 국가 발전을 위해 매진해온 크고 작은 모든 기업에 감사의 마음을 전합니다. 온갖 시련을 극복해낸 그들의 선도적인 역할이 있었기에 한영넉스 역시 함께 이 시점까지 올 수 있었습니다. 이번 출간을 계기로, 그간의 동역에 감사드리며 밝은 미래를 위해 최선을 다해 노력하겠습니다.

한영넉스와 함께한 협회 단체

한국무역협회

한국무역협회는 1946년 창립 당시 100여 개 회사에서 출발한 무역 진흥 서비스 기관으로, 현재는 세계 8대 무역 국가에 걸맞게 7만 곳이 넘는 회원사가 참여하고 있다. 해외시장 개척에 필요한 바이어와 셀러 매칭, 수출입 활동에 필요한 맞춤형 정보 제공, 해외 국가별로 지역 무역관에서 현장 지원 등을 주로 제공한다.

2000년대 초 한영넉스가 인도네시아에 진출할 당시는 물론, 그간 협회에서 운영하는 각종 무역 실무 교육, 현지화 전략, 무역 정보 등을 근간으로 큰 울타리가 되어준 데 고마움을 갖고 있다. 한영수 회장은 미약하나마 보답하는 차원에서 협회 감사로 활동하였고, 2018년부터 현재까지 부회장단 일원으로 활동하고 있다.

벤처기업협회

벤처기업협회는 1995년 창립 이래 생태계 조성, 스타트업 성장, 글로벌 진출 등을 지원하는 허브 역할을 하여오고 있다. 협회에 참여한 3만 9천여 회원사는 고용 창출, 총생산액 등의 신장을 통해 국가 경제에서 차지하는 비중을 키우며 중요한 역할을 하고 있다.

한영넉스는 2000년도 벤처기업으로 선정되었다. 또한 협회의 큰 지원 덕분에 온도조절기, 센서, 전력조정기 등 산업의 핵심 제품을 국산화하였고, 2021년에는 2000만 달러 수출 증서도 받았다. 벤처기업 간에 협력을 통하여 함께 동반성장할 수 있는 협력의 장을 열어주어 감사하게 생각하고 있으며 한영수 회장은 협회의 부회장단으로 활동하고 있다.

서울상공회의소 영등포구상공회

대한상공회의소는 1884년 한성상업회의소를 모태로 설립되어 경제단체 중 가장 오래된 역사를 갖고 있다. 1952년에 제정·공포된 상공회의소법에 의해 설립·운영되는 지방상공회의소는 각 지역별 상공업자를 중심으로 설립되어 역할을 수행하고 있다. 서울상공회의소 영등포구상공회는 2002년 1월에 서울상공회의소와 영등포구가 지역상공인을 위해 공동으로 설립한 중추 조직으로, 관내 중소기업 경영지원과 지역경제 활성화 도모를 주요 목적으로 한다. 지역 상공인과 함께 협력해 구청 등 기관에 정책 지원을 요청할 뿐만 아니라 지역의 애로사항 등을 공동으로 해결·대처하는 공동 운명체와 같은 협의체 공간이다. 한영넉스는 1972년도에 영등포구 문래동에서 창업해 상공회 설립 초기부터 계속적으로 활동하여 왔다. 한영수 회장은 2013년도부터 6년간 상공회 회장직을 역임하였다. 인공지능 시대에 대비하기 위하여 2021년에 '한영넉스 AI 연구소'를 설립하고, 지역 소기업과 협력하면서 앞으로 50년을 향한 미래 산실을 계획하고 있다.

자랑스러운중소기업인협의회

1994년 상공자원부의 후원으로 성공적인 기업 경영을 통해 국가 경제와 중소기업의 발전에 기여한 중소기업인을 선정함으로써 경영 의욕과 자긍심을 고취시키고 모범적인 기업인상을 널리 확산시키기 위한 목적으로 《이 달의 중소기업인상 제도》가 마련됐다. 이후 정부 조직 개편과 함께 중소벤처기업부와 중소기업중앙회 공동으로 매분기에 다수의 기업을 선정하고 수여하여 오고 있다.

자랑스러운중소기업인상을 수여하기 시작한 첫해인 1994년에 한영수 회장이 수상을 하는 영광을 차지했다. 1996년에는 수상자들을 중심으로 '자랑스러운중소기업인협의회' 창립총회를 개최하였으며, 이후 한영수 회장이 협의회 회장을 역임하였다. 2016년 협의회는 중소기업중앙회 소속으로서 사단법인으로 전환하였다. 이후 전문가를 초청한 조찬 간담회 등을 개최하고 수상기업 간에 정보 교류를 통한 활발한 활동을 이어감으로써 중소 벤처기업에게 유익한 활동 공간이 되고 있다.

· 부록 ·

· 강하고 지속가능한 회사를 만드는 50개의 블록 ·

블록	비즈니스 질문	센서	측정 방법	한영넉스의 사례
1. 용기	창업해도 될까요?	용기	자신에 대한 신뢰 수준	제품 모방에 대한 자신감을 쌓았다.
2. 고객	무엇이 고객을 만드는가?	손님의 기쁨	우리 제품에 대한 믿음	손님의 믿음을 위해 24시간 정성을 다한다.
3. 기술	기술이란 무엇인가?	끈기	기술 격차를 체험하는 횟수	해외 전시회에 참가해 끊임없이 격차를 파악한다.
4. 파트너	파트너는 어떤 역할을 하는가?	새로운 관점	새로운 관점으로 학습하려는 자세	글로벌 기업을 파트너로 보고 배운다.
5. 자금	자금은 어느 정도 준비하는가?	자금	사업 목표의 타당성	무차입 경영으로 목표의 질적 수준에 집중한다.
6. 희망	어떻게 희망을 유지관리 하는가?	희망	낙관의 수준	미래를 낙관하는 경영 환경을 유지한다.
7. 분노	어떻게 좌절을 극복하는가?	실패	도약의 체험	실패를 실패가 아니라 학습으로 본다.
8. 사랑	특별히 애정이 가는 제품은 무엇인가?	애정	사랑의 색깔	모든 것을 자신만의 컬러로 기억한다.
9. 즐거움	비즈니스를 즐길 수 있는 비결은 무엇인가?	즐거움	기쁨의 일관성	성장 과정에서 보람을 설계한다.
10. 체력	지치지 않는 체력을 유지하는 비결은 무엇인가?	자기 관리	근력의 수준	팔굽혀펴기 108회로 자신의 체력을 체크한다.

블록	비즈니스 질문	센서	측정 방법	한영넉스의 사례
11. 불확실성	예상치 못한 위기에 대응하는 비결은 무엇인가?	불확실성	불확실성 인지	매출 포트폴리오를 관리해 위기 없이 경영한다.
12. 경쟁	무엇을 위해 경쟁하는가?	경쟁	신제품 개발의 절실함	신제품 개발의 절실성을 측정한다.
13. 행운	어떻게 행운을 발견하는가?	행운	행운의 시그널	준비된 역량이 시그널을 캐치한다.
14. 실행	실행력은 어떻게 행운을 만드는가?	실행	기회의 숫자	선택권의 숫자를 관리한다.
15. DNA	리더십은 어떤 의미인가?	소신	소신의 상징	솔선수범으로 상징을 제시한다.
16. 인재	인재를 어떻게 알아보는가?	인재	간절함의 수준	간절함이 열정을 이긴다.
17. 역량	교육훈련의 핵심은 무엇인가?	역량	역량의 수평성	함께 역량을 키우는 분위기를 만든다.
18. 소통	어떻게 소통을 높일 수 있을까?	소통	도와주려는 마음	도와주는 문화에 집중한다.
19. 보상	직원들에게 고마운 마음을 어떻게 표현해야 하는가?	보상	보람을 느끼는 마음	보람을 결과로 만들기 위해 노력한다.
20. 오너십	회사에 대한 오너십은 어떻게 측정되는가?	오너십	일 꼬리의 길이	업무의 뒤처리를 함께 도와준다.

블록	비즈니스 질문	센서	측정 방법	한영넉스의 사례
21. QCD	QCD의 균형은 어떻게 판단하는가?	QCD	고객 요구 사항 확인	반복 구매율을 직시한다.
22. 품질	품질은 어떻게 확보하는가?	품질	작업자의 생산 실적, 원부자재의 수율	작업자의 기술력 편차를 관리한다.
23. 가격	가격은 어떻게 관리해야 하는가?	가격	설계, 생산, 조달의 독자성	일괄 생산 체계의 완성도에 주목한다.
24. 인도	딜리버리의 경쟁력 원천은 무엇인가?	인도	속도의 목표	현장 피드백 속도를 측정한다.
25. 혁신	QCD와 혁신의 연결고리는 무엇인가?	혁신	자기계발의 의욕	자신의 역량을 혁신한다.
26. 발품	협력사를 어떻게 대해야 하는가?	발품	발품의 가치	정성을 다하는 자세로 만난다.
27. 신용	신뢰를 쌓는 비결은 무엇인가?	신용	사업에 대한 기여도	상대에게 도움이 되는 수준을 측정한다.
28. 갈등	갈등 해결의 결정적 요인은 무엇인가?	갈등	갈등의 예방성	예방 시점과의 거리로 판단한다.
29. 상생	상생의 본질적 의미는 무엇인가?	상생	파트너의 QCD 수준	제품 QCD의 상대적 수준을 측정한다.
30. 일괄	일괄 체계의 장점은 무엇인가?	일괄 생산	일괄 체계 관련 조직의 안정성	인력, 기술, 환경의 안정성 수준을 확보한다.

블록	비즈니스 질문	센서	측정 방법	한영넉스의 사례
31. 국제화	언제 국제화를 시도해야 하는가?	타이밍	생태계 조성 수준	대기업과 글로벌 기업의 생태계 조성 상황을 살핀다.
32. 문화	해외 기업과의 사업에서 효과적인 교류 전략은 무엇인가?	문화	차이를 이해하는 수준	문화적 차이를 신기함과 웃음으로 바꾼다.
33. 해외 투자	해외로 사업을 확장할 때 고려할 것은 무엇인가?	히든 코스트	인력 수급과 물류 비용	인력 수급과 물류 비용을 확인한다.
34. 현지화	해외 사업의 현지화를 어떻게 이루는가?	현지화	현지인 교육 훈련 수준	생산, 관리, 연구개발에 대한 교육 훈련 몰입도를 측정한다.
35. 감사함	해외 기업과의 비즈니스에 필요한 기본 마인드는 무엇인가?	감사	감사의 상징	현지 발전에 대한 헌신을 측정한다.
36. 제도	정부 제도를 활용하는 좋은 방법은 무엇인가?	제도	제도의 효과성	제도의 효과성에 대한 타이밍을 중시한다.
37. 표준	비즈니스의 주도권을 어떻게 확보하는가?	표준	표준의 범위	가급적 빠른 시점에 표준을 사업에 반영한다.
38. 특허	무엇이 중소기업의 경쟁력을 높이는가?	특허	특허의 효과성	제품 설계 단계의 특허를 중시한다.
39. 포상	왜 국가로부터 인정을 받아야 하는가?	평판	평판에 대한 자부심	임직원의 자부심에 미치는 영향력을 본다.
40. 울타리	국가는 기업에 어떤 의미인가?	울타리	울타리의 평판	지속적인 관계성을 중시한다.

블록	비즈니스 질문	센서	측정 방법	한영넉스의 사례
41. 현장	경영의 시작과 끝은 무엇인가?	현장 관리	현장 방문 몰입도	현장 방문의 퀄리티를 본다.
42. 안전	안전 최우선 경영의 본질은 무엇인가?	안전	안전 척도	자가 진단 기능을 강화한다.
43. 발상	자유로운 발상을 중시하는 회사는 어떻게 만드는가?	창의력	실행력 지원 수준	즉시 실천력에서 창의력을 판단한다.
44. 연구개발	사업의 미래가치는 무엇으로 평가하는가?	연구 개발	연구개발 경쟁력	특허 건수를 지속적으로 늘린다.
45. 전통	회사의 역사를 어떻게 인지할 것인가?	전통	전통의 상징	한영 제품의 시장 인지도로 측정한다.
46. 목적	사업 목적은 어떤 방향으로 설정해야 하는가?	가치	사업 가치의 포커스	결국 사람을 위한 기업이 된다.
47. 공헌	기업이 추구하는 사회적 공헌의 의미는 무엇인가?	공헌	공헌의 방향성	지역의 인재 양성을 통해 기업과 사회에 기여한다.
48. 중소기업 중앙회	중소기업중앙회는 왜 중요한가?	마스터 마인드	동역자의 경영 리더십 확인	마스터 마인드를 측정한다.
49. 미래세대	앞으로 기업가는 무엇으로 승부해야 하는가?	미래 세대	미래세대의 잠재력	미래에 대한 가치관에 주목한다.
50. 100년 기업	100년 기업의 성공 조건은 무엇인가?	새출발	혁신의 시그널	MTC로 국가 발전에 기여한다.